폴 스티븐스의 메시지는 명확하다. 일터는 그리스도인이 하나님께 소명을 받은 사명자로서 섬겨야 할 전임 사역의 현장이다. 부, 자본주의, 세계화 등 세속화된 권세로부터 하나님이 통치하시는 나라로 회복시켜야 할 곳이다. 이것은 오직 사업과 삶의 모든 영역에서 기독교적 영성으로만 가능하다. 비즈니스 세계에서 진정한 리더십을 원하는 그리스도인이라면 꼭 읽어야 할 책이다.
류지성 삼성의료원 HR혁신실장

대다수 사람들은 직장이나 사업장을 '세상 일'을 해서 '돈을 버는 곳'이라고 생각한다. 그런데 폴 스티븐스는 그리스도인들에게 그곳은 '하나님 일'을 하면서 '영성을 체험하는 곳'이라고 말한다. 이 책을 통해 직장이나 사업장에서 일하는 그리스도인들이 하나님의 사업을 한다는 자부심과 하나님이 맡기신 사역을 감당한다는 사명감을 가지고 일하게 되기를 바란다.
방선기 직장사역연합 대표

일터 사역의 현장에서 그리스도인들을 섬기다 보면 그들은 자기 직업에 대한 소명의 부족, 인간관계의 어려움, 세상적 성공과 성경적 성공, 뇌물 같은 윤리적 문제에 대한 대처 방법, 일터 안에서 선교의 어려움 등을 호소한다. 이 책은 그런 그리스도인들에게 일터신학 정립뿐 아니라 그 실천 방법까지 구체적으로 제시함으로써 균형 잡힌 그리스도인의 삶을 영위하도록 하는 최고의 책이다.
윤장현 직장인제자화모임 대표

폴 스티븐스는 일터에서 갖는 신앙적인 질문에 명쾌한 답을 제시해 왔다. '평일의 직장에서 돈과 경쟁으로 부대끼는 내 삶이 성경적인가? 좀더 하나님의 뜻에 맞게 일하려면 어떻게 해야 하나?'로 고민하는 평신도들에게 일독을 권한다. 신학적으로나 실제적으로 좋은 답을 얻게 될 것이다. 특히 토론 질문을 적용해 본다면 사업가나 직장인으로서 당신의 삶은 한 단계 성숙해질 것이다.
천상만 기독경영연구원 부원장

폴 스티븐스의 『일터신학』은 크리스천 기업인이 기업의 모든 활동을 통해 하나님에게 영광을 돌리는 것이 무엇인지 알려주는 유익한 책이다. 대다수 그리스도인이 '모이는 교회'의 활동에 집중하면서, 월요일부터 금요일까지의 일터의 삶을 도외시하는 신앙생활을 하고 있다. 이 책은 이 같은 이원론적 사고를 성경적으로 바로잡을 뿐 아니라, 크리스천 기업인이 기업 활동과 기업 문화를 통해 하나님 나라를 확장하도록 도울 것이다.
최영수 직장사역훈련센터 대표

일터에서의 제자도와 사명에 대해 의도는 좋지만 피상적으로 다룬 책들이 마구 쏟아져 나오는 요즘, 『일터신학』은 눈에 띈다. 성경적으로 풍부할 뿐 아니라 신학적으로도 깊고 정통하며 실용적인 내용을 담고 있는 탁월한 책이다. 일하는 그리스도인이라면 누구나 읽을 만한 가치가 있다.
데이비드 질 『정당하게 행하라』 저자

부르심과 사명, 통합성과 공동체, 독창성과 거룩함, 증거와 선교 같은 중요한 주제들을 참신하고 명쾌한 방법으로 밝혀 준다.
로버트 뱅크스 호주 맥콰리 기독교학 연구소

우리는 일터에서의 의미와 동기에 관해서 스티븐스에게 빚을 지고 있다. 그는 성경적인 통찰, 성숙한 인격과 다양한 경험에서 나온 지혜를 제시해 준다. 또한 극도로 혼란스러운 세상 속에서 열정적인 진짜 인생이 무엇인지 보여 준다.
리차드 히긴슨 케임브리지 대학교 리들리홀 재단 디렉터

도전적이며 공들여 읽을 만한 훌륭한 책이다!
맥스 드프리 전 허만 밀러사 회장

폴 스티븐스는 일터신학의 선구자다. 우리 대부분이 무엇이 문제점인지 깨닫기도 전에, 그는 벌써 일터에서의 사명에 대해 생각하고, 행동하며, 저술하고 있었다.
알란 부사드 인테그라 벤처 대표

일터에서 정말 필요한 신학이다.…삶에서 자신의 부르심을 발견하고자 애쓰는 사람이라면 남녀노소를 막론하고 모두 읽어야 할 책이다.
윌리엄 딜 『월요일을 기다리는 사람들』 저자

수년간 폴 스티븐스는 기독교 일터 신학 분야에서 독창적인 목소리로 인정받으며, 최근 일터 신학에 대한 탁월한 책을 냈다. 풍성하고 깊이 있는 이 책은 일터에서 직면하는 중요한 주제들을 다루고 있다. 곧바로 적용할 수 있으면서도 학문적인 면에서도 손색이 없다.
윌리엄 메셍거 고든콘웰 신학교 '일터에서의 신앙과 윤리 센터' 소장

비즈니스 영역에서 그리스도인이 가지고 있던 오랜 갈망을 다루었다. 진정한 의미를 찾아 하나님에게 영광을 돌리고 일터에서 승리하고자 하는 깊은 갈망 말이다. 이 책은 직장에서 하나님 나라를 위해 삶을 드리기 원하는 그리스도인들이라면 반드시 읽어야 할 탁월한 책이다.
피터 차오 이글 커뮤니케이션즈 설립자이자 회장

나의 멘토인
드프리 리더십 센터 디렉터
월터 C. 라이트 박사에게

일터신학

IVP(InterVarsity Press)는
캠퍼스와 세상 속의 하나님 나라 운동을 지향하는
IVF(InterVarsity Christian Fellowship)의 출판부로
생각하는 그리스도인을 위한 문서 운동을 실천합니다.

Copyright © 2006 by R. Paul Stevens
Originally Published in English under the title
Doing God's Business by R. Paul Stevens
Published by Wm. B. Eerdmans Publishing Co.
2140 Oak Industrial Drive NE, Grand Rapids, Michigan 49505, U. S. A.
All rights reserved.

Translated and used by permission of Wm. B. Eerdmans Publishing Co.,
through rMaeng2 Agency, Seoul, Korea.

This Korean edition copyright © 2018 by Korea InterVarsity Press
156-10 Donggyo-Ro, Mapo-Gu, Seoul 04031, Republic of Korea

이 한국어판의 저작권은 알맹2 에이전시를 통하여
Wm. B. Eerdmans Publishing Co.와 독점 계약한 IVP에 있습니다.
신 저작권법에 의하여 한국 내에서 보호받는 저작물이므로
무단 전재와 복제를 금합니다.

일터신학

하나님의 사업을 꿈꾸는 이들을 위한 성경적 지침

폴 스티븐스

홍병룡 옮김

Ivp

일러두기

• 이 책은 『하나님의 사업을 꿈꾸는 CEO』라는 제목으로 출간된 도서를 새롭게 출간한 개정판이다.

• 본문의 marketplace, workplace는 모두 '일터'로 번역했다.

차례

1. 하나님은 무슨 사업을 하고 계시는가?   11

1부 의미: 일터 신학을 정립하기 위하여

2. 사업도 소명인가?   35
3. 사역의 사업적 측면   61
4. 찬양할 만한 공동체   85
5. 일터 선교   109
6. 세계화는 선한가?   137

2부 동기: 일터 영성을 정립하기 위하여

7. 깊은 데로 가라   165
8. 진실성을 배양하라   189
9. 창조적이 되라   215
10. 삶이 말하게 하라   241
11. 거룩함을 추구하라   267

에필로그. 성찰하는 지도자   295

참고문헌   300

주   319

1.
하나님은 무슨 사업을 하고 계시는가?

교회는 일터 문제를 다루는 걸 언제나 힘들어했다.
_브라이언 그리피스, 「부의 창조」

그리스도인들이 스스로 사업에 대한 태도를 달리하고, 세상의 사업에 대한 태도를 바꾸기 시작한다면 무슨 일이 일어날까?
_웨인 그루뎀, "사업을 통해 하나님께 영광을 돌리는 길"

하나님과 사업? 사업을 하고 계신 하나님? 이는 적어도 서구에서는 거의 생각할 수 없는 주제다. "일터의 문 앞에 영혼을 내려놓고 들어가라"는 것이 사업계에 암암리에 퍼져 있는 그리고 때로는 공공연하게 전파되는 메시지다. 그럼에도 2001년 7월 16일자 「포춘」(Fortune)의 표지에 "하나님과 사업: 미국의 일터에서 일어나는 영적 부흥에 대한 놀라운 갈망"이란 제목의 글이 실렸다. 그 글에서 마크 건서는 "오랜 금기사항 깨뜨리기"에 관해 얘기한다. 그는 기업체 임원들 가운데 "전통적으로 떼어 놓았던 영성과 일의 간격을 메우려는" 분위기가 고조되고 있다고 한다.[1] 한참 늦은 감이 있긴 하지만 무척 환영할 만한 움직임이다.

너무 오랫동안 하나님과 사업의 분리현상이 이중적인 삶을 초래해 왔다. '하나님은 일요일에, 일은 월요일에'라는 요일별로 하나님과 일을 각기 따로 묶어 놓는 관습 말이다. 일요일에는 열렬한 유신론자였다가 월요일에는 실질적인 무신론자로 사는 신앙인들이 비일비재했다. 한 변호사가 "나는 세 조각으로 된 양복과 내 신앙을 동시에 입는 법을 한 번도 배운 적이 없다"고 말했다. 신앙이란 것이 돈 버는 일, 상품과 서비스의 창조, 고객과 이해관계자와 주주에 대한 가치의 전달과 무슨 상관이 있는가? 회사의 한 간부는 이런 말을 했다. "교회가 정말 귀하게 생각하는 것은 내가 자발적으로 봉사하는 시간인 것 같습니다. 주일학교에서 가르치고, 장로 직분을 수행하고, 당회에서 봉사하고, 구역예배를 인도하는 일 등. 그래서 내가 정말로 헌신된 그리스도인이 되려면 목사나 선교사 같은 전임 사역자가 되어야 한다는 생각이 듭니다."

하나님과 사업은 무슨 관계인가?

신앙과 일의 틈새를 벌리는 장본인은 대다수의 신앙인이 품고 있는 영적인 위계 의식이다. 선교사와 목사가 맨 꼭대기에 있고 그 아래에는 의료와 법률 분야처럼 '남을 돕는 직업' 종사자가, 그 밑에는 가정주부나 기술자가 자리 잡고 있는데, 후자는 신체적으로는 더럽지만 도덕적으로는 깨끗한 직업으로 통한다. 그리고 그보다 더 낮은 곳에 장사(자영업)가 위치하고 있으며, 이는 신체적으론 깨끗하지만 도덕적으로는 의문시되는 직업으로 간주된다. 이 위계구조의 거의 밑바닥을 차지하는 자는 주식중개업자와 정치인이다. 이와 같은 이단적인 위계구조는 사람들이 비즈니스 세계의 현실을 접하면서 더욱 강화될 때가 많다.

이반은 천장용 타일 제조업자에게 고용되어 디자인을 개발하고 있다. 현재 아시아 어느 국가의 새 공항에 사용될 계획안을 작업하고 있는 중이다. 그런데 그 회사가 계약을 따내려면 정부 관리에게 사용자 수수료(일명 '뇌물')를 지불해야 한다. 그럼에도 그 일을 맡아야 할까?

사무엘은 큰 규모의 다국적 석유회사의 최고경영자인데, 그 회사는 현재 내전 중인 어느 아프리카 국가에 공장을 갖고 있다. 그는 자기 회사가 원료 추출을 위해 그 나라 정부에 지불하는 관세와 로열티가, 그 나라에서 정작 시급한 건강관리와 교육 증진을 위해서가 아니라 반군과의 전투용 무기 구입에 사용되고 있음을 알고 있다. 그는 자기 자신과 자기가 믿는 하나님, 그리고 사무실 앞에서 데모하는 사람들 앞에서 자기가 그 다수세계 국가에 해악보다는 유익을 끼치고 있다고 양심적으로 증언할 수 있는가? 그가 알고 있는 한 가지는 오늘날의 사업이 어쩔 수 없이 세계적 성격을 띨 수밖에 없다는 사실이다. (세계화의 문제는 6장을 참고하라.)

빌은 하이테크 조립 분야에서 로버트와 함께 '새 시대 전자회사'를 세워 동업하고 있었다. 현재 직원은 스물다섯 명. 그런데 어느 날 로버트가 빌에게 다음과 같은 폭탄선언을 했다.

"선교집회에 갔다가 소명을 받았어. 내 아내의 목소리만큼 분명한 목소리를 들었다고! 실은 아내도 동일한 음성을 들었대. 우린 둘 다 하나님이 우리를 잠비아의 학생 사역을 위해 부르고 있다고 강하게 확신하고 있어. 우리가 주님의 일을 위해 부름 받은 거라고!"

나중에 살펴볼 테지만, 이 경우는 사람들이 갖고 있는 소명에 대한 이원론적 사고방식—어떤 이들은 '기독교 사역'으로 부름 받은 반면 다른 이들은 소명을 전혀 받지 않았다는 생각—을 뚜렷이 보여 준다.

스테파니는 토론토의 큰 교회 목사다. 그녀는 교인 대다수가 전문직 종사자, 대학교수, 사업가라는 사실을 알고 있다. 바로 지난주에 회사 간부로 일하는 교인 한 사람이 그녀에게 이런 말을 했다.

"내가 보기에 교회는 사업현장에서 하는 일의 가치를 인정하지 않는 것 같습니다. 내 일에 대해 다른 목적을 위한 수단 정도로밖에는 생각하지 않아요. 즉, 내가 일터에서 전도하고 돈을 잘 벌어 교회에 헌금을 많이 하는 것을 제외하면, 기독교적으로 내 일이 전혀 중요한 의미가 없는 일이라고 여기는 것 같더군요. 그러니까 수단적 가치밖에 없다는 말입니다. 이제까지 내가 하는 사업과 관련해 교회로부터 그 본질적인 가치를 인정받은 적이 한 번도 없었습니다."

그녀는 그 간부가 다른 안목을 갖도록 어떻게 도울 수 있겠는가? 교인들이 월요일에서 금요일까지 자기 사역을 잘 감당하도록 어떻게 준비시킬 수 있겠는가? 이 스테파니의 사례는 나중에 다시 살펴볼 예정이다.

호라시오 구티에레즈는 야금술(광석에서 금속을 골라내는 방법이나 기술—편집자) 기술자다. 그는 말한다.

"회사가 빚더미와 외국과의 경쟁에 견디지 못해 문을 닫았을 때만 해도 곧 다른 직장을 찾을 수 있을 것으로 생각했습니다만, 그건 큰 오산이었습니다. 페루에서 40세를 넘긴 사람은 고물로 취급되는 실정입니다."

현재 그는 아내가 '소규모 사업'을 하는 동안 집안일을 거들고 있다. 소규모 사업이란 그날그날 벌어서 사는 불안한 직업을 미화시켜 일컫는 말이다.

"그녀는 하루는 이런저런 장신구를 팔고, 다음 날은 옷을 재봉하는 자영업자랍니다."

지구를 반쯤 돌아 홍콩에 가면, 한 은행 지사에서 다른 열한 명의 부사장들과 함께 부사장직으로 일하는 제임스가 드디어 중역실에 들어서는 모습이 보인다. 그는 그 방에 얼음같이 차가운 긴장이 감도는 걸 느낄 수 있다. 그와 동료들은 국제담당 부사장인 폴을 통해 최후통첩을 전달받는 중이었다. 그것은 은행에 미화 10만 달러 이상의 수익을 올려 주는 최고위 고객에 초점을 맞추라는 통보였다. 폴은 이런 말로 회의를 마쳤다.

"나는 지금 당장 조치가 취해지길 바라오. 여러분 중에 이 열기를 감당할 수 없는 자가 있으면 당장 부엌에서 나가시오. 필요하다면 나로서는 이 중역실의 카펫을 빨간색으로 바꿀 용의도 있소."

제임스는 자기가 과연 그 열기를 감당할 수 있을지 의심스러웠다.

톰은 자문 엔지니어들로 구성된 큰 영국 회사에서 일하고 있다. 그가 속한 프로젝트 팀은 구(舊)소련의 일부였다가 독립한 우즈베키스탄의 여러 공장의 개조 작업을 추진하고 있다. 파산 정도가 다양한 그 공장들은 다국적 기업인 영미 합자 담배회사가 사들여, 현재 개조 작업을 거쳐 기계를 설치하고 그 지역 주민을 대상으로 담배를 생산할 채비를 하고 있다. 톰의 할아버지는 흡연과 관련된 폐질환으로 돌아가셨다. 그는 지금 어떻게 해야 할지 망설이는 중이다.

여기에 나오는 사례들과 다른 장에 나오는 예들은 모두 실제 상황에 바탕을 두고 있는데, 이름과 장소와 내용만 살짝 바꾸었을 뿐이다. 종종 한 가지 이상의 복합적인 상황으로 바꾸기도 했다. 앞서 소개한 이러한 사례들 말고도 나 역시 이 책의 주제와 연관된 경험이 있다.

내 아버지의 사업

나는 사업을 하는 집안에서 자랐다. 아버지는 철강회사의 사장이었다. 나는 여러 해 동안 여름마다 그 회사에서 일한 적이 있다. 창고 일, 구멍 뚫는 기계 작동, 도구 만들기, 염색하기, 봉급 지불, 사무직 등 안 해 본 게 거의 없다. 아버지는 사무실 문을 열어 놓고 있어서 직원들이 언제나 접근할 수 있었다. 아주 공정한 분인지라 인격적으로 크게 존경을 받는 사장이었다. 그는 돈 벌기는 좋아했으나 돈을 사랑하진 않았다. 그런데 마음속 깊이 자리 잡은 한 가지 불안이 있었다. 그것은 아버지는 교회에 열심 있는 그리스도인이긴 했으나, 일터에서 하는 일이 돈을 벌어 여러 선교활동과 인도주의적 사업을 넉넉히 후원하는 것 말고는 어떤 영구적인 가치가 있다고 생각하지 않았다는 점이었다.

나는 이런 이원론이 사람들 사이에 얼마나 깊이 흐르고 있는지를 체험적으로 알고 있다. 내가 큰 대학 교회의 목사직을 그만두고 목수 수습기간을 거친 후 마침내 건설 사업에 파트너로 입문하자, 사람들은 "당신은 사역을 그만두었소. 당신의 재능을 낭비하고 있소. 당신의 소명을 저버리고 있는 것이오"라고 지적했다. 나는 건설 현장에서 청구서를 준비하고 직원을 고용하고 회계 장부를 기록하는 일을 했다. 또 불만족스러운 고객들을 상대해야 했다. 그것은 거룩한 일이었나? 선한 일이었을까? 영구히 남는 일이었나? 혼을 다하는 일이었는가? 하나님을 기쁘게 하는 일이었을까? 이런 의문들은 일의 의미와 영구적 가치에 대한 문제를 제기한다. 우리가 의사나 상담가나 목사로 일할 때는 이웃 사랑을 행하고 있음을 비교적 쉽게 볼 수 있지만, 갑부에게 개인적인 은행 업무를 제공하거나 미용실을 운영하는 게 이웃 사랑과 무슨 관계가 있는 것일까? 그리고 영원히 남을 일은 무엇일까?

사업은 하나님과 인간이 함께하는 동업

성경을 열면 우리는 하나님이 빛과 어두움, 땅과 바다를 비롯한 기타 등등을 **나누시는** 모습, 곧 일하시는 모습을 발견한다. 또한 하나님이 세계를 만드시고 그것을 온갖 생물로 **채우시는** 모습도 발견한다. 성경의 끝도 일하시는 하나님으로 마감된다. 물질을 포함한 모든 것을 새롭게 하시는 모습 말이다. "내가 만물을 새롭게 하노라"(계 21:5). 그 중간에는 믿을 수 없을 만큼 하나님이 다양한 방식으로 일하시는 모습이 나온다. 형태를 만들고 빚어내고 말하고 의사소통하고 결과를 보여 주고 파괴하고 아름답게 꾸미고 멋지게 만들고 고치고 회복하고 설계하고 일이 돌아가게 하고 마무리하는 등 온갖 일을 하고 계신다.[2] 이게 바로 일하시는 하나님, 사업을 하시는 하나님의 모습이다. 그러면 인간은 어떠한가?

하나님의 형상으로 빚어진 인간은 온갖 유의 선하고 인간적인 영역에서 지금도 계속 일하시는 하나님의 일에 동참할 수 있는 놀라운 특권을 갖고 있다. 여기에는 농업에서 유전공학, 소프트웨어 디자인에서 전자회로 제작, 장난감 만들기에서 청바지 판매, 자동차 엔진 수리에서 우울증 상담에 이르기까지 아주 다양한 일이 포함된다. 창세기의 창조 기사는 하나님의 형상을 지닌 이 피조물의 존엄성을 두 가지로 이야기한다. 관계성과 섭정(攝政)의 지위가 그것이다. 첫째, 관계성이란 우리가 공동체 건설자로 부름 받았다는 것을 뜻한다["하나님이 자기 형상 곧 하나님의 형상대로 사람을 창조하시되 남자와 여자를 창조하시고"(창 1:27)]. 둘째, 섭정의 지위란 우리가 부재중인 군주의 이익을 대변하는 놀라운 역할을 맡았다는 뜻이다. 이게 섭정의 의미다. 그런데 창세기의 경우에는 그 왕이 부재중이 아니다. 하나님이 말씀하시기를 "땅에 충만하여라. 땅을 정복하여…그곳을 맡아서 돌보게 하셨다"(창 1:28; 2:15, 새번역). 따라서 공동체 건설과 섭정의 역할 양면에서 우리는 하나님이 하고 계신 일에 동참하고 있는 셈이다.

창조주 하나님은 새로운 것들을 만드신다. 하나님은 130억 살 된 이 우주를 만들기 시작했을 때나 지금이나 똑같은 창조력을 갖고 계신다. 그분은 인간의 모든 영역에서 창조사역의 동반자로 우리를 초대하신다. 정보 테크놀로지, 예술, 음악, 시스템 디자인 등등. 이 세상을 **지탱하시는 하나님**은 이 세상의 모든 것이 제대로 돌아가게 하신다. 하나님이 만물을 지탱하고 계시지 않으면 우리는 다음 숨을 들이마실 수 없다. 사도 바울은 골로새서에서 "만물은 그의[그리스도] 안에서 존속"(골 1:17)한다고 말한다. 우주가 그분 덕택에 무질서에 빠지지 않고 '질서정연한 우주'로 존재하고 있는 것이다. 하나님이 폭풍이 몰아치는 가운데 자신을 성가시게 하는 욥에게 충고하실 때, 그분은 '내가 우주를 잘 지탱하고 있으니 쓸데없는 걱정 말라'고 말씀하신다. 그분이 시간의 패턴(욥 38:12, 19-20), 날씨와 기후(38:22-30), 우주 그 자체(38:31-33), 생명의 조직들(38:39-39:30)을 유지하고 계신 것이다. 대다수의 집안일과 서비스 산업 분야의 일은 이처럼 '유지하는' 일이다. 그러므로 집안 청소, 도로 정비, 사무실 관리, 도시의 하부구조 및 정부의 기능 관리 등, 이런 일을 하는 사람은 '주님의 일'을 하고 있는 셈이다. **구속주 하나님**은 인간에게 고치고 수선하고 변혁하는 일에 동참하라고 초대하신다. 하나님 나라의 복음, 곧 그리스도 안에서의 소망과 새 생명의 분출을 증언하는 것은 물론 이런 일에 속한다. 마찬가지로 기술자가 자동차나 고장 난 기구를 수리할 때, 상담가가 깨진 심령을 치유할 때, 의사가 신체적·정서적 건강을 가져올 때, 법조인이 정의를 세울 때도 바로 그런 일을 하고 있는 것이다. **완성자 하나님**은 인간의 역사 전체를 멋지게 마무리하신다. 하나님은 '어린양의 혼인 잔치', 그 위대한 랑데부를 처음부터 염두에 두고 계셨다(계 19:9). 작가와 미디어 종사자의 작업은 사물의 의미를 가리키는 일이다. 교육자, 목사, 부모는 사람들을 성숙시키고 각 사람이 자기 운명을 펼쳐 나가게 돕는 일을 한다. 그들이 하는 일도 주님의 일이다. 이제 구체적인 사례를 살펴보도록 하자.

다이앤의 딜레마

다이앤은 자기가 내릴 결정이 처음 생각했던 것보다 더 어려울 것이란 느낌이 들었다. 상당히 매력적인 제안을 받았기 때문이다. 고액의 봉급, 회사 차, 그리고 여러 혜택이 따랐다. 다이앤이 여러 해 동안 사업 동료로 함께 일했던 콜린이 자기 사업을 시작하면서 다이앤에게 그 회사를 운영해 달라고 부탁한 것이다. 겉으로는 굉장한 기회처럼 보였다. 그러나 양심이 편치 않았다.

콜린은 미용사로 성공한 사람이다. 혼자서 버는 돈만도 억대에 달했다. 이제는 모든 서비스를 완비한 미용실을 열려고 준비하는 중이다. 다이앤과 콜린은 다이앤이 관리하던 다른 스파에서 함께 미용사로 일했으나, 콜린은 항상 자기 사업을 하고 싶어 했다. 그녀는 자기 고객이 밀집해 있는 그 도시의 번화가에서 비싼 공간을 빌렸다. 현재 가게 개조작업이 진행 중이다. 실내 디자인은 부자 고객의 취향에 맞춰 최고급으로 꾸미고 있었다. 돈이 얼마나 들든 상관없이 말이다.

다이앤은 남자와 여자, 젊은이와 늙은이를 막론하고 개인의 허영심에 영합한다는 게 어떤 것인지를 아는 보기 드문 사람이다. 이미지와 외모는 엘리트 고객의 정체성과 자신감에 굉장히 중요한 역할을 한다. 중년 여성은 유전적으로 물려받은 한계에도 아름답고 젊고 날씬하게 보이는 등 완벽한 모양새를 가꾸려고 터무니없이 애쓰곤 한다. 젊은 여성은 멋지고 세련되게 보이고 싶어 한다. 그런데 이런 고객들은 보통, 성질이 급하고 요구하는 게 많아 고객에게 매일 만족스런 약속을 받아 내는 것만도 일종의 투쟁이었다. 그들은 "아니오"란 응답을 거의 받아들이지 않았고 자기 뜻대로 미용사를 주무르는 일에 고수들이었다. 그들이 매년 미용 서비스에 쓰는 돈은 천문학적 수준이라 어떤 기준으로 봐도 완전히 비현실적으로 느껴졌다.

다른 한편, 다이앤은 자신이 그동안 콜린과 맺어 온 오랜 관계도 고려하지 않을 수 없었다. 그들은 아주 단짝이었고, 다이앤은 평생의 꿈을 이루고자 다짐하는 콜린의 결심을 높이 샀다. 그 꿈이 이루어지면 콜린이 수익을 올릴 뿐 아니라 열다섯 명에서 스무 명에 달하는 고용인들에게도 안정된 수입이 보장될 것이다. 콜린이 소규모 사업주로서 짊어진 책임은 엄청난 비중을 갖고 있었다. 개업한 후에 콜린이 '의자 뒤에서' 전임으로 계속 일하길 원한다면, 그 분야에 경험도 많고 상식도 갖춘 다이앤이 꼭 필요했다.

미용실 직원들은 고객들에게 단순히 '미용 서비스'만 제공하는 게 아니었다. 고객의 말을 들어주고 그들의 처지에 공감을 표하는 등 '보살핌'의 손길로 인해 친구관계가 조성되기도 한다. 고객이 가족의 위기, 치명적인 질병, 수술, 죽음에 직면할 때나 결혼, 가족 재회, 축제 등을 준비할 때 미용실 직원들은 고객들과 동행해 주곤 했다. 미용실은 그 지역사회에서 상당한 역할을 감당하고 있었던 것이다.

그리스도인으로서 다이앤은, 소비주의와 나르시시즘이 구속(救贖)적 가치라곤 전혀 없는 공허한 몸짓에 불과한 것처럼 보였다. 이처럼 '모든 것이 헛되다'는 솔로몬의 한탄을 상기시키는 이런 환경에 계속 시간과 재능을 투자하는 게 과연 바람직한 일일까?

그러면 누구의 일이 하나님에게 중요할까?

먼저 다이앤이 미용실 운영, 직원 감독, 훈련, 고객 관계 등을 통해 과연 본질적 가치가 있는 일을 할 수 있는지 물어보면서 그 딜레마를 분석해 보자. **비본질적 가치를 지닌 일은 그에 따른 결과, 즉 봉급, 지위**

혹은 선교의 기회를 얻기 위해 하는 일이다. 이에 비해 **본질적** 가치를 지닌 일은 그 자체로 선한 일이다. 대다수의 사람들은 소위 세속적인 일은 비본질적 가치밖에 없고, '사역'과 '사람을 돕는 일'은 비본질적 가치와 본질적 가치 모두를 지녔다고 생각한다. 그런데 성경에 따르면 어떤 일이 '주님의 일'이자 본질적 가치를 지닌 일이 되는 것은, 종교적 성향이나 하나님의 이름이 공공연히 거론되는 것 때문이 아니다.

첫째, 그것이 **하나님의 명령에 따른** 일이어야 한다. 창세기 1:28과 2:15에 나오는 하나님의 소명에 따라 창조세계를 돌보고 그 잠재력을 개발하며, 하나님의 형상인 사람을 보살피는 일이어야 한다. 그런 일을 통해 일꾼들은, 창조하고 유지하고 구속하고 완성하는 '주님의 일'에 동참하는 것이다.

둘째, **하나님의 목적에 꼭 들어맞는** 일이어야 한다. 하나님의 목적은 사람이 천사가 되는 것이거나 종교적이 되는 게 아니라, 온전히 사람다운 존재가 되는 것이다. 온전한 사람이 되는 것은 하나님과 관계를 맺고 인간 공동체와 신앙 공동체를 세우고 열방을 축복하는 일을 통해 이루어진다. 나의 장래는 '저 위에 있는' 하늘에서 구원받은 불멸의 영혼—이것은 그리스적인 관념이다—이 되는 게 아니고, '완전히 새롭게 된 새 하늘과 새 땅에서 온전히 부활한 인격'이 되는 것이다.

셋째, 하나님의 방식대로 **덕스럽게 수행되는 일**이어야 한다. 믿음, 소망, 사랑은 성경에 흔히 함께 등장하는 그리고 열두어 번에 걸쳐 따로 언급되는 핵심 미덕들이다. 이에 대해서는 나중에 더 자세히 살펴볼 것이다. 20세기 신학자 칼 바르트는 무슨 일이 선하고 인간적인지 혹은 덕스러운지 평가할 수 있는 여러 기준을 다음과 같이 훌륭하게 요약하고 있다.

- 객관성의 기준: 마음과 혼이 푹 빠질 수 있는 일
- 가치의 기준: 인간의 존재양태를 향상하고 아름답게 꾸미는 일
- 인간성의 기준: 사람을 순전히 도구로만 이용하는 일은 제외한다.
- 성찰의 기준: 내면의 성찰과 묵상 작업이 배제되지 말아야 한다.
- 한계의 기준: 안식일의 제약을 받아야 한다.[3]

넷째, **영구적인 가치를 지닌 일이어야 한다.** 사람들은 흔히 영혼과 관련된 일만 영구히 남을 것이라고 생각한다. 내가 자랄 때는 "금방 사라질 단 한 번의 인생. 그리스도를 위해 한 일만 남게 되리"라는 시를 들으며 컸다. 표면적으로만 보면, 머리치장은 금방 풀어질 것이고, 우리가 만든 대다수의 물건이 쓰레기 더미로 직행할 것이다. 그런데 바울이 고린도전서 3:10-15과 13:13에서 분명히 밝히듯, 영구히 남는 것은 우리의 삶과 동떨어진 믿음, 소망, 사랑이라는 '순수' 미덕이 아니라, **믿음과 소망과 사랑 안에서 수행된 일이다.**[4] 마지막에 이르면, 불로 인해 믿음·소망·사랑 안에서 수행된 일들의 불순물은 타 버리고 순전한 모습만 남게 되어(벧후 3:12-13) "새 하늘과 새 땅"에 자리 잡게 될 것이다. 우리는 "새 하늘과 새 땅"(계 21:1; 사 66:22)에서 "새 땅"을 너무 쉽게 빠뜨리는 경향이 있다. 심지어 내가 하는 일 가운데 일부도 영구히 남게 되고, 나의 상상을 초월해 거기에 자리 잡게 될 것이다. 내가 만든 삼목 베란다, 내가 가르친 반(班), 사업 계획, 책 두어 권, 내가 작성한 한두 편의 설교, 손자들을 위해 만든 보트, 내 특기인 특별한 팬

케이크 등도 그러한 것이다.

선한 일은 우리에게, 이웃에게, 창조세계에, 그리고 하나님에게 좋은 것이다. 다이앤의 경우 콜린의 제안을 수용하지 않을 타당한 이유가 있을 수 있겠지만, 설사 콜린의 사업에 동참하더라도 그녀의 일은 어떤 면으로든 '주님의 일'에 동참하는 것이고, 그 일 자체도 본질적·비본질적 가치를 모두 지니게 될 것이다. 한 가지만은 분명하다. 그것은 인간의 타락이 모든 것에 영향을 미쳤으므로, 콜린의 미용실에서 고급 손님을 대하든 현재 일하는 곳에서 평범한 고객을 상대하든, 일터와 자기 속에 있는 죄를 피할 수는 없을 것이라는 사실이다.

방금 나는 선한 일이 **하나님에게도 좋은 것**이라고 말했다. 우리의 일은 하나님에게 중요한데, 다섯 가지 측면에서 그렇다.

첫째, 하나님은 일과 일꾼에게 **상을 주시는 분**이다. 하나님은 그냥 가만히 앉아 아무 반응도 하지 않는 분이 아니다. 달란트의 비유를 보면 하나님이 "잘했다!"고 칭찬하는 장면이 나온다(마 25:21).

둘째, 하나님은 일에 필요한 **에너지를 공급하신다**. 우리는 하나님을 위해 일하는 일꾼일 뿐 아니라 그분과 함께하는 동역자다(고전 3:9).

셋째, 하나님이 우리의 일을 **받으신다**. 마태복음 25:40, 45에 나오는 주인의 수수께끼 같은 말—"너희가 곧 내게 한 것이다"—이 바로 그런 의미를 갖고 있다. 사도 바울도 골로새서 3:23-24에서 두 번이나 그와 비슷한 말을 한다. "너희는 주 그리스도를 섬기느니라."

넷째, 우리의 일이 **하나님을 영화롭게** 할 수 있다. 물론 하나님은 예배와 전도, 구제 사업, 믿음의 실천 등을 통해 영광을 받으신다. 그러나 웨인 그루뎀이 "사업을 통해 하나님께 영광을 돌리는 길"이란 글에서 보여 주듯, 하나님의 형상인 인간만이 할 수 있는 독특한 활동을 통해 우리가 하나님을 모방할 때도 그분은 영광을 받으신다.[5] 여기에는 주인의식(하나님의 주권을 닮는 것), 생산성(하나님의 창조성을 닮는 것), 타인의 고용("남에게 그 일의 대가로 임금을 지불하는 일은 인간 특유의 활동이다")[6] 등이 포함된다. 더 나아가, 사고파는 일도 근본적으로 선한 일이며, 우리로 하여금 생계 수준을 넘어서게 함으로 동물과 구별되게 만든다. 그루뎀은 또한 돈, 경쟁, 이윤과 같이 "다른 사람을 돕는 동시에 우리의 자원을 배가시키는 능력"에 관해 탐구한다. "그런 선물을 통해 우리는 타인에 대한 사랑, 지혜, 주권, 장래 계획 등과 같은 하나님의 속성을 반영할 수 있다."[7] 그리고 나중에 다시 다루겠지만, 사업이야말로 가난한 자에게 다음 끼니를 제공할뿐더러 새로운 부를 창출하게 함으로써 가난을 극복하게 돕는 최상의 장기 전략이다. 하나님이 우리에게 가난한 자를 기억하고 그들을 사랑하라고 명하신 만큼 그런 활동을 통해 하나님이 영화롭게 될 수 있는 것이다(갈 2:10; 마 25:39-40). 이런 것들은 물론 죄와 타락의 계기를 마련해 줄 수도 있지만, 기업 활동과 교환행위를 통해 하나님을 영화롭게 하도록 고안된 만큼 근본적으로 선한 일이라 할 수 있다.

끝으로 다섯째, 하나님은 우리의 일을 **기뻐하신다**. 일과 사업의 영성을 가장 깊은 차원에서 표현한 대목은 다섯 달란트를 받고 다섯을 남긴 종에게 주신 말씀이다. "와서, 주인과 함께 기쁨을 누려라"(마 25:21, 새번역). 이는 주인의 기쁨과 일에 모두 동참하는 것을 일컫는다. 이 책은 이것을 궁극적인 목적으로 삼는다.

우리는 어디로 가고 있는가?

당신은 이 책을 읽고 무엇을 얻길 기대하는가? 이 책은 리더십이나 경영에 관한 기술서적이 아니다. 하지만 장기적으로 회사나 기업의 실적을 끌어올리는 데 기여할 일부 기술과 영성을 제공하고 있는 건 사실이다. 위대한 회사에는 자기가 누구인지 또 자기의 역할이 무엇인지를 아는 위대한 지도자들이 있다. 위대한 지도자들은 또 자신의 전 존재—몸과 혼과 영—를 일에 개입시킨다. 윤리적으로도 흠이 없다. 그들은 자기가 하는 일이 중요하다는 것과 왜 그 일을 하는지를 알고 있다. 그런 의미에서 이 책은 '어떻게'를 다루기보다 '왜'를 다루는 책이라 할 수 있다. 방법보다는 의미와 동기를 다룬다는 말이다. 일단 '왜'를 알게 되면 '어떻게'는 쉽게 발견할 수 있다.

그래서 이 책은 두 부분으로 되어 있다. 첫 번째 부분은 **의미**에 관해 다루고 있는데, 구체적으로 일터 신학을 개발하는 내용이다. 신학이란 말에 두려워할 필요는 없다. 유명한 만화 〈피너츠〉(Peanuts)에서도 언젠가 신학은 영혼에 좋다고 말한 적이 있다. 청교도 설교가 윌리엄 퍼킨즈는 "신학은 영원히 복되게 살아가는 일에 관한 학문이다"[8]라고 더 나은 정의를 내렸다. 좋은 신학은 메마른 땅에 내리는 반가운 빗줄기 혹은 무더운 날씨에 부는 시원한 바람과 같다. 실제적이고 참신한 것이란 말이다. 여기서는 비즈니스, 즉 사업을 소명, 사역, 공동체 건설, 선교, 세계화 등에 비추어 고찰해 볼까 한다.

두 번째 부분은 **동기**에 관한 것으로서 일터 영성을 탐구한다. 이는 우리로 하여금 최상의 것을 바치고 잠재력을 실현하고 삶의 전 영역에서 하나님의 눈에 들고 더 나은 세상을 위해 기여하도록, 우리를 고무하는 영감·통합성·온전함 등에 관해 탐구하는 내용이다. 그래서 한 장씩 할애하여 일과 영성, 윤리적 의사 결정의 영적 자원, 창의성과 기업 정신에 대한 동기부여, 시간과 돈과 성공을 통해 삶이 말하는 것을 다루고, 마지막으로 직업적 성결의 가능성에 관해 살펴볼 생각이다. 또한 윤리적으로 온전히 행하는 데 필요한 '내면'이 어떤 것인지 고찰할 것이다. 스트레스가 많은 분야에서, 자신을 성찰하고 살며 일하는 데 필요한 몇 가지 훈련도 고려할 것이다. 동시에 일 자체가 어떤 면에서 우리를 하나님에게 향하게 하고 우리 자신을 똑바로 직면하게 하는지, 즉 칼뱅이 참 종교의 표지라고 말한 하나님 및 자아를 아는 지식에 이르게 하는 영적 훈련인지를 탐구하게 될 것이다.

내가 리젠트 칼리지에서 학무처장이 되었을 때, 당시 원장이었던 월터 라이트 박사는 나에게 몇 가지 중요한 사항을 일러 주었다. 첫째는 이 리더십 직분을 감당할 때 나 자신에 대해 다루어야 할 것이라고 했다. 달리 말하면, 그것은 영적 훈련이자 성화의 도구가 될 것이라는 뜻이었다. 둘째는 실패할 것을 우려할 필요가 없다고 했다. 그는 나의 성공을 보장해 주었다. 만일 실패한다면, 그건 자기가 상관 역할을 제대로 못한 결과일 것이기 때문이라고 하면서. 연례 정기 결산은 긍정적인 사안만 다룰 것이라고 했다. 예기치 않은 일이 없을 것이란 말이었다. "하지만 우린 매주 목요일 아침식사를 함께 하면서 당면 과제를 다룰 것"이라고 말했다. 내가 육 년 동안 월터의 멘토링을 받으면서 리더십, 기업 활동의 영성, 그리고 나 자신에 대해 배운 것은 내 생애 다른 어느 기간 동안 배운 것보다 많았다. 그래서 감사의 표시로 이 책을 그에게 헌정한 것이다. 리더십이 어떤 면에서 하나의 사역인지도 배웠는데, 그건 이 책의 3장에서 다룰 예정이다.

나는 부끄럼 없이 기독교적 관점에서 이 주제에 접근할 터인데, 이 책이 사업을 더 깊고 성찰하는 방식으로 운영되길 원하는 모든 이들에게 도움이 되길 바란다. 이 책이 제공하는 내용은 다음과 같다.

- 일터에서의 활동에 대한 신학적 틀
- 기업 문화와 문화 계발에 대한 이해
- 신앙이 일터에서의 업무 및 사역과 어떤 관련이 있으며, 어떻게 일에 영구적이고 만족스러운 의미를 부여하는지에 대한 설명
- 영성이 지친 일꾼을 대상으로 한 동기 유발의 수단에 불과하지 않고 창의성과 기업가 정신의 근원임을 보여 주는 것
- 까다로운 윤리적 딜레마를 다루는 데 필요한 동기 중심적 관점
- 아주 힘겨운 일을 하면서도 성찰하며 사는 길

대다수의 장 끝부분에는 사례 연구와 토론 문제가 달려 있는데, 이는 개인이나 그룹 단위에서 사용할 수 있을 것이다. 일부 학술적인 내용은 미주에 포함시켰다.

몇 달 전 아토스산을 나흘 동안 순례한 적이 있다. 그곳은 정교회 소속 수도원이 20개가 넘고 1,400명의 수도사가 함께 살고 있는 수도원 센터였다. 그 반도는 북동부 그리스의 에게해를 향해 뻗은 손가락같이 생긴 세 반도 중 하나다. 이는 세계에서 유일한 수도원 국가로서

물을 가로지르거나 걸어서밖에는 갈 수 없는 곳이다. 지금으로부터 무려 10세기 전 초창기 시절에는 전 세계에서 하나님을 찾는 수도사들이 이곳에 몰려들었다. 일부는 나무 안에서, 일부는 기둥 꼭대기에서, 일부는 바다에서 1,800미터나 솟아오른 아토스산에 매달린 동굴 속에서 고행을 했다.

나는 나흘간 거기에 있으면서 걷기도 하고 기도도 하다가, 수도원 공동체에서 손님을 맞이하는 수도사 다미안 신부와 대화를 나누게 되었다. 그는 내게 "당신은 리젠트 칼리지에서 무엇을 가르칩니까?"라고 물었다. "일터 신학과 영성입니다"라고 내가 응답했다. "그게 뭡니까?"라고 그의 질문이 이어졌다. 나는 "그것은 세상에서 기독교 신앙과 일을 서로 통합하는 것입니다"라고 그 말을 설명해 보려고 애썼다. 그러자 그는 퉁명스럽게 반응하며, "**그건 불가능합니다. 그렇기 때문에 내가 수도사가 된 것입니다**"라고 말했다.

나는 이에 대해 오랫동안 곰곰이 생각해 보았다. 특히 초연하고 관조적이고 평화롭고 기도하는 분위기의 종교생활이 주는, 그리스 신화에 나오는 사이렌(아름다운 여성의 얼굴에 독수리의 몸을 가진 전설의 동물─편집자)의 매력에 비추어 그렇게 해 보았다. 많은 신앙인이 비영리 활동인 전문 사역의 길로 접어들었고, 일부는 뭔가 의미심장하고 거룩하고 영구적인 가치를 찾아 수도원으로 들어갔는데, 그 가운데 많은 이가 중년의 나이였다. 수도원주의가 이에 부응하여 이상적인 신앙생활을 제공해 주겠다고 나섰다. 정교회 신학자 토머스 스피들릭은 "[일의] 이상적인 모델은 수도사의 일일 것이다. 그 일은 기도하기 좋은 분위기에서 명시적인 기도를 드리며 수행된다. 그 동기가 박애이기에 그 자체가 한 편의 기도가 된다"⁹고 말한다. 나는 수도원 사이에 나 있는 거친 당나귀 길을 따라 하이킹을 하면서 동방정교의 수도원 전통에서 전해 내려오는 격언을 되새겨보았다.

"그대의 독방에 붙어 있으라. 그러면 그 독방이 그대에게 모든 걸 가르치리라! 수도사가 자기 독방에 있는 것은 물고기가 물에 있는 것과 같다."¹⁰

다른 한편, 내가 섬기고 있는 세상의 사업가와 전문직 종사자에 관해 생각하면서 아이러니컬한 결론에 도달했다. 사업세계를 떠나 수도사가 되거나 목사가 되지 말라. 그대의 사무실, 그대의 일터, 그대의 독방에 붙어 있으라. 그대가 있는 곳에서 깊이 파고들어라. 그대의 사업이 그대에게 모든 걸 가르치리라. 개신교 종교개혁가 마르틴 루터는, 당신은 당신이 가진 업무와 도구의 수만큼 많은 선생을 갖고 있는 셈이라고 했다.¹¹ 요즈음에는 그 도구가 목판과 술통에 국한되지 않고 컴퓨터, 정산표, 직원회의, 중역실까지 포함한다. 그러나 깊이 파고들려면 관조적인 일꾼, 성찰하는 실무자가 될 필요가 있는데, 이에 대해서는 이 책의 1부와 2부 모두에서 취급할 것이다.

❖ 토론 문제

1. 그리스도인이 해서는 **안 된다**고 생각하는 직업의 목록을 만들어 보라.
2. 왜 그렇게 생각하는지 자세히 설명해 보라. 성경에서 구체적으

로 금하기 때문인가? 일꾼에게 해롭기 때문인가? 이웃에게 해롭기 때문인가? 창조세계를 해치기 때문인가?

3. 다이앤의 딜레마를 다시 생각해 보라. 그녀가 제안받은 그 일이 어떤 면에서 선한 일이라고 볼 수 있을까? 또 어떤 면에서 그렇지 않다고 보는가? 다이앤이 그리스도인이고 콜린은 비그리스도인이기 때문에 그녀가 고려해야 할 또 다른 사항들이 있는가? 이 사례에서 문제 되는 이슈들은 무엇인가? 이렇게 결정하든 저렇게 결정하든 간에 영향을 받는 사람(들)은 누구인가? 어느 한 편을 꼭 택해야 할 성경적인 이유들이 있는가? 만일 (어느 쪽이든 죄를 지을 잠재력이 있음에도 불구하고) 둘 다 '좋다면' 다이앤은 어떻게 결정을 내려야 하겠는가?

❖ 더 읽을 자료

Ciulla, Joanne B. *The Working Life: The Promise and Betrayal of Modern Work* (New York: Three Rivers Press, 2000).

Graves, Stephen R., and Thomas G. Addington. *The Fourth Frontier:Exploring the New World of Work* (Nashville: Word, 2000).

Preece, Gordon. *Changing Work Values: A Christian Response* (Melbourne, Australia: Acorn Press, 1995).

Sherman, Doug, and William Hendricks. *Your Work Matters to God* (Colorado Springs, Colo.: NavPress, 1987).

Schumacher, Christian. *God in Work* (Oxford: Lion Publishing, 1998).

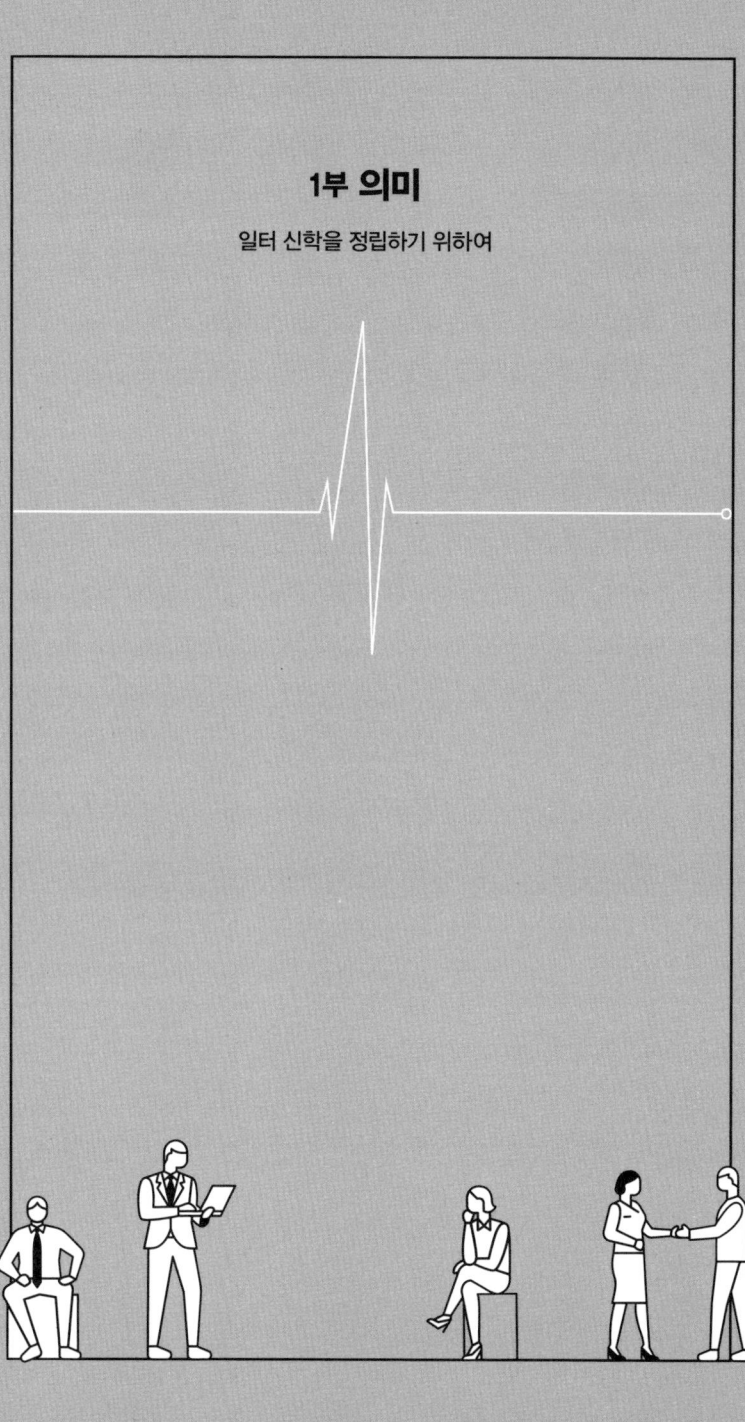

2.
사업도 소명인가?

우리가 하고 있는 일을 완전히 뜯어고쳐서 지금 이곳에서 천국에서 일하듯 해낼 수 있을까? 물론 그럴 수는 없다. 그렇다면 우리가 하고 있는 일을 어느 정도 고쳐서 우리의 직업을 하나님이 주신 소명에 좀더 가까이 근접시킬 수 있을까? 대체로 그럴 수 있다고 본다.
_니콜라스 월터스토퍼(고든 프리스, 『일의 가치를 새롭게 하라』에서 인용)

칼빈 시어벨트라는 학자가 50여 년 전에 자기 가족이 운영하던 생선 가게에서 아버지가 일하던 모습을 회상한 적이 있다. 한 고객과 칼빈의 아버지가 협상을 하는 중에 아버지가 잉어를 집어 들고는 그 특징을 샅샅이 살펴보는 모습이 나온다. 싱싱하고, 꼬리도 실팍하고, 눈빛도 생생하고, 아가미 혈색도 좋고, 살도 탄탄한 그런 모습을 말이다. 그러더니 그의 아버지는 "멋진 생선입니다, 아주 멋집니다. 씻어드릴까요?"라고 그 여자에게 물었다. 그녀는 마지못해 수락하는 듯 약간 슬픈 표정을 짓더니 곧 그 협상 방식에 감탄하고는, "글쎄요, 근데 당신은 결코 소명을 잃지 않았군요"라고 한마디 던졌다.[1]

오늘날 기술자, 상인, 혹은 사업가가 이런 소리를 듣는 건 상당히 드물지 않을까 생각된다. 왜 그럴까? 그리고 누군가가 그와 같은 이야기를 듣는 직업인을 볼 때 '세상에서 하는 일에 소명을 받은 사람'이라고 느낀다면 과연 어떤 변화가 일어나겠는가?

우리가 세상에서 하는 일은 그저 '해야 하기' 때문에 하는 것이거나 자아성취를 위해 선택하는 그 무엇이 아니다. 그것은 기쁨과 해방을 안겨 주는 하나님의 부르심 중 일부다. 하지만 요즈음에는, 특히 사업에 관해서 '소명'이란 말을 사용하는 경우가 거의 없다.

서구 세계의 최근 동향은 어렵지 않게 확인할 수 있다. '소명'(calling)이란 용어는, 사실 '시간제' 제자란 있을 수 없는데도, '전임 사역'에 진입하는 자들의 일에 국한해 사용된다. '천직'(vocation)이란 말은 공공선이 아니라, 보통 자아성취를 위해 선택된 직업을 일컫는 데 사용되고 있다. 소명이 세상에서는 세속화되었고, 교회에서는 성직으로 변모된 것이다.[2]

소명과 직업

소명 의식이 없으면, 우리는 '출세주의와 전문기술주의로 삶의 의미를 새로 만들어 내야 하는 일종의 마법사'로 변한다. 우리 각자의 정체성이 마치 소비하거나 업적을 성취하는 데 있는 것처럼 설득하는 미디어의 매력적인 소리에 빠지기 쉽다. 폭풍에 휘날리는 먼지처럼 뚜렷한 방향감각도 없이 이리저리 헤매게 된다.

이와 반대로 소명 의식은 우리 삶에 방향과 목적을 부여해 준다. 우리의 창조주가 우리를 불러 그분과 개인적인 관계를 맺도록 하고 이 세상을 능가하는 놀라운 목적으로 우리를 인도하기 때문이다. 잉글랜드의 청교도들은 아주 뚜렷한 소명 의식을 갖고 있었기 때문에 '자이로스코프(측정 또는 방향 유지에 사용되는 기구—편집자)를 삼킨 자들'이란 별명을 얻었다. 이는 그들이 언제나 자기가 향하고 있는 곳이 어딘지 알고 있었다는 말이다.

그리스도인이 사업계에서 **일해도 좋은지** 묻는 것과, 사업의 **소명을 받을 수 있는지** 묻는 것을 서로 구별하는 게 중요하다. 1장에서 우리는 전자에 대해 긍정적인 결론을 내렸다. 2장에서는 긍정을 넘어 설득의 기조를 탐구하려 한다. 이제까지 소명이나 부르심에 관해 쓴 글은 많지만, 사업과 전문직에 관련된 글은 별로 없는 편이다.

영어 단어 'vocation'은 라틴어 *vocare*에서 온 것으로서 '부르다'는 뜻을 갖고 있다. 유감스럽게도, 'vocation'이 일상 용법에서는 '직업', '스스로 선택한 경력'을 가리키는 말이다. 만일 우리가 일상적으로 'vocation'이란 단어를 없애고 그 대신 '소명'이란 말로 대체한다면, '누가 부르고 있는가?'라는 질문을 불러일으키게 되므로 바람직한 변화가 아닐까 생각된다. **부름 받는** 사람이 있으려면 **부르는** 자가 있어야 하는데, 후자가 바로 하나님이기 때문이다. 혹자가 사업가로 부름을 받는다면, 그 사람은 겨우 받아들일 만한 인간 직업의 한 분야에서 일하도록 하나님에게 **허락받는 데서** 그치는 게 아니라, 하나님의 뜻과 목적을 이루기 위해 그 일을 하도록 실제로 하나님의 **소환을 받는 것**이다. 그런데 어떤 유형의 일로 부름 받는 것은 그보다 더 큰 소명의 일부일 뿐이다.

무엇보다 먼저, 우리는 무엇을 하도록 부름 받기 전에 누군가를 따르도록 부름 받았다. 따라서 소명이란 우리의 있는 모습 그대로 예수께 오라는 그리고 예수의 제자가 되라는 그분의 초대와 함께 시작된다. 마가의 복음서는 예수님이 열두 제자를 부르는 장면을 묘사하고 있는데, 예수님이 '자기와 함께 있게 하고 또 전도하러 내보내기 위해' 그들을(또 우리를) 불렀다고 기록하고 있다(막 3:14). 그리고 바울도 고린도 교인에게 보낸 편지에서, 하나님이 "그의 아들 예수 그리스도 우리 주와 더불어 교제하게" 하기 위해 우리를 불렀다고 말한다(고전 1:9).

이러한 부르심은, 우리를 하나님 아들과의 교제로 부른다는 의미로 이는 곧 바울의 편지에 사용되는 '부르심'의 언어다(고전 1:9). 이 부르심은 일차적으로 구원과 관련된 것이다. 바울은 교회의 교인들을 향해 "성도라 부르심을 받은 자"(고전 1:2), "하나님이 택하사 거룩하고 사랑받는 자"(골 3:12)라고 부른다. 핸드릭 크레이머는 선구적인 저서 『평신도 신학』(A Theology of the Laity, 아바서원)에서 "에클레시아[교회]의 모든 교인은 원칙적으로 똑같은 부르심을 받은 자들"[3]이라고 말한다. 우리는 또한 거룩함으로(살전 4:7), 자유로(갈 5:13), 소망으로(엡 1:18; 4:4), 화해의 사역으로(고후 5:18-19), 그분의 목적에 따라(롬 8:28) 부름 받았다. 즉, 우리로 그 아들의 형상을 본받게 하기 위함이었다(8:29). 그러므로 소명에는 하나님께 속하는 것(관계), 그런 존재가 되는 것(존재), 그런 행동을 하는 것(하나님과 그분의 목적을 섬김)이 모두 포함된다. 하나님은 우리를 그분의 딸과 아들이 되도록 부르신 다음, 세상에서 하시는 그분의 일에 동참하라고 초대하신다. 우리가 이제 살펴볼 것은 소명의 둘째 부분이다.

소명의 주제를 탐구하는 동안 다음과 같은 질문을 유념하길 바란다. 만일 내 부친이 철강 사업으로 부르시는 하나님의 소명을 인식했더라면, 그랬더라면, 어떤 변화가 있었을까? 여인이 칼빈 시어벨트의 아버지에게 했던 한마디("당신은 결코 소명을 잃지 않았군요")가 소명의 핵심―구체적인 직업으로의 부르심―을 요약하는 것일까? 목사와 선교사가 '소명 받았다'는 말을 자주 하는 데 비해, 왜 기업이나 상업에 몸담은 자는 거의 그런 말을 하지 않는 것일까? 하나님은 모든 사람을 부르시는가, 아니면 신자만 부르시는가? 아직 그리스도인이 안 된 이들도 "나는 이걸 위해 태어났어", "바로 이거야"라고 느낄 때가 있는데, 그러면 초월적이고 인격적인 하나님을 믿는 것과 상관없이, 그분의 부르심을 받을 수 있는 것일까? 당신이 경영인이라면 고용인들이 자기 소명을 발견하도록 어떻게 도울 수 있겠는가?

성경에는 어떤 사람이 황홀한 체험을 통해 어떤 직업으로의 부르심을 받는다고 말하는 본문은 전혀 없지만, '사업도 하나님의 부르심의 일부'라는 견해는 강력한 성경적 근거를 갖고 있다.

창조세계의 잠재력을 개발하라는 부르심

케네스 칸츠는 "비즈니스에 몸담고 있는 것 자체가 신의 소명"이라고 주장한다.[4] 그의 주장은, 성경이 비즈니스 행위를 얘기할 때 본문에서 직접 언급하지 않고, 문화명령의 당연한 결과로서 말한다는 것이다. 거기에 깔려 있는 전제는 최초의 선한 창조, 한때 죄와 사탄에 의해 타락한 창조세계, 현재는 부분적으로 구속된 세계, 그리고 하나님이 거기서 일하라고 자기 백성을 부르는 세계 등이다.[5] 이로 보건대, **비즈니스란 이 땅에 인간의 발자취를 남기려는 창조세계의 청지기직의 일**

환으로서 우리가 떠맡게 된 합법적인 분야라고 말할 수 있다.

1984년에 쓴 "평신도가 맡은 공동 창조의 행위"란 글에서 마이클 노박은 "기업 활동의 내재적 덕"에 관해 이렇게 설명한다.

투자자, 노동자, 경영인, 기업가를 막론하고 경제 분야에 몸담은 평신도의 과업은 서로의 인간성을 충분히 존중하는 상호 협조적 협회들을 세우는 일이다. 그런 기업들은 실행 가능한 범위 내에서, 창조세계로부터 창조주가 풍성하게 심어 놓은 생산 가능성과 인적 자원을 끌어내기 위해 적극적으로 참여하고 창의성을 발휘해야 한다. 경제활동은 창조주의 일에 직접 참여하는 행위다.[6]

어떤 이들은 하나님과 함께 창조 활동에 참여하는 행위를 일컬어 '공동의 창조 활동'(co-creativity)이란 말 대신에 '창조의 보조 활동'(sub-creativity)이란 말을 선호한다. 하지만 우리는 하나님과 동등한 동반자의 위치는 아니더라도, 하나님의 계속되는 창조 활동에 그분과 함께 동참하라는 부르심을 받았다. 하나님은 최초에 우주를 만드셨을 때와 같이 지금도 창조적인 분이다. 그리고 하나님은 계속 스스로를 낮추시면서 우리를 자기 일에 동참하라고 부르고 계시며, 사업은 그 가운데 작은 일부이다. 우리는 청지기인 만큼 환경적으로 책임 있는 방식으로 그 일을 수행해야 함에도, 기업의 역사는 이 점에서 오점으로 얼룩져 있다. 아울러 사업은 하나님의 구속 사역에 참여하라는 그분의 부르심의 한 표현이기도 하다.

인간의 삶을 향상하고 아름답게 가꾸라는 부르심

'인간의 삶을 향상하라'는 소명은 창세기 4:20-22의 가인 자손들의 직업 목록에 분명히 나타나 있다.

> 야발: '장막에 거하여 육축 치는 자의 조상'-상업을 의미함
> 유발: '수금과 통소를 잡는 모든 자의 조상'-문화를 의미함
> 두발가인: '동철로 각양 날카로운 기계를 만드는 자'-기능직을 의미함

아담과 하와와 그 자손들은 세계를 만드는 자(world-makers)로 부름 받았다. 이미지를 만드는 자, 음식을 만드는 자, 가정을 만드는 자, 건강을 만드는 자, 정원을 만드는 자, 계정을 만드는 자, 연구 조사를 만드는 자, 도구를 만드는 자, 아름다움을 만드는 자, 음악을 만드는 자, 위로를 만드는 자, 의사소통을 만드는 자, 운송수단을 만드는 자, 장난감을 만드는 자 등등. '사업'을 가리키는 중국어는 '창조하다'와 '의미'를 각각 뜻하는 두 낱말의 합성어다. 사업은 사람들을 위해 의미를 창조하는 방법인 것이다. 하지만 사업이 **언제나** 선한 일일 것이라고 말할 수 없는 것은 우리가 사는 세상이 타락했고 부분적으로만 구속된 세상이기 때문이다.

성경이 구원과 변혁에 관해 가르치는 것을 보면 이 세상에서 전인(全人)을 대상으로 하는 선교를 지향하는 것을 알 수 있다. 필립 워가맨은 "사업에 실질적이고 창의적으로 관여하여 경제생활의 문제를 해결함으로 인류를 섬기는 일은 그리스도인들이 얼마든지 떠맡을 만한

가치 있는 사역이 될 수 있다"고 말한다.[7] 하나님은 영혼을 구할 뿐 아니라 몸과 시스템과 창조세계 전체를 구하는 데도 관심이 있다. 그 사역은 흔히 옛 언약(구약)이라 불리는 이스라엘과의 언약 아래서 하나님이 행하신 일로 시작되었다. 이스라엘을 통해 이루려 했던 하나님의 구속 사역—이는 땅의 청지기직, 경제적 법칙, 창조세계의 개발을 포함한다—은 "창조 때 하나님이 본래 갖고 있던 경제적 목적에 어느 정도 맞추는 것"[8]을 목표로 삼았다. 흔히 히브리 성경과 신약성경의 통일성을 제대로 보지 못한 결과 "신약이 구약보다 더 '영적'이고, 따라서 더 우월하다"는 그릇된 생각을 낳았다.[9] 사실 그 둘은 하나이다.

신약성경으로 눈을 돌리면 예수께서 일하고, 치료하고, 도전하고, 용서하고, 해방시키는 모습을 접하게 된다. 성경에서 '**구원하다**'로 번역된 헬라어 단어 *sozo*는 원래 "온전하게 만든다"는 의미다. 이는 온전함, 통합성, 안식의 의미를 내포하는 히브리어 단어 **샬롬**(*Shalom*)과 비슷하다. 예수께서 자기 사역을 선포할 때 희년에 빗대어 말씀하셨는데, 희년은 히브리 성경에 규정된 대로 50년마다 모든 것을 속박에서 풀어 주는 놀라운 사건이다. 이와 마찬가지로 예수님은 자신의 하나님 나라 사역이 모든 걸 포괄한다고 선포했다. 즉, 사람들을 완전히 인간답게 만들고 땅도 인간다운 모습으로 가꾸는 것이다. 그는 "가난한 사람들에게 기쁜 소식을…포로 된 사람들에게 자유를, 눈먼 사람들에게 다시 보게 함을 선포하고, 억눌린 사람들을 풀어" 주려고 이 땅에 오셨다(눅 4:18, 새번역). 누가복음에 기록된 것처럼 그분이 이사야 61:1-2을 인용하신 것은 자기 사역이 히브리 성경에 나오는 희년의 성취임을 선포하신 셈이다. 레위기 25장에 묘사된 희년은 '경제적 샬롬'

까지 포함한다. 빚으로 절망에 빠진 자들을 풀어 주는 것, 땅과 사람에게 안식을 주는 것, 자산을 각 가정에게 돌려주어 생계수단이 되게 하는 것, 경제적 구원과 사회적 구원 등. 골로새서 1:15-20과 로마서 8:29-30은 하나님의 구속 계획이 모든 것을 포함하고 있음을 보여 준다. 하나님의 나라는 영적인 통치에 국한되지 않고 삶의 모든 영역과 창조세계 전체에 걸쳐 역사하는, 역동적인 하나님의 구원의 손길이다.

사업은 사업가가 구속의 방식에 따라 일할 수 있는 기회 그 자체다. 리처드 히긴슨은 사업 신학에 관한 훌륭한 책에서, 겸손한 섬김, 새로운 시작의 창조, 대가의 부담, 비난의 감수 등을 통해 우리가 유사(類似) 구속적 방식으로 주님의 구속 사역에 진입할 수 있음을 시사한다.[10] 이와 맥을 같이하여 레슬리 뉴비긴도 "사랑과 순종의 제사가 하나님에게 바쳐지는 통로는 세상에서 이루어지는 평범한 세속적 사업이다. 그리스도의 사역을 통해 세상에 방출된 그 막강한 권능이 밝히 드러나는 것은 세상적인 업무를 수행하는 과정에서 이루어진다"[11]라고 말했다.

이런 점에 비추어 「이니셔티브」(Initiatives)의 편집인 빌 드륄은, 가톨릭의 사회사상에 따르면 일에는 여러 가지 목적이 있다고 한다.

- 근로자의 주머니와 투자자(그 가운데 일부는 근로자일 것이다)의 손가방에 돈을 넣어 줌으로써 그들 개개인과 가정에게 현재와 장래에 필요한 것을 공급함.
- 공동체에 필요한 물건을 제조하고 서비스를 제공함으로써 그 사회가 번창하도록 도움.

- 계속되는 하나님의 창조 및 구속 사역에 기여함.
- 인격 발달에 기여하고, 자아 발견을 통해 사람들이 하나님에 관해 더 많이 배우도록 도움. 가톨릭 사회사상은 하나님은 삼위일체적 관계를 맺고 계시기 때문에, '인격 발달에는 직장 동료들과의 유대 관계도 포함하고 있다'고 말한다.[12]

여기서 이 마지막 목적은 좀더 설명이 필요하다.

이 땅에서 공동체를 건설하라는 부르심

케네스 칸츠는 이렇게 말한다.

"사람은 사회적 존재로 창조되었지 결코 혼자 살도록 만들어지지 않았다. 이런 사회적 본성 때문에 각자가 유일무이하다는 의미에서 특별한 존재요, 상호 의존관계에 있고 따라서 서로 교환하게끔 되어 있다. 상호교환이 우리 본성에 내재되어 있다는 말이다. 그리고 이것이 바로 사업이다."[13]

이는 창세기 1장에서 시작된다. 거기서 하나님은 남자와 여자를 성소 같은 동산에 두시고 그들에게 세 가지 전임 업무를 주신다.

첫째는 하나님과의 교통 가운데 사는 일이다. 먹고 일하고 관계 맺는 등 모든 일이 하나님에 대한 사랑과 예배의 표현이 되게끔 되어 있다. 동산은 사실 성소이고, 그들이 그곳에 하나님의 형상으로 놓인 것은 모든 신전에 형상들이 놓여 있는 것과 같다. 이 경우에는 하나님의 형상이 우상이 아닌 인간—남자와 여자—(창 1:27)이라는 차이가 있을 뿐이다. 하나님과의 교통은 안식일이나 아침 시간 20분에 국한된 게 아니라 매일 24시간 7일 내내 계속되는 일이다.

둘째는 공동체 건설이다. 그들은 하나님의 형상으로서 남자와 여자로 창조되었다. 남자만을 따로 떼어 놓는다면, 이는 하나님의 형상일 수 없다. 여자도 마찬가지다. 우리는 공동체를 세우고, 그것을 체험하고, 생육하고 번성하여 땅에 충만함으로써 그것을 확장하도록 설계된 존재다.

셋째는 공동 창조자(co-creators)가 되는 일이다. 이는 창조세계의 잠재력을 개발하는 것, 인간 자신을 제외한 모든 것을 '정복하는' 것(창 1:28)과 "[땅을] 맡아서 돌보는 것"(2:15)을 의미한다. 이것은 아담과 하와가 하나님 앞에서 떠맡은 것이요 하나님의 목적으로 표현된 것인 만큼, 그들은 창조세계의 제사장인 셈이다.

회사도 하나의 공동체다. 사업이란 것도 시골동네의 일터, 전자상거래, 무역 박람회, 동네의 조그마한 가게를 막론하고 모두 우리가 공동체를 경험하는 현장이다. 그런데 우리가 섬겨야 할 이보다 더 큰 이웃도 존재한다.

세계적 풍요와 하나 됨을 이루라는 부르심

인류를 향한 하나님의 부르심은 세계적 차원의 소명, 즉 "땅에 충만하라"(창 1:28)는 것이다. 사업은 민족과 국가에 샬롬을 어느 정도 가져올 수 있다는 면에서 하나님 나라의 매개체가 될 수 있다. 사업에 종사하는 일은, 우리가 아브라함과 그 자손과 더불어 열방을 축복하고, 문화와 국가 간에 하나 됨을 건설하도록 부름 받은 소명의 일환이다. 마이클 노박은 이 점을 멋지게 대변한다.

상업은, 가톨릭교회의 여러 동방 교부들―특히 성 크리소스토무스―이 썼듯이, 민족들 간의 물질적 유대 관계로서 인류의 하나 됨을 상징적으로나마 보여 주는 것이다. 혹은 그가 감히 신비적 언어로 표현했듯이, '그리스도의 신비적 몸'을 물질적 상징으로 보여 주는 것이다. 인류는 하나다. 인간 몸을 이루는 모든 부위의 상호 의존성을 보여 주는 국제적 상거래는 세계의 모든 민족을 통짜 옷의 비단실로 다 함께 엮어 준다.[14]

노박은, 서구 수도원운동의 창시자 성 베네딕투스(480-547)가 초기 은둔자들로부터 배운 것은 수도원 리더십의 잦은 교체가 주는 유익과 미개척지와 오지에 경계를 표시하는 일이었다고 주장한다. 많은 역사학자가 말하듯, 이 수도원들은 유럽으로 치고 올라가 서구 최초의 다국적 회사가 되었다.

"그들은 과학적 농법을 도입하여 그 전 지역이 생계 수준을 뛰어넘어 더욱 발전하도록 도와주었다."[15]

수도원들이 창출한 잉여자금으로 식물학·야금술·건축학 같은 예술과 학문이 발달했으며, 학교와 음악당과 기타 여러 문명도 발전하게 되었다.

우리가 먹는 아침식사와 입는 옷, 그리고 집에서 사용하는 전자제품은 세계 곳곳에서 만들어졌지만, 그 '통짜로 된 옷'이 서양식 옷일 경우가 너무나 많다. 그리고 세계화 현상은 다양성을 통한 풍성한 통일성을 이루기보다는 문화를 균질화하는 경향—삼위일체가 아니라 일신론으로 빠지는 것—이 더 높다.¹⁶ 이에 대해선 6장에서 더 살펴볼 것이다.

부를 창출하고 가난을 줄이라는 부르심

사업은 가난을 줄이고, 새로운 부를 창출하고, 인간의 존재양태를 향상시키는 면에서 구속적 목적을 띨 수 있다. 성경은 우리에게 모든 수단을 동원하여 가난한 자를 도우라고 분명히 가르친다.

"누구든지 세상 재물을 가지고 있으면서, 자기 형제나 자매의 궁핍함을 보고도, 마음 문을 닫고 도와주지 않으면, 어떻게 하나님의 사랑이 그 사람 안에 머물겠습니까?"(요일 3:17, 새번역)

가난한 자에게 필요한 것은 그저 먹을 것이나 입을 것을 주는 게 아니라—물론 이것도 우리 사역의 일부지만—그들이 부를 생산하도록 구비시키는 일이다. 물론 다음과 같은 노박의 말은 약간 과장된 면이 있다.

"단연코 사업은 가난한 자의 최고 희망이다. 그리고 사업행위에는 가장 고상한 소명이 내재되어 있다. 그것은 가난한 자를 일으켜 세우는 일이다."¹⁷

그런데 오늘날처럼 부익부 빈익빈 현상이 두드러진 세상에서는 그렇게 되기가 상당히 어렵다는 데 분명 문제가 있다.¹⁸

일반적으로 현대인들이 기업 덕분에 과거에 살았던 이들보다 더 잘살게 된 것은 사실이다. 물론 빈부 간에 커다란 격차가 여전하지만 말이다.[19] 사업의 세계화는 약속과 위험을 둘 다 안고 있다.[20] 하지만 "가난한 자가 가난에서 벗어나려면 직업이 필요하고, 고용되길 기대하는 자는 고용주를 찾는 게 필요하며, 투자자와 창업자는 새로운 산업을 창조하는 게 필요하다."[21]는 노박의 말은 옳다. 메노나이트의 경제 개발 협회(MEDA), 중부 유럽의 인테그라(Integra), 오퍼튜니티 인터내셔널은 세계적 규모로 가난의 경감과 사업의 구속적 가치를 보여 주는 멋진 본보기다. 부의 창조는, 일부 설교자가 주장하는 것처럼 결코 악이 아니다. 부의 창조는 필요와 욕구가 채워지는 과정으로 볼 수 있다. 그것은 한 사람의 이익이 다른 사람의 손실을 의미하는 제로섬 게임이 아니다. 물론 산업혁명 이전에 공급이 제한되어 있던 시절에는 그런 일이 있었던 게 사실이다. 브라이언 그리피스가 고전적인 책 『부의 창조』(The Creation of Wealth)에서 분명히 보여 주듯, 부의 창출은 사람들과 세계에 샬롬을 가져오는 하나의 방편이다. 좀더 최근에는 클리브 라이트도 이에 동의했다.

지구가 늘어나는 인구를 감당할 수 없을 것이라던 맬서스(1766-1834)의 예측은 근거가 없는 것으로 판명되었다. 지구의 자연 자원이 제한되어 있다는 점은 여전히 사실이다. 그러나 인간의 창조성은, 지난 두 세기 이상에 걸쳐 훨씬 더 큰 세계 인구도 먹여 살릴 능력이 있음을 입증했다.[22]

그런데 기업 활동은 이생과 이 세상만을 위한 게 아니다.

천국에 투자하라는 부르심

고대 이집트의 모든 피라미드와 무덤이 나일강 서편에 세워진 것을 보면 그 문화 전체가 인생의 황혼과 세계의 끝을 지향하고 있었음을 알 수 있다. 나는 이에 대해 자주 생각해 보곤 했다. 이와 반대로, 성경적 신앙은 새날의 도래를 바라보고 있다. 이런 식으로 아프리카의 전통 종교와 기독교 신앙도 서로 대조되곤 한다. 이는 한 사람이 다리 위에 서서 강물의 상류나 하류를 쳐다보는 그림으로 묘사된다. 아프리카의 전통 종교인은 조상의 영들의 영향력이 자기에게 다가오는 것을 되돌아보는 모습인 반면에, 성경적 안목은 하나님의 인도를 받아 앞을 바라보는 모습이다. 마지막 때(전문 용어로는 **종말론**)에 대한 성경적 견해는 먼 옛날의 에덴동산을 되돌아보는 것이 아니라, 완전히 변형된 창조세계와 어린양의 혼인 잔치를 내다보는 것이다.

신학자 위르겐 몰트만에 따르면, 이 성경적 종말론은 '원래의 출발점으로 돌아가는 교리'로서, 장차 하나님이 "만물을 새롭게 창조하고' 그 창조세계에 보편적으로 거함으로써" 창조 목적이 달성됨을 통해 이루어질 것이라고 한다.[23]

기업 활동도 죄가 정화된 상태로 영구히 남아 새 하늘과 새 땅에서 자기 자리를 차지하게 될 것이다. 무슨 일이 영구히 남느냐 하는 것은 아주 중요한 문제다. 교회는 전통적으로 오직 '영혼과 관련된 일'만 남는다고 가르쳐 왔다. 그런데 그리스도인의 장래는 몸의 부활에 있는 만큼, "너희 수고가 주 안에서 헛되지" 않다(고전 15:58)는 말씀을 상기할 필요가 있다.[24] 미로슬라브 볼프가 말하듯이, "현재 질서와 장래 질서 사이의 연속성 혹은 불연속성이 일의 신학을 개발하는 데 핵심 사안의 하나다."[25] 이로 인해 일부 신학자는 천국에도 마케팅이 있을 가능성이 있다고 생각하기에 이르렀다![26]

성경은 복음 전도와 관계없는 일이라도 그 일부는 영구히 남아 새 하늘과 새 땅에 기여하게 될 것이라고 말하며, 다음 열 가지 증거를 제시한다.

- 현세와 내세 사이에는 연속성이 있다. 새 예루살렘은 하나의 도시요 땅으로서 이 세상과 연관되어 있다(계 21-22장).
- 이 땅의 왕들이 그들의 영광을 새 하늘과 새 땅에 가지고 올 것이다(계 21:24).
- 민족들의 영광과 명예가 하나님의 거룩한 도시에서 발견될 것이다(계 21:26).
- 구약성경은 메시아가 다스리는 동안 우리가 일을 그만두지 않을 것이라고 내다본다. "나의 백성은 그들이 수고하여 번 것을 오래오래 누릴 것이다"(사 65:21-22).
- 예수님의 부활한 몸은 현세에서 받은 상처를 변모된 형태로 간직하고 있다(요 20:27).
- 예수님은 최후 심판의 자리에서, 우리가 일상적으로 행한 보잘것없는 섬김도 자기에게 한 것으로 받을 것이라고 선언하신다(마 25:31-46).
- 심판의 불(벧후 3:7)은 이어서 나오는 13절의 내용(우리는 주님의 약속에 따라 새 하늘과 새 땅을 기다리고 있다)으로 보건대, 현 세계를 말살하는 게 아니라 변형하는 것을 상징한다.

- 고린도전서 3:10-15은 우리의 일이 불로 시험되어 살아남을 수도 있음을 시사한다!
- 로마서 8:19-22은, 이 땅이 하나님의 자녀들이 나타나는 것과 연루되어 신음하며 해방될 날을 고대하고 있다고 말한다.
- 요한계시록 14:13은 그리스도인의 행위가 그들을 따라다닐 것이라고, 즉 그들의 일이 그들의 삶에 '지울 수 없는 도장'을 찍을 것이라는 사실을 시사한다.[27]

미로슬라브 볼프는 여하튼 하나님이 새로운 창조세계에 우리의 수고를 포함하시겠지만, 우리는 "인간의 수고의 열매가 '천국'을 창조하고 또 천국을 대치하거나 그럴 수 있을 것"이라고 상상하면 안 된다는 점을 지혜롭게 경고한다.[28] 이와 같은 맥락에서 레슬리 뉴비긴도 다음과 같이 원숙한 지혜의 말을 건네준다.

우리는 인류가 우리에게 요구하는 모든 세속적인 일에 아낌없이 헌신할 수 있는데, 우리가 하는 어떤 일도 그 자체로는 그 도시 건물의 일부가 될 정도로 선한 것이 없음을 알고, 또한 모든 것—우리의 가장 내밀한 기도로부터 가장 공적인 정치적 행위에 이르기까지—이 죽음과 심판의 골짜기 속으로 마땅히 내려가야 할 죄로 오염된 인간 본성의 일부임을 알면서 헌신해야 한다. 하지만 동시에 우리가 그 세속적인 일을 그리스도의 이름으로 그리고 성령의 능력으로 아버지께 바칠 때 그것이 불로 정화되어 안전하게 보존되고 결국에는 거룩한 도시에서 한자리를 차지하게 될 것을 알면서 그렇게 하는 것이다.[29]

특정한 소명?

하나님은 사람들을 사업과 같은 특정한 직업으로 부르시는가? 이 질문과 관련된 중요한 본문은 고린도전서 7:17-24이다. NIV 성경은 17절("Each one should retain the place in life that the Lord assigned to him and to *which* God has called him")과 20절("remain in the situation which he was in *when* God called him")을 약간 다르게 번역하여, 하나님이 섬김의 자리와 삶의 자리 둘 다로 부르신다는 점(17절)과 그 자리가 더 포괄적인 부르심을 받는 처소라는 사실(20절)을 시사한다(한글 개역성경은 이 둘을 거의 동일하게 번역하고 있다—옮긴이). 그러나 원어에는 이런 구별이 존재하지 않는 것 같다.[30] 어쨌든 20절은, 어떤 이들은 행정관으로 또 어떤 이들은 학자로 각각 부름 받는다는 종교개혁의 교리를 뒷받침하는 아주 중요한 구절이다.

"각 사람은 **부르심을 받은**(*eklethe*) 그 **처지**(*klesei*)에 그대로 머물러 있으라."[31]

신학자 도날드 헤이게스는 이 구절이 종교개혁에 얼마나 중요한 함의를 가지는지 논평하면서, "실제적인 목적상 루터는 **소명**(*Beruf*)이란 단어를 교회로의 부르심과 삶의 처지로의 부르심을 모두 포괄하는 것으로 사용하고 있다"[32]고 한다.

루터와 칼뱅은 세상적 소명을 주장하기 위해 이 구절에 크게 의존했고, 나중에 청교도들도 그랬다. 하지만 바울의 논점은 고린도 교인이 원했던 그 변화—결혼, 인종, 사회경제적 처지를 막론하고—가 영적으로 중요하지 않다는 것이다. 그리스도는 그분이 그들을 부르셨을 때 그들이 처했던 곳을 거룩하게 하신다. 고든 피는 이 단락을 이렇게 해석한다.

"'부르심'이란 주제 아래서 바울은 그들의 '영성'을 근본적으로 다른 관점에서 보게 하려 한다. 그들은 자기가 부름 받았을 때 사회적 위치가 무엇이든 거기 그대로 머물러 있어야 하는데, 그리스도 안에 있으라는 하나님의 부르심(참고. 1.9)은 그러한 사회적 위치를 아주 상관없이 만들 만큼 그 위치를 초월하기 때문이다. 따라서 이런 상태나 저런 상태 모두 마찬가지라는 말이다."[33]

이 견해는 종교개혁자들이 이 구절을 해석한 방식과 대조되는 것이다.[34]

그럼에도 바울은, 우리의 일상적인 일을 그리스도 아래 있는 새로운 질서로 끌어올리고 있다. 고린도전서 15:58에서 그는 "너희 수고가 주 안에서 헛되지 않은 줄 앎이라"고 말한다. 우리의 활동은 우리 힘으로만 하는 게 아니고 "성령의 나타나심과 능력으로"(고전 2:4-5) 수행되는 것이다. 그러므로 바울은 성스러운 일과 속된 일을 이분법적으로 나누지 않고 모든 일이 그리스도 안에서의 새 생명과 그리스도의 나라의 증진을 위해 수행되는 것으로 본다. 그런 일을 기독교적으로 만드는 것은 인간적인 노력이 아니라, 그리스도를 본받아 자기를 내어 주는 사랑이다. 그분은 인간의 연약함을 안고 하나님에게 순종하여 죽었다가 부활의 권능으로 다시 살아나신 분으로서, 우리도 그리스도의 죽음과 부활을 통해 시작된 새로운 질서에 참여해야 마땅하다.[35] 글쎄, 아마도 바울이 지금의 사업가들을 대상으로 편지를 쓴다면 '이렇게 쓰지 않을까' 생각된다.

당신이 하는 사업에 머물러 있되 깊이 파고들기 바랍니다. 당신의 일터, 당신의 사무실, 당신의 지위가 당신에게 모든 걸 가르쳐 줄 것이고 신앙 성장의 도구가 될 것입니다. 종교적인 직업을 갖게 되면 영적인 이점이 있을 것으로 생각하지 마십시오. 당신의 삶은 그저 우연에서 우연으로 이어진 우연 덩어리가 아닙니다. 당신을 현재 거기까지 인도한 모든 것, 즉 출생, 교육, 이해관계, 장점, 기회 등은 하나님 섭리의 일부입니다. 하나님이 당신을 불렀을 때 당신이 처했던 위치는 나름대로 중요한 의미가 있으며 모든 걸 포괄하는 하나님의 소환에 포함되어 있던 것입니다. 당신의 삶과 일상 업무는 중요한 의미를 갖고 있으며, 그것을 당신 자신이 아니라 주님을 위해 한다면 결코 헛되지 않을 것입니다.

요컨대, 성경 본문 가운데 사업을 하나의 소명으로 명시적으로 말하는 대목은 찾을 수 없다. 하나님과의 실존적 대면을 통해 어떤 사회적 직업으로 인도받는 사례는 신약성경에 단 한 건도 나오지 않는다. 천막을 만들었던 바울도, 섬유 상인이었던 루디아도, 어부였던 베드로도 그런 경우에 해당하지 않는다. 다른 한편, 전문적인 종교인으로 부름 받은 사례 역시 단 한 건도 없다. 디모데, 바나바, 브리스길라 모두 그런 사례가 아니다. 그럼에도 성경은 그런 초자연적 부르심 없이 이런저런 사회적 직업으로 인도되어 거기서 영향력을 발휘한 인물들을 많이 증언하고 있다. 요셉, 느헤미야, 다니엘, 에스더, 브리스길라와 아굴라 등이 그러하다.

성경은 하나님을 일종의 직업 담당관처럼 묘사하고 있긴 하지만, 보통은 아모스와 엘리야 같은 예언자들이나 바울과 같은 사도를 부를 때와 같은 방식으로 사람들을 여러 직업으로 부르지는 않는다. 물론 하나님이 원하시면 예외적으로 누군가를 특정한 일로 직접 부르실 수도 있다. 그러나 보통은 하나님이 우리를 당신께로 부르시고 우리의 열정, 능력, 기회를 통해 우리의 재능과 은사에 적합한 일로 우리를 **인도하신다**. 그리고 그 일이 국제 무역이든 회화 예술이든 상관없이, 그것은 하나님의 소유가 되어 그에 걸맞은 삶을 살고 '주님의 일을 하라'는, 모든 걸 포괄하는 하나님의 부르심의 일환이 된다. 따라서 비즈니스계에서 일하는 것은 이런 일반적 의미에서 하나의 소명이라고 할 수 있다. 그것은 세상에서 선한 일을 하고 이웃을 섬길 수 있는—이는 하나님의 부르심의 일부다—하나의 통로다. 그런데 사업은 목사나 선교사가 되는 것보다 더 낮은 소명인가? 여기, 이와 관련된 실화를 하나 소개한다.

더 높은 소명?

"머리, 난 당신을 믿어요. 당신이 로버트에게 실상을 알려 줘서 회사 융자에서 그가 맡은 몫을 책임지게 하길 바랍니다. 그가 선교지로 부름 받았다고 느끼는 건 알고 있지만, 그렇다고 나에 대한 책임이 면제되는 건 아니에요."

머리가 자기 집에서 이런 말을 듣고 있노라니 자기가 빌과 로버트를 얼마나 사랑하는지, 또 하나님의 소명이 이 두 형제를 갈라놓게 해서는 안 되겠다는 생각을, 가슴 절절이 느낄 수 있었다. 빌은 계속 말했다.

"우린 사업상 파트너이고, 우리가 이 사업을 시작할 때만 해도 하나님이 일종의 사역을 함께하도록 불렀다고 느끼면서 출발했단 말입니다. 로버트가 당신에게 연락해 이따 만나기로 했다길래 내가 먼저 당신을 찾아온 겁니다. 당신은 우리 둘의 친구인 동시에 우리 교회의 장로잖아요."

빌이 떠난 후 얼마 안 되어 초인종이 울리더니 로버트가 현관에 서 있었다. 머리는 어떻게 해서 자기가 이처럼 '중간'에 끼게 되었는지 어리둥절했다.

두 주 전 정기적인 멘토링 시간에 로버트는 머리에게 폭탄선언을 했다. 그는 이미 빌에게도 터뜨린 터였다.

"선교집회에 갔다가 소명을 받았어요. 내 아내의 목소리만큼 분명한 목소리였다고요. 실은 아내도 똑같은 음성을 들었지요. 우린 둘 다 하나님이 우리를 잠비아의 학생 사역을 위해 부르셨다고 확신하고 있습니다."

머리는 로버트를 집 안으로 안내하는 동안, 당시 로버트의 소명에 대해 들었을 때 양면적인 감정이 교차되던 순간이 떠올랐다.

"내 아내와 나는 교회가 우리를 파송해 주고 월 후원금의 상당부분도 책임져 주길 바라고 있어요. 그리고 당신도 우리의 기도 후원자 겸 재정 후원자가 되어 주길 바랍니다. 필요한 게 굉장히 많답니다."

로버트는 빌이 방금 머리의 집을 다녀갔다는 걸 전혀 눈치 채지 못했고, 삼 년 전에 일어난 일도 까맣게 잊어버린 것 같았다.

머리가 그들을 만난 것은 3년 전 함께 동업을 시작했을 때였다. '뉴에이지'라는 하이테크 전자회사를 설립했는데, 현재는 스물다섯 명의 직원을 고용하고 있다. 쉰 살이 넘은 빌은 로버트의 큰형으로서 자기 집을 담보로 회사 융자의 75퍼센트를 맡은 대주주였다. 머리의 충고에도 빌은 로버트에게 회사 융자의 25퍼센트에 대한 보증을 법적으로 약속하도록 조처하지 않았다. 그래서 법적으로는 로버트에게 책임이 없었다. 그러니까 로버트는 이제 더 높은 소명을 받았으니 하던 일을 그만두는 게 정당화될 수 있다고 생각한 것이다.

"융자는 어떻게 합니까?"라고 머리가 물었다.

"우린 큰형이 맡아 줄 걸로 기대하고 있었죠. 우리보다 훨씬 든든하니까 충분히 감당할 수 있을 겁니다. 이런 사업이 그에게는 취미거리 정도에 불과하니까요."

"당신이 집을 팔 생각은 없나요?"

"우린 그걸 팔지 않고 세를 놓을 생각입니다. 나중에 돌아올 집이 있어야 하니까요."

"그러면 사업은요?"

"처음에 기대하기로는 수익이 충분히 생겨 조기 퇴직을 한 다음 주님의 일을 할 생각이었죠. 그런데 이제까지 겨우 생존에 급급한 수준이었고 앞으로도 나아질 전망이 안 보이는군요."

"빌이 방금 우리 집을 다녀간 것을 아십니까?"

"전혀 몰랐습니다! 무슨 말을 했나요?"

"당신은 이 모든 문제와 관련하여 '평안'을 느끼는데 비해, 자기는 '좌절감'을 느낀다고 하더군요."

"아니, 제가 기대한 것과는 전혀 다른 양상으로 치닫는군요"라고 로버트가 한마디 던지고는 집을 떠났다.

잠시 후 전화기가 울렸다. 빌이 머리에게 당회를 소집하여 이 문제를 당장 해결하자고 요청하는 전화였다.

❖ 토론 문제

1. 머리, 빌, 로버트가 당면한 문제들은 무엇인가?
2. 그 문제로 영향을 받는 당사자들은 누구인가?
3. 이 갈등을 해결하는 데 도움이 되는 성경 본문이나 성경적 원리들은 무엇일까?
4. 로버트는 자기가 정말 해외선교로 부름 받았다는 것을 어떻게 알 수 있을까?
5. 하나님의 부르심은 인간의 의무와 책임을 무시하는가? 고린도전서 7장에 나오는 바울의 가르침은 이에 대해 어떻게 말하는가?
6. 이들의 대화를 보면 소명에 대한 어떤 견해가 은연중에 깔려 있는가?
7. 교회는 어떤 도움을 줄 수 있을까?
8. 이런 갈등이 장차 더 일어나지 않게 하려면 교회는 무엇을 가르칠 필요가 있는가?
9. 당신은 다음과 같은 마르틴 루터의 말에 어떻게 반응하겠는가? "당신은 부르심을 받지 않았다고 하는데 그게 어디 있을 법한 얘긴가? 당신은 언제나 어떤 상태 혹은 처지에 몸담고 있었다. 남편이나 아내로, 소년이나 소녀로, 혹은 종으로 있어 왔다. 만일

그리스도인이 신자가 전혀 없는 곳에 있다면, 그는 내면으로부터 하나님의 소명과 기름 부음을 받은 그리스도인이 되는 것 이외의 다른 부르심이 필요 없다. 그런 곳에서는 순전히 형제 사랑 때문에라도, 잘못을 저지르는 이교도나 불신자에게 복음을 전하고 가르칠 의무가 그에게 있다. 설사 아무도 그에게 그렇게 해야 한다고 말하지 않더라도…만일 그가 자기와 똑같은 힘과 권리를 가진 다른 그리스도인들이 있는 곳에 있다면, 자기에게만 주의를 돌려서는 안 된다. 그 대신 다른 이들을 대신해서 그리고 그들의 명을 받아 복음을 전하고 가르치는 일로 부름을 받고 선택되는 일이 필요하다."36

❖ 더 읽을 자료

Banks, Robert, and Kimberly Powell. eds. Faith in Leadership: *How Leaders Live Out Their Faith in Their Work and Why It Matters* (San Francisco: Jossey-Bass, 2000).

Chewning, Richard C., John W. Eby, and Shirley Roels. *Business through the Eyes of Faith* (San Francisco: HarperSanFrancisco, 1990). 『신앙의 눈으로 본 경영』(IVP).

Diehl, William. *Thank God It's Monday* (Philadelphia: Fortress Press, 1982). 『월요일을 기다리는 사람들』(IVP).

Guiness, Os. *The Call: Finding and Fulfilling the Central Purpose of Your Life* (Nashville: Word, 1998). 『소명』(IVP).

Novak, Michael. *Business as a Calling: Work and the Examined Life* (New York: The Free Press, 1996). 『소명으로서의 기업』(한국경제신문사).

Schuurman, Douglas J. *Vocation: Discerning Our Callings in Life* (Grand Rapids: Eerdmans, 2004).

Stevens, R. Paul. *The Other Six Days: Vocation, Work, and Ministry in Biblical Perspective*(Grand Rapids: Eerdmans, 2000). 『21세기를 위한 평신도 신학』(IVP).

3.
사역의 사업적 측면

그리스도는 그리스도인의 주님에 국한되지 않고 모든 것의 주님이 되신다. 절대적으로 또 아무 조건도 없이. [그러므로] 세상의 일터에 몸담은 교회의 모든 성도는 삶의 모든 영역에서 그분의 주 되심을 가리키는 표지가 되도록 부름 받은 자들이다.
_레슬리 뉴비긴, 「아직 끝나지 않은 길」

리처드 히긴슨은 『사업에 관한 질문들』(Questions of Business Life)에서 경제에 대한 다양한 접근을 아주 우스운 말로 설명한다.

- 봉건제: 당신은 암소 두 마리를 갖고 있다. 당신의 주인은 젖의 일부를 취한다.
- 파시즘: 당신은 암소 두 마리를 갖고 있다. 정부가 둘 다 취한 다음, 그들을 돌보도록 당신을 고용하고 나서, 젖을 당신에게 판다.
- 공산주의: 당신은 암소 두 마리를 갖고 있다. 당신이 암소들을 돌봐야 하지만, 젖은 정부가 모두 취한다.
- 자본주의: 당신은 암소 두 마리를 갖고 있다. 당신이 하나를 팔아 황소를 산다. 당신의 소 떼가 늘어나고 경제는 성장한다. 당신은 그것들

을 팔아 그 수입으로 퇴직한다.
- 엔론(Enron) 자본주의: 당신은 암소 두 마리를 갖고 있다. 당신은 매형이 은행에 개설한 신용장을 이용하여 상장 회사에 세 마리를 판 다음, 일반 매매 가격으로 채무-주식 교환을 설정하여 다섯 마리에 대한 세금 면제와 함께 네 마리를 돌려받을 수 있게 조치한다. 여섯 마리 분량의 젖에 대한 권리는 중개상을 거쳐 대주주가 몰래 소유하고 있는 캐이맨 회사에 양도되는데, 그 회사는 모두 일곱 마리에 대한 권리를 그 상장 회사에 다시 판다. 유럽의 연례 보고서는 그 회사가 여덟 마리를 소유하고 있고, 한 마리에 대한 옵션도 있다고 발표한다.[1]

완벽한 제도는 존재하지 않는다! 그래도 그 효능과 수명이 놀랄 만큼 강한 것으로 드러난 자본주의가 그 가운데 최고의 제도임에는 틀림없다. 하지만 클리브 라이트는 기업 윤리에 대한 통찰력 있는 연구에서 서구 자본주의가 모든 사회와 문화에 적합한 것은 아닐 수 있다고 지적한다.

"테러리스트들이 이슬람의 이름으로 뉴욕의 세계무역센터를 비행기로 강타한 것은 바로 마이클 노박이 그토록 추천하던 민주 자본주의 모델에 대한 반격이었다. 테러리스트들이 아주 잘못된 것은 분명하다. 그러나 두렵게도 그들은 서구에서 그토록 성공했던 부의 창조 방식이 전 세계적으로 수용할 만한 것이 아니라는 점을 분명히 보여 주었다."[2]

앞의 두 장에서 우리는 이런 자본주의 제도 내에서 자기가 하고 있는 일 혹은 하려고 하는 일의 의미를 놓고 씨름하는 사람들을 만났다. 다이앤은 고급 미용실을 운영하는 일이 허영심에 영합하는 게 아 닌지 알고 싶어 했다. 로버트는 해외선교가 자기 사업보다 더 깊은 필요를 채워 준다고 생각했다. 두 사람 모두 의미를 찾고 있는 경우다. 전자는 자본주의 체제 내에서 보람 있게 사는 법을 알고 싶어 했고, 후자는 그 속에 몸담고 있는 자들에게 의존하면서도 본인은 거기서 탈출하는 길을 찾았다. 사업은 하나의 사역인가? 혹은 하나의 사역이 될 수 있는가? 이것이 이 장에서 다룰 질문이다. 역사를 보면 "아니다" 라고 답변하는 흐름이 길게 놓여 있음을 알 수 있다.

비즈니스에 대한 부정적 태도의 역사

그리스 세계에는 소명의 개념이 없었다. 일 자체는 하나의 저주였고 도시국가의 시민들은 일하는 것이 금지될 정도였다! 초대교회가 그런 세계에 둘러싸여 그 영향을 많이 받았다는 것은 이미 잘 알려진 사실이다.[3]

그리스 세계와 중세

플로티누스는 고대 세계에서 가장 큰 영향을 미친 철학자이자 아우구스티누스와 서구 기독교에도 심대한 영향을 준 인물로서, 영성과 유물론에 대해 기독교와 정반대되는 정의를 내렸다.

"현인의 삶은 몸을 방탕하게 즐기거나 어떤 형태로든 몸의 쾌락을 추구하는 것이어서는 안 된다.…이 땅에 묶인 인간으로 하여금 자신을 멋지게 꾸미고 권력을 확보하고 부유하게 되어 인류를 지배하도록 내버려 두라. 그래도 그런 미끼에 넘어가는 멍청한 자를 부러워할 게 없노라."

또 그는, 반면 현인은 "몸의 횡포에 대해…완전히 무관심함으로써" 그것이 저절로 닳아 없어지게 할 것이라고 했다.[4]

아리스토텔레스는 상업에 대해 부패 그 자체는 아니더라도 본질적으로 의심스런 것으로 보았다.

"무슨 일이든 돈을 벌려고 하는 자는 진정한 자유인이 아니다."[5]

이런 헬레니즘 세계가 하나님의 백성에게 미친 영향이 아주 심대해서 집회서—신구약 중간기에 쓰인—는 신체 노동을 계속 낮은 위치에 두고 있다. 즉, 상업이 이 세상의 짜임새를 유지하는 데는 필요하지만(집회서 38:34) 서기관과 철학자가 더 나은 길을 택했다고 쓰고 있다.

대다수 초기 교회 교부들은 삶에 대한 이런 '계층적' 접근을 수용했다. 윗자리에는 수도사, 수녀, 사제, 목사와 같이 세상에서의 일상적 일을 거부하는 자가 있고, 아랫자리에는 세상에서 일하는 자가 위치한다. 예외적인 인물이 있다면, 기업 정신과 자본에 대해 긍정적 견해를 가졌던 알렉산드리아의 클레멘스(A.D. 150-215)가 유일한 것 같다.[6] 이런 이층적 구조는 전 세계의 보편적 현상이었다. 유세비우스(A.D. 315년경)는 그것을 다음과 같이 표현한다.

따라서 삶을 사는 두 가지 방식은 그리스도의 법에 의해 교회에 주어진 것이다. 하나는 자연보다 우위에 있고 일반적인 삶을 뛰어넘는 존재방식이다. 즉 결혼, 자녀 출산, 재산, 부의 소유를 허락하지 않고 인간의 일상적인 삶에서 완전히 영구적으로 분리되어, 천국의 풍성한 사랑 안에서 오직 하나님만 섬기는 데 전념하는 삶이다!…그리스도인의 완전한 삶은 바로 그런 것이다. 그리고 **다른 하나**는 더 수수하고 더 인간적인 삶으로서, 결혼도 하고 자녀도 낳고, 정부의 일도 떠맡고, 군인들에게 정의를 위해 싸우라고 명령도 하는 삶이다. 신앙뿐 아니라 세속적 이해관계에 더 많이 연루된 삶이다. 그들이야말로 일부러 시간을 내어 조용한 곳에 물러가 배우기도 하고 거룩한 것을 듣는 게 필요하다. **그래서 이등급 정도의 경건성을 그들에게 부여하게 된다.**[7]

이런 구별은, 관조적 인물을 대변하는 마리아와 세상에서의 활동을 대변하는 마르다를 서로 대비시키는 수도원 중심의 중세 풍조에서 두드러지게 나타났다. 이 책의 원서 제목—*Doing God's Business*—이 마치 '튀긴 얼음'이나 '까만 빛'과 같이 어불성설처럼 보이는 것은 놀랄 일이 아니다! 15세기에 이를 때까지 소명을 가진 자는 수도사와 수녀와 사제에만 국한되었다. 평범한 그리스도인들은 소명이 없었다. 칼 바르트가 이를 잘 요약하고 있다.

"중세의 전성기에 만연했던 견해에 따르면, 세속적인 일은, 각 사람과 만인의 구원을 위해 진정 순종의 길을 걷는 자들이 그 일에만 몰두하도록 그들을 해방시키기 위해 존재했었다."[8]

이러한 생각은 오늘날 사업가가, 교회에서 목사를 후원하는 데 필요한 '살아 있는 수표책' 정도로 취급받는 것과 크게 다를 바 없다.[9]

마르틴 루터

루터는 소명의 개념을 **수도사를 제외한** 모든 인간 직업에 급진적으로 확대시켰는데, 수도사를 제외한 이유는 중세의 수도원주의와 세상을 부정하는 재세례파에 대한 반발 때문이었다.[10] 루터는 '우리가 선택하는 게 아니라 부름을 받는다'는 근본적인 성경 진리에서 자기 사상의 근거를 찾았다. 모든 사람이 부름을 받았다는 것이다. 중세 세계에서는 수도사가 더 우월한 제자의 길—청빈, 순결, 순종을 선택한 길—을 **택했**다고 생각했다. 그러나 진정한 제자도에 따르면, 본인이 선택하는 게 아니라 **부름을 받는** 것이다. 루터는 한 설교에서 "나는 교황에게서 성인 서품을 받기보다는 차라리 목장에서 양 떼를 치는 목자가 되겠다"고 했다.[11] 루터는 사람들에게 자기가 처한 처지를 있는 그대로 받아들이도록 종용했다. 그는 어린이 찬송가 가사처럼 상당히 안정된 사회를 지향했다.

부자는 자기 성(城) 안에,
가난한 자는 자기 문간에,
하나님이 그들을 높게 그리고 낮게 만드셨으며,
그들의 신분 또한 정해 주셨네.[12]

우리의 신분이 어떠하든 그것은 하나님이나 사람으로부터 아무 보상도 기대하지 않고 사역 혹은 섬김을 베풀 수 있는 기회를 제공한다. 루터는 "구두수선공·대장장이·농부 등이 자기가 하는 일이나 직분을 통해 다른 모든 이에게 유익을 주고 그들을 섬겨야 마땅한 이유는, 몸의 모든 지체들이 서로를 섬기듯 여러 종류의 일들이 그 공동체의 신체적·영적 건강을 위해 수행되게 하기 위함이다"[13]라고 말했다. 직업이

"하나님에 의해 '질서'와 '직분'으로 구조화되었고, 그런 구조는 신적인 칙령으로서 그 가운데 악한 사람과 얼핏 보기에 악한 행위가 개입되어 있음에도, 결국 선하고 필요한 목적을 도모하는 것이다."[14] 그러므로 그리스도인은 자기 신분을 벗어나려 애쓰기보다 거기에 머물러 있어야 한다. 여기서 루터(그리고 후에 칼뱅)는 고린도전서 7:17을 이렇게 설명한다.

"각 사람은, 주님께서 나누어 주신 분수 그대로, 하나님이 부르신 처지 그대로 살아가라."

단, 그것이 본래 죄스러운 것일 경우에는 그만둬야 하지만 말이다.

내가 본질적으로 죄스럽지 않은 소명에 관해 이야기하는 것은, 우리가 이 땅에서 죄 없이 살 수 있다는 의미가 아니다. 모든 직업과 신분은 매일 죄를 짓는다. 내가 말하는 바는 '하나님이 제정하신 소명, 가령 결혼·남종·여종·주인·아내·감독·통치자·재판관·장교·시민 등과 같이 하나님에게 대적하는 것이 아니라는 뜻'이다. 한편, 내가 말하는 죄스러운 것이란 이런 것들이다. 강도질, 고리대금업, 창녀, 그리고 복음을 전하지도 복음 전파에 귀를 기울이지도 않는 현 상태의 교황, 추기경, 주교, 사제, 수도사, 수녀들 말이다.[15]

루터는 그것을 "만일 당신이 하는 일이 하나님이나 그분의 성도 혹은 당신 자신은 섬기되 당신의 이웃을 섬기지 않는다면, 그것은 선한 일이 **아니라는** 사실을 알라"[16]라고 표현한다. 그러므로 루터에 의하면 수도사가 되는 것은 소명도 아니고 선한 일도 아니다. 그것은 아예 사역이 아니었다. 그리스도인은 가장 높은 직책이든 가장 낮은 직책이든 똑같은 확신을 품고 임할 수 있지만, 어떤 직분들은 본질적으로 다른 직분에 비해 더 중요한 의미를 갖고 있다.[17] 가장 높은 것은 목사-설교자이고, 그다음은 교사, 그다음은 세상의 통치자, 그 아래로 의사, 작가, 비서, 교양과목을 가르치는 학자 순으로 내려온다.

그럼에도 불구하고, 학자들 사이에는 루터의 사업에 대한 태도가 얼마나 중세적이었는지 혹은 근대적이었는지를 놓고 의견이 분분하다. 이를테면, 고리대금업은 백 년 전까지만 해도 뜨거운 신학적 논제였다.[18] 루터는 중세 신학자들과 나란히 고리대금업을 죄로 보았다. 또 당시에 출현하고 있던 상인 제도를 반대했다. 레이크 램버트는, 루터가 어쩌면 자신이 비난하는 대상이 무엇인지도 잘 모르면서 그리스도인이 상거래 회사에 관여하는 것을 반대했다고 말한다.[19] 루터의 말을 직접 인용해 보자.

누구든 선한 양심을 갖고 상거래 회사의 일원이 될 수 있는지 물어볼 필요가 없는 이유는 이렇다. 나의 유일한 충고는 "당장 나가라. 그들은 결코 변하지 않으리라"는 것이다. 상거래 회사들이 계속 생존하려면 옳고 정직한 것이 망해야 하고, 옳고 정직한 것이 생존하려면 상거래 회사들이 망해야 한다.[20]

장 칼뱅

칼뱅은 소명이 예정과 밀접한 관련이 있다고 가르쳤다. 당신이 선택받았다는 사실은 당신의 소명을 통해 확증된다.[21] 이에 대한 성경적 근거는 베드로후서 1:10-11이다.

"그러므로 형제자매 여러분, 더욱더 힘써서, 여러분이 부르심을 받은 것과 택하심을 받은 것을 굳게 하십시오.…또한 여러분은, 우리의 주님이시며 구주이신 예수 그리스도의 영원한 나라에 들어갈 자격을, 충분히 갖출 것입니다"(새번역).

칼뱅과 루터는 모든 사람이 부르심을 받았다는 것, 모든 신분이 신의 재가를 받고 있다는 것, 누구든 자기 소명을 가볍게 떠나서는 안 된다는 것에 서로 의견을 같이했다. 그러나 소명의 목적에 대해서는 의견을 달리했다. 루터는 하나님이 사랑으로 섬기는 삶을 살라고 소명을 주신다고 한 반면에, 칼뱅은 세상의 혼란을 방지하고 적절한 질서를 유지하는 게 그 목적이라고 말했다. 칼뱅이 쓴 『기독교 강요』(*Institutes of the Christian Religion*, CH북스)의 한 대목이 이 점을 잘 보여 준다.

주님은 우리 각자에게 무슨 일을 하든지 그분의 소명을 바라보라고 명령하신다. 그분은 사람의 본성이 얼마나 불안정한지, 얼마나 변덕이 심한지, 어떻게 야망이 발동하여 한꺼번에 여러 가지를 취하려 하는지를 알고 계시기 때문이다. 그러므로 우리의 어리석음과 조급함으로 인해 모든 게 뒤죽박죽되지 않게 하려고 각 사람에게 그 처한 상황에 맞추어 의무를 부과하셨다. 그리고 어느 누구도, 경솔하게 자신의 한계를 넘지 못하게 하려고 그런 다양한 삶의 모습에다 '소명'이란 이름을 붙이셨다. 그러므로 각 사람은 주님이 부여하신 나름의 삶의 방식을 갖고 있는데, 이는 그가 인생을 사는 동안 무분별하게 헤매지 않게 하려고 세워 놓은 보초

와 같다.[22]

　루터와 달리, 칼뱅은 당시에 싹트기 시작하던 상업의 세계를 그리스도인이 활동해도 좋은 정당한 장(場)으로 인식했고, 이 점은 개혁주의 개신교의 소명관에 큰 영향을 미쳤으며, 이런 사상을 이어받은 칼뱅의 후예들이 나중에 막스 베버의 연구 대상이 되기도 했다.[23] 특히 칼뱅은 달란트의 비유(마 25:14-30)를 **경제적인** 청지기 직분이라는, 더 문자적인 의미로 해석했다. 소비용으로 이자를 받고 돈을 빌려 주는 일(고리대금업)은 살인에 가까운 범죄지만, 생산과 사업을 목적으로 낮은 이익률(5퍼센트까지)로 돈을 빌려 주는 일은 받아들일 수 있다는 것이다.[24]
　칼뱅이 청교도와 자본주의 정신에 미친 영향—이것이 막스 베버가 연구한 주제인데—에 관해서는 9장에서 살펴볼 것이다.[25] 청교도들과 벤자민 프랭클린 같은 이신론자들의 사상에 의거해 베버는 칼뱅의, 하나님의 초월성 및 예정에 관한 견해가 신자들의 불안심리를 점차 심화시켜 그들로 자기가 선택받은 자임을 증명하도록 애쓰게 만들었다고 주장했다. 그런데 자기의 구원을 증명하는 가장 직접적인 길로 각광받던 수도원의 문이 닫힘에 따라 신자들은 이 세상의 활동, 특히 사업에 뛰어들어 거기서 거룩한 열정으로 헌신하게 되었다.

잉글랜드의 종교개혁과 청교도

칼뱅의 보편적 소명관은 잉글랜드의 종교개혁에도 계속 이어졌다. 이에 대해 조셉 홀은 이렇게 말했다.

밭을 가는 일이나 땅을 파는 일 등 아무리 소박한 일이라도 우리가 소명으로 여겨 하나님의 명령을 의식하고 그에 순종하는 마음으로 하게 되면 풍성한 보상을 받게 될 것이다. 반면에 아무리 훌륭한 일(설교, 기도, 복음적인 제사)이라도 하나님의 명령과 영광과 상관없이 하게 되면 저주를 받게 되리라. 하나님은 부사(adverbs)를 좋아하시기에 얼마나 훌륭한가가 아니라 얼마나 잘하는가에 관심을 두신다.[26]

청교도는 소명을 둘로 나누었다. 하나는 예수의 이름을 부르고 그분의 제자가 되라는, 모든 자에게 동일한 일반적인 소명이고 다른 하나는 행정관, 가정주부, 목사, 사업가 등과 같이 하나님과 그 나라를 위해 각기 독특하게 기여하는 특별한 소명이다.[27] 일반 소명과 특별 소명은 둘 다 하나님으로부터 온 것이고, 각 사람은 이 둘을 모두 갖고 있다.[28] 특별 소명은 모두 거룩하다. 윌리엄 퍼킨스는 청교도의 소명관을 단적으로 보여 주는 인물로서 이렇게 말하고 있다.

소명이 비천하다고 일의 선한 성격이 침해받는 건 아니다.…하나님은 일의 탁월성이 아니라 일꾼의 마음을 보시기 때문이다. 그리고 양을 깎는 목자의 행위는 내가 말한 그런 식으로 수행되기만 하면, 선고를 내리는 재판관의 행위나…설교를 하는 목사의 행위와 마찬가지로 하나님 앞에 선한 일이다.…우리가 일 자체를 서로 비교하면 설거지와 하나님의 말씀 증거 사이에 차이가 있지만, 하나님을 기쁘시게 하는 면에서는 그 어떤 차이도 존재하지 않는다.[29]

잉글랜드의 내전 후 청교도 공화정이 무너지자 (섬김을 목적으로 삼는) 특별 소명이 (구원과 제자의 삶을 지향하는) 일반 소명과 분리되어 그것이 세속화되고 전쟁과 부에 의해 크게 약화되고 말았다.[30] 소명이란 것이 자기가 택한 직업, 곧 제자로 부름 받은 그리스도인으로서의 전반적 헌신이 없이 그저 자기가 수행하는 직업으로 전락하고 만 것이다.[31] 베버가 지적한 것처럼, 개신교 신학의 일부 측면, 특히 후기 칼뱅주의가 부지중에 소명의 세속화에 기여했던 것 같다. 리처드 히긴슨은 세속화 단계들을 이렇게 요약한다.

- 사람들이 하나님의 은혜를 완전히 받아들이는 게 어려웠다. 그래서 자기 노력으로 구원의 확신에 도달하려는 유혹이 몰려왔다.
- 열심히 일하는 것이 극단적 성향을 보이게 되었다. 게으름을 두려워하는 것이 강박관념이 되고 말았다.
- 남을 위해 일한다는 동기가 서서히 강력한 자기중심적 이데올로기로 대치되었다.
- 청지기 직분이란 개념은 강하게 남아 있었으나, 그것이 철저하게 이행되지 않을 때는 이기심을 가리는 가면이 되었다.
- 종교적 신앙과 관행이 점차 약화되면서 더 이상 하나님의 영광을 위해 일하지 않게 되었다. 소명은 일이나 직업의 개념으로 대치되었다.
- '소명'(vocation)이란 단어가 살아남은 경우에도 그 적용범위가 갈수록 좁아졌다. 옛날 중세식의 구별이 다시 등장하게 되었고, 사업은 시야에서 사라지고 말았다.[32]

이에 대해 램버트는 "루터와 칼뱅은 소명을 수도원에서 해방시켜 세속적인 것을 거룩하게 만들었는데, 그들의 후예는 거룩한 것을 세속화시켰다. '소명'(vocation)이란 용어는 현재 종교적인 의미의 흔적만 조금 남아 있을 뿐이고, 그 동의어인 '부르심'(calling)은 대체로 교회의 게토 속으로 망명당한 처지에 있다"[33]라고 말했다.

앞장에 나온 사례에서 보았듯, 서구 세계의 현 상황은 그리 어렵지 않게 읽을 수 있다. '시간제' 제자란 있을 수 없는 것임에도, '소명'(calling)이란 말은 소위 '전임 사역'에 한정되어 사용되고 있는 실정이다! 소명이 세상에서는 세속화되었고 교회에서는 성직화된 셈이다.[34] 사역은 교회 내에서 하는 종교적 활동을 일컫는 말로 축소되었다. 그런데 이제 내가 보여 주고자 하는 것은 사역에도 사업적 측면이 있다는 점이다.

사역의 시작과 끝

사역의 이야기에는 시작과 중간과 끝이 있다.[35] '시작'과 관련해 우리는 '하나님이 세계를 창조하기 전에 어떤 의도를 품고 계셨나?' 하고 묻는다. '중간'은 우리가 현재 몸담고 있는 곳을 일컫는데 다음과 같은 요소가 포함되어 있다. 일의 세계를 포함한 이 세상에 죄가 불러온 그 왜곡상(像)에 우리가 직면하고 있는 상태. 동시에 그리스도의 죽음과 부활을 통한 구원의 시발점을 갖고 있는 곳. 하나님의 나라가 이미 왔으나 아직 완성되지 않은 상태 등. 그리고 '끝'은 우리의 최종 운명과 세계의 궁극적 종말을 의미한다. 새 하늘과 새 땅, 어린양의 혼인 잔치, 하나님 나라의 완전한 실현 등.

그런데 사역의 시작은 그보다 한걸음 더 뒤로 물러간다. 그것은 삼위일체 하나님, 곧 성부·성자·성령이 서로 사역을 주고받는 것으로 시작된다. 하나님 안에 사역이 있다는 말이다. 세상이 있기 전에 그리고 하나님의 형상을 닮은 피조물들이 그 사역에 동참하기 전에 이미 사역이 진행되고 있었다. 살아 계신 하나님은 나 홀로뿐인 외톨이 하나님, 뭔가 부족한 하나님이 아니다. 살아 계신 하나님은 서로 교제를 나누고, 완전하고 자족하고, 무한한 기쁨과 사랑을 누리는 하나님이시다(창 1:26-27; 요 17장; 요일 1:3). 하나님 안에서 각 위격은 다른 위격을 섬기고 모두가 하나를 지향한다. 삼위일체 안에는 포용성과 공동체와 자유가 있다. 성부 하나님이 그 생명의 근원이지만, 세 지체가 모두 사랑과 조화와 하나 됨을 유지하는 방식으로 행한다. 요한복음 17장을 보면 예수님이, 아들과 아버지가 하나인 것같이 제자들도 하나가 되게 해 달라고 기도하셨음을 알게 된다. 이는 하나 됨과 사랑의 사역을 가리킨다. 하나님 안에 있는 그리고 삼위 하나님에게서 나오는 사역은 회복과 치유의 성질뿐 아니라 통일성과 창조성도 갖고 있다. 이는 엄청난 함의를 품고 있는 진리다. 즉, 우리가 상처받은 자와 잃어버린 자에게 사랑의 손길을 뻗치거나 깨어진 것을 고칠 때만이 아니라, 아름다운 것을 창조하고 새로운 컴퓨터 프로그램을 고안하는 것, 혹은 일터에서 공동체를 세울 때도 사역을 하고 있는 셈이다.

예수님이야말로 가장 탁월한 사역자시다. 그분의 메시아적 호칭 중 하나는 "그의 종"(행 3:13)이다. 성경의 원어에 해당하는 그리스어와 히브리어를 보면 '사역'(ministry)과 '섬김'(service)이 같은 단어임을 알 수 있다. 그리스도는 섬기는 지도자(servant-leader)로서, 동전의 양면과 같은 지도하는 일과 좇는 일의 모범이 되신다. 그는 자기에게 주어진 것을 전달한다. 그는 하나님의 뜻을 행한다. 그는 아버지께 영광을 돌린다. 동시에 사도들에게 권세를 주고, 이 땅에서 섬기는 동안 왕의 통치력을 행사한다. 로버트 뱅크스와 버니스 레드베터가 리더십에 관한 공저에서 말하듯, 삼위일체적 견해는 "계층적(위에서 아래로) 스타일과 평등주의적(리더가 없는 팀) 스타일 사이를 통과한다."[36] 삼위 하나님의 패턴을 좇는 리더십은 권위를 공유한다고 그들이 주장한다. 그것은 독재적이거나 평등주의적이지 않고 관계 중심적이며, 상호간의 존경과 의존성을 기른다는 것이다. 그들은 거위가 날아가는 모습을 비유로 사용한다. V자 대형을 그리고 가다가 '인솔하는' 거위가 피곤해지면 뒤로 물러가 다른 거위를 앞세우는 모습은, 매우 적절한 비유라는 생각이 든다.

그럼에도 사역이란, 섬기는 리더십의 개념이 흔히 연상시키듯 그저 사람들이나 조직을 섬기는 일에 국한되지 않는다. 그것은 사실 하나님과 그분의 목적을 섬기는 일이다. 종이란 자기를 다른 사람의 처분에 맡기는 자다. 따라서 사역자는 하나님의 처분에 자기를 맡기는 자다. 더 나아가 사역자는, 하나님이 섬기고 사역하시는 데 있어 통로 역할을 하는 자다. 리젠트 칼리지의 동료 교수인 대럴 존슨은 사역에 대한 삼위일체적 접근의 함의를 아래와 같이 정리한다.

- 사역이란, 우리가 하나님을 **위해** 하는 그 무엇이 아니라 하나님이 우리를 **통해** 하시는 일이다(마치 삼위 하나님 안에 사역과 섬김이 존재하는 것

같이).

- 사역에의 부르심은, 하나님을 **위한** 사역자가 되는 게 아니라 하나님과 **함께** 사역하는 자가 되라는 부르심이다.
- 그것은 창조주의 창조 사역과 구원 사역, 즉 하나님이 주도하고 능력을 부여하고 완성한 사역에 동참하라는 부르심이다.[37]

삼위일체적 사역을 특히 잘 조명하는 곳은, 예언자 이사야가 쓴 네 편의 시(詩)에서 하나님이 그 종을 '나의 종', 그리고 사역자를 '주님의 종'이라 부르는 대목이다(사 42:1-9; 49:1-6; 50:4-9; 52:12-53:12). 처음에는 하나님이 이스라엘 민족을 불러 자기의 종이 되라고 하셨다. 그러나 모래시계의 모양으로 그리자면, 넓은 부분(이스라엘 민족)이 이상적인 이스라엘, 곧 하나님을 섬기는 거룩한 남은 자로 좁혀진다. 그 후 이사야서 52-53장의 모래시계의 목 부분에 이르면 단 한 사람이 그 종을 구현하게 된다. 그 사람이 바로 메시아 예수다. 이스라엘 백성이 이 땅에서 하나님의 종노릇을 하지 못하자, 하나님이 친히 자기 종이 되신 것이다(빌 2:6-11). 이제는 그리스도 안에서 하나님의 온 백성이 사역으로 부름을 받았다. 모래시계의 아랫부분이 다시 넓어지는 것과 같이.

이것이 사업과 무슨 관련이 있는가? 옛 언약 아래서 기름 부음을 통해 소수에게만 특별히 주어졌던 사역들—예언자, 제사장, 왕—이 이제는 하나님의 온 백성 안에서 성취되었다는 것이다. 개신교 종교개혁은 '모든 신자의 제사장직'을 강조했으나, 성경은 그리스도의 새 언약 아래서 모든 신자의 예언자 직분(행 2:17-18)과 하나님의 나라(혹은 통치)에서의 모든 신자의 왕적 통치도 강조하고 있다. 그리고 이 사역은 예배당에 모여 있는 교회뿐 아니라 세상에 흩어진 교회를 통해서도 이루어진다.

예언자, 제사장, 왕

예언자는 하나님의 말씀을 직접 전하는 자다. 그들은 하나님의 관점에서 사물의 의미를 설명한다(시 127:1; 130:7; 사 35:1-4; 미 4:1-4; 계 21:1-4). 그들은 특별한 안목을 갖고 앞을 내다보는 자들이다. 사태가 어디로 향하고 있는지 그 방향을 지적한다. 그들은 '커다란 그림'을 본다. 또 하나님이 무슨 일을 하고 있는지도 선포한다. 그들은 불의와 죄를 폭로한다. 사업의 분야에서는 일이 올바로 진행되도록 감찰한다. 보상, 임원의 봉급, 환경의 무자비한 착취 등 정의와 공평의 문제를 규명한다. 그리고 때로는 경고의 호각을 불기도 한다.

예언자의 역할 중 하나는 물론 그리스도를 증언하는 일이다. 흔히 사람들에게 질문을 유도하고 또 우리 속에 있는 소망에 관해 묻는 자에게 응답할 준비를 갖춤으로써 그런 역할을 한다. 또한 우리가 온전하고 탁월하게 일하는 것도 하나님의 말씀을 언행으로 증거하는 한 모습이다.

비기독교 사회나 반(反)기독교 사회에서도 그리스도인이 실력과 훌륭한 성품을 갖고 있으면 사람들의 칭찬을 받는다. 그래서 종종 예기치 않게 권력과 고위인사와 특별한 장소에 접근할 수 있는 기회를 얻게 된다.

니쿠 토더는 루마니아의 잔인하고 포학한 공산주의 독재 아래에서 살았다. 독재가 극에 달했을 때는 삶의 모든 영역이 통제를 받았다. 이 독재 기간에 지역 비밀경찰국 국장이 니쿠를 사무실로 부르곤 했다. 니쿠는 굉장히 큰 지하교회의 지도자였기 때문에 이 소환이 자신의 자유와 어쩌면 생명까지도 앗아갈지 모른다는 생각이 들었다. 자유를 잃는 상황보다 더 나쁜 것은 비밀경찰과 협력하도록 무서운 압력을 받는 일이었다. 그것은 보통 이런 식으로 이루어졌다.

"니쿠 토더, 우리는 당신이 사랑스런 딸과 멋진 아들 에밀을 사랑한다는 걸 알고 있지. 또 아주 끔찍한 사고가 일어날 수 있다는 것도 알고 있어. 당신은 그 아이들에게 아무 일도 일어나지 않길 바라지? 우리에게 당신의 동무들이 한 말과 그들의 신념에 대해 일러 주면 아이들에게는 아무 일도 일어나지 않을 거야."

어느 때인가, 니쿠가 비밀경찰 본부에 소환되어 갔다가 당장 국장의 아파트로 가서 가전제품을 고치라는 통보를 받았다.

"여기 내 아파트 열쇠가 있소. 당신은 우리 스파이들이 어디에나 있다는 걸 알고 있을 것이오. 난 당신이 불법 종교 활동에 관여하고 있다는 걸 잘 알고 있소. 하지만 당신은 '진지한 참회자'(복음주의 그리스도인을 가리키는 말)라서, 내 아파트에 가더라도 사적인 서류를 뒤적거리거나 음식을 가져가거나 귀중품을 훔쳐 가지 않는다는 걸 알고 있소. 그리고 당신이 이 도시에서 단연 최고의 기술자라는 것도 알고 있소. 당신이 일단 손을 대면 확실히 고친다는 사실 말이오! 당신의 어이없는 신앙과 기술 덕분에 오늘 오후 이곳에 오게 된 거요."

그 일을 시발점으로 니쿠는 그 후에도 여러 번 국장의 개인적인 일로 소환을 받았다. 1989년 크리스마스 혁명이 일어난 다음, 그 국장은 자기 상관들로부터 그 지역의 지하교회 지도자들을 체포하고 짓밟으라는 명령을 받았었다고 시인했다. 그러나 니쿠의 이름이 체포할 인물 명단에 포함된 것을 보고 국장은 명령을 무기한 연기했다. 하나님이 숙련된 기술자의 탁월한 실력과 공적인 평판 그리고 개인적인 성품을 보시고 그 국장을 통해 자기 교회를 보호하신 것 같다.[38]

예언자는 사역을 하면서 하나님의 이름을 거론할 수도 있다. 그러나 구두 증언 없이도 할 수 있는 여러 사역의 측면들이 있다. 단 젠센은 일상적인 일이 지닌 사역적 측면들을 피라미드 모양으로 그린다. 맨 밑바닥에는 책임 있는 봉사의 사역(정당한 필요와 욕구를 채우는 일)이 위치한다. 그 위에 유능한 봉사의 사역(니쿠가 탁월하게 수행한 일)이 있다. 그 위에는 행위의 사역(사랑, 정직, 정의를 바탕으로 그리스도인답게 일하는 것)이 있다. 맨 꼭대기에는 구두적 증언이 위치한다. 말로 하는 사역은 여러 종류가 있다고 한다. 긍정적이고 낙관적인 언어 사용, 어떤 문제에 관해 얘기하고 싶은 사람의 말을 들어주는 일, 점심시간이나 일과 후에 복음을 증거하는 일, 시의적절할 때 의와 정의의 문제를 제기하는 일, 누군가 믿음에 관해 물을 때 응답해 주는 일 등이다.[39]

내가 목사직을 그만두고 목수가 되었을 때, '거의 날마다 예수에 관해 증언할 수 있지 않을까' 하고 기대했었다. 그런데 어느 날 건설현장에서 일한 지 6주가 지난 다음에야 벽 공사를 맡은 동료가 나에게 "폴, 우리가 죽을 때 무슨 일이 일어나지?"라고 물었다.

제사장은 다리를 만드는 자다. 대다수의 다리는 쌍방통행용이다. 제사장도 마찬가지다. 그는 기관, 회사, 사람, 문제, 기회 등을 하나님에게 가져와서 중보와 기도로 그분께 올려 드린다. 또한 하나님의 관점과 은혜를 사람과 장소로 가져오기도 한다. 제사장은 사람과 장소를 대신해 하나님에게 나아오고, 하나님을 대신해 사람과 장소로 나아가는 자다.

제사장직은 그저 하나님에 관해 말하는 것만이 아니다. 사실 제사장의 사역은 세 종류의 움직임으로 묘사될 수 있다.

첫째, 이 사역은 사람들의 마음을 움직여 **적대감을 버리고 환대감을 품게 만든다**. 이 주제에 관해 다루고 있는 책이 헨리 나우웬의 독창적 저서, 『영적 발돋움』(Reaching Out, 두란노)이다. 이 책에서 나우웬은 "환대란…일차적으로 자유로운 공간을 마련함으로써 낯선 자가 거기로 들어와 적이 아니라 친구가 되도록 하는 일을 의미한다. 환대는 사람들을 변화시키는 것이 아니고, 그들에게 변화가 일어날 수 있는 공간을 제공하는 것이다"[40]라고 말했다. 남을 환영하고 대접하는 일은 일터에 시급히 요구되는 것임에 틀림없다.

둘째, 제사장직은 **공간에서 장소로의 움직임이다**.[41] 대다수의 일터는 가공되지 않은 자연 그대로의 공간이다. 하지만 그런 공간에서 장소가 창조될 수 있다. 제사장이 할 일이 그것이다. 아담과 하와는 성소와 같은 동산을 세계로 확대시키고, 울타리를 손질하고, 동물의 이름을 짓고, 온 땅에 아름다움과 질서와 안전을 가져오라는 부름을 받았다. 내가 초등학교 4학년 때 우리 반 담임은 딕슨 선생님이었다. 그가 가르친 것은 하나도 생각나지 않지만, 자연 그대로의 공간(교실)에다 미술품과 공예품을 멋지게 장식해 교실을 아름다운 장소로 창조해 낸 것은 생생하게 기억난다. 사무실, 공장, 진료소도 그런 장소가 될 수 있다.

최근에 캐나다의 서부 도시 캄루프에 있는 한 진료소를 방문한 적이 있다. 그곳은 공간이 아니라 장소였다. 벽에는 의사들이 손수 창조한 아름다운 사진이 자리 잡고 있었다. 응접실의 실내장식, 응접 직원의 친절한 안내, 진찰실의 정돈된 모습이 모두 안정감, 아름다움, 환영의 분위기를 자아내고 있었다. 이처럼 성소와 같은 장소, 사랑스럽고 풍성한 장소를 창조함으로써 정원을 세계로 확대하는 것이 아담과 하와 그리고 그들의 후손에게 주어진 제사장 직분이다.

셋째, 제사장은 **정보로부터 신비로** 움직임을 창조한다. 우리가 현재 정보 사회에 깊숙이 들어와 있는 건 틀림없는 사실이다. 우리가 정신없이 돌입하고 있는 이 시대는 말을 갖고 노는 게 아니라 컴퓨터로 처리하는 시대, 사람의 일을 목표 달성 여부가 아니라 디스크나 자기 테이프에 저장된 데이터로 측정하는 시대, 사람이 보살핌을 받는 게 아니라 하나의 목록으로 입력되는 시대다. 그러므로 과거 어느 때보다도 일터는, 신비의 경계선상에 사는 제사장을 필요로 한다.

사업의 중요한 한 가지 측면을 예로 들자면, 말이란 단지 공중에 떨리는 진동이나 칩에 저장된 데이터가 아니다. 말이란 마치 사람들이 밖에 나가 능동적으로 내면에 있는 것을 드러내는 일과 같다. 예수님도 마음에 가득한 것을 입으로 말한다고 말씀하신 적이 있다(마 12:34). 사람의 인격이 계속 입을 통해 나온다는 말이다. 만일 사람이 온전한 인격을 갖고 있으면 사무엘처럼, 그의 말이 아무 결과도 없이 "땅에 떨어지지" 않을 것이다(삼상 3:19). 제사장은 말과 그 말을 하는 사람을 귀하게 여긴다.

그리고 **왕과 왕비**는 통치하는 사람이다. 그들은 조정하고 조직하는 자들이다. 그들은 문제를 풀고 자원을 공급하며 아이디어를 하나로 묶는다. 이에 대해 금융 산업에 몸담은 산드라 헤론은 이렇게 말한다.

> 선한 청지기직은 물리적 자원들(돈·시설·테크놀로지)을 관리하는 일과 직원들의 재능과 은사를 효과적으로 활용하는 일과 관계가 있다. 그것은 무엇보다도 예산을 보수적으로 세우고, 회사 돈을 검소하게 사용할 것을 요구한다. 나는 낭비를 피할 방안을 모색한다.…그러나 나의 일과 왕이신 예수 그리스도의 사역 간의 가장 분명한 고리는 인적 자원을 관리하는 내 역할에 있다.[42]

규칙이란 조직의 구조가 정의를 시행하도록 만드는 것이다. 규칙은 피조질서 위에 청지기직을 행사한다. 역사를 훑어보면, 이러한 규칙의 정도에서 벗어나 치명적 결과를 초래한 사례들을 생생히 볼 수 있다. 1984년 인도에서 있었던 보팔 사태는, 유니온 카르비드 회사를 사라지게 만든 주요 원인이었다.[43] 1989년 알래스카에서의 엑슨 발데즈 석유 유출도 비슷한 결과를 낳았다. 좀더 긍정적인 예를 들자면, 클리브 라이트는 세계적 석유기업 쉘이 나이지리아에서 석유를 탐사하던 초창기 시절에 포트 하르코트 지역의 탐사대를 내부 감사하면서 그들이 자연환경에 대한 부작용을 최소화하려고 애쓰던 모습이 아주 자랑스러웠다고 회고한다.[44] 이러한 것이 왕이 하는 일인 것이다.

물론 개인적으로 보면 이 세 가지 직분 가운데 더 강하거나 약한 부분이 있겠지만, 일터에서의 사역에 종사하는 하나님의 온 백성은 교회와 세상에서 예언자, 제사장, 왕으로서 하나님과 그분의 목적을 섬긴다고 할 수 있다. 사업은 이런 면에서 전임 사역의 현장임이 분명하다.

❖ **토론 문제**

이 장의 내용에 비추어 다음과 같은 루터의 말을 묵상해 보라.

"내가 본질적으로 죄스럽지 않은 소명에 관해 이야기하는 것은, 우리가 이 땅에서 죄 없이 살 수 있다는 의미가 아니다. 모든 직업과 신분은 매일 죄를 짓는다. 내가 말하는 바는 '하나님이 제정하신 소명은, 가령 결혼·남종·여종·주인·아내·감독·통치자·재판관·장교·시민 등과 같이, 하나님에게 대적하는 것이 아니라는 뜻'이다. 한편, 내가 말하는 죄스러운 것이란 이런 것들이다. 강도질, 고리대금업, 창녀, 그리고 복음을 전하지도 복음 전파에 귀를 기울이지도 않는 현 상태의 교황, 추기경, 주교, 사제, 수도사, 수녀들 말이다."[45]

❖ **더 읽을 자료**

Banks, Robert J. ed. *Faith Goes to Work: Reflections from the Marketplace* (Washington, D.C.: Alban Institute, 1993).

Chewning, Richard. ed. *Biblical Principles and Business: The Foundations* (Christians in the Marketplace, vol. 1. Colorado Springs: Navpress, 1989).

Higginson, Richard. *Called to Account: Adding Value to God's World:*

Intergrating Christianity and Business Effectively (Guildford, Surrey: Eagle, 1993).

Pope John Paul II. *The Vocation and the Mission of the Lay Faithful in the World* (Washington, D.C.: United States Catholic Conference, 1988).

Silvoso, Ed. *Anointed for Business: How Christians Can Use Their Influence in the Marketplace to Change the World* (Ventura, Calif.: Regal, 2002).

4.
찬양할 만한 공동체

사업의 목적은 단지 이윤을 남기는 데 있지 않고 사람들의 공동체로 존재하는 바로 거기에 있다. 그 공동체는 다양한 방식으로 구성원의 기본 욕구를 충족시키고 사회 전체를 섬기고자 하는 특정한 그룹으로 존재하고 있는 것이다.
_요한 바오로 2세

회사는 사람의 사회적 본성의 표현물이다.…회사가 제공하는 교회 공동체에 대한 은유는, 어떤 면에서 인간의 몸이나 가정·친족·부족 혹은 선택된 백성에 기초한 은유들보다 더 뚜렷한 빛을 조명해 준다.
_마이클 노박, 「회사 신학을 향하여」

회사란 빵을 공유하는 한 가지 방식이다. '회사'(company)라는 단어는 라틴어 *cum*(더불어 혹은 다 함께)과 *panis*(빵)의 합성어에 그 뿌리를 두고 있다. 빵을 함께 나누는 것(문자적으로 또 상징적으로)은 예루살렘의 초대교인들 가운데서도 행해졌던 일이다(행 2:42-47). 나는 현대의 기업이 상호 책임성, 설명의 의무, 구조화된 권위, 집안(*oikos*)도 국가(*polis*)도 아닌 자발적 참여 등 새로운 패턴을 개척한 초대교회의 모델을 따르고 있다고 주장하는 바이다. 맥스 스택하우스는 교회가 최초의 '초인종적·초국가적 회사'였다고 주장한다.[1] 베네딕투스의 수도원 운동도, 교회에 집안도 국가도 아닌 어떤 토대, 곧 전통적 구조들을 벗어난 훈련되고 협조적인 공동체를 마련해 주었다는 면에서 현대 회사의 전신이었다고 할 수 있다. 그것은 또한 기업적 성격도 갖고 있었다.

태초에 그리고 마지막에 회사가 있었노라!

회사를 세우는 일을 지지하는 신학적 이유로는 여러 가지가 있다.

첫째, 하나님이 사람을 '남자와 여자' 그리고 '[하나님의] 형상'으로 창조하셨다(창 1:27). 이는 사람이 공동체, 관계성, 사랑을 위해 만들어졌다는 의미다. 하나님의 목적은 이 땅에 신앙 공동체와 인간 공동체를 세우는 것이다. 그래서 성경은 사람들이 가정, 인종 집단, 신앙 집단, 국가 그리고 궁극적으로는 세계적 공동체를 건설하는 모습을 충실히 기록하고 있는 것이다. 물론 그 과정에서 인간이 실패하는 모습이 종종 보이지만, 그래도 공동체를 세우는 일은 서로 협조해야 가능한 일이다. 사업체도 이런 신적 사명의 일부라 볼 수 있다.

더 나아가, 성경의 끝부분에 나오는 새 하늘과 새 땅의 비전이 중요한 이유는 그것이 하나님과 인류의 합동 작업이 지향하는 목표이기 때문이다. 그 목표란 완전히 부활한 인간들이 공동체를 이루고 사는 변형된 창조세계를 일컫는다. '마지막 때'에 관한 연구, 곧 종말론이 유대-기독교 세계관에서 중심을 차지하는 이유는, 신학자 몰트만이 매우 잘 말해 주듯, 우리의 위치가 황혼이 아닌 새날이 동터오는 순간임을 보여 주기 때문이다.[2] 하나님은 처음부터 요한계시록 19-22장에 나오는 어린양의 혼인잔치, 즉 새로워진 창조·장소·사람들에 관한 강력한 은유를 염두에 두고 계셨다. 그래서 그분은 세계를 '생각해 냈고' 하나님을 닮은 피조물을 '생각해 냈고' 심지어 그 목적을 이루려고 자기 아들까지 보내어 인간과 창조세계를 구속하셨다. 무언가 가치 있는 목표가 없다면 인류는 이 세상에서 하는 일의 궁극적 의미를 발견할 수 없게 된다. 그 목표는 전원도시로서 모든 민족이 하나님·창조세계·인류의 삼중적 조화를 경험하는 안식의 공동체이다. 종말은 그야말로 모든 것의 시작이다. 우리는 현재 창조와 새 하늘과 새 땅의 중간 지점에 살고 있으며, 현 시점도 공동체와 깊은 관련을 맺고 있다.

사업체는 마이클 노박이 옳게 주장하듯 '찬양할 만한 공동체'다.[3] 회사는 삶과 기업 활동을 공유하는 공동체로서 종종 교회나 이웃보다 더 깊은 사역의 맥락을 제공한다.

"맨 처음부터 현대의 기업 경제는 '모든 국가들의 부'를 체계적·사회적인 방식으로 끌어올리는 데 관심이 있었으며 국제적 조직이 되도록 고안되었다. 그것은 결코 특정한 개개인의 부에만 초점을 맞추지 않았다."[4]

노박의 말이다. 연필이나 자동차, 커피나 전화기 등 대다수의 물건은 고립된 개인의 작업이 아니라 여러 사람, 아니 종종 많은 사람이 공동의 목표를 두고 협력해야 만들 수 있다.

이제 다음 사례 연구에서 한 사업가가 그 사명을 어떻게 이해했고 또 그것을 이루기 위해 어떻게 씨름했는지 살펴보자.

왜 밥은 내 편이 아닌가?

커뮤니케이션 책임자인 멜린다 샌포드는, 리버사이드 자동차 회사의 포드 담당부서에서 무슨 음모가 꾸며지고 있는 듯 장난기 섞인 미소를 머금으며 밥 토마스의 사무실로 들어왔다.

"밥, 시릴은 왜 당신이 자기편이 아닌지 알고 싶어 해요."

그녀가 이 메시지를 조심스레 전달하며 자기 사장 밥의 책상을 쳐다보니, 온갖 서류에 답장을 기다리는 편지들, 금주의 판매현황표, 링컨 판매대리점에서 개최될 노인의 날을 위한 광고안 등으로 뒤범벅이 된 것이 눈에 들어왔다. 하지만 자기 사장과 그의 부하, 곧 밥의 판매대리점 부사장 겸 매니저로 일하는 시릴 밀러 사이의 긴장이 고조되면, 밥의 바쁜 일정이 곧 퇴색되고 말 것이란 생각이 들었다. 멜린다는 왜 이 소식이 뼈아픈 소리인지 알고 있었다.

그녀는 이 끔찍한 날이 어떻게 시작됐는지 상기했다. 밥이 소유하고 있는 서해안의 모든 포드 대리점 매니저들이 다 함께 모이는 월요일 아침식사 정기회의에서, 밥은 직원 교육용으로 시릴의 동의를 받아 시릴의 대리점에서 일어났던 일을 본보기로 사용했다. 밥은 이런 말을 했다.

"이 모임에서 내가 기대하는 것은, 여러분이 단지 우리의 사명과 목표에 대해 '주인의식'을 갖는 데 그치지 않고 그것을 **끌어안는 일**입니다. 여러분이 이미 그것을 자기 것으로 **포용했으므로 스스로** 동기 유발이 되어 우리가 합의한 가치관에 따라 일하길 바랍니다. 그것이 내가 이해하는 능력 부여라는 것입니다. 그러니까 여러분이 조직 내에서 자기 세계를 구축하도록 허락하는 게 아니라, 우리의 사명을 다 함께 이루기 위해 여러분에게 약간의 권위를 부여하는 것입니다."

그런데 오늘 아침에 열린 회의는 예기치 않은 방향으로 빠져 버렸고, 멜린다가 그것을 목격하고선 그 문제를 밥에게 가져온 것이다.

그 회의의 무게중심은 고객과 관련된 문제에 있었다. 시릴은 자신이 도저히 '다룰 수 없었던' 고객, 제이크 엘리스에게 당장 나가 달라는 명령을 내렸었다. 시릴은 방어적인 자세를 취했던 것이다.

"이 문제 고객은 고객 담당 직원들과 기술자들을 거의 농락하다시 피 했습니다. 그는 보증기간임을 강조하며 페인트칠에서부터 차 문이 덜거덕거리는 문제에 이르기까지 온갖 자잘한 문제들을 여러 번 갖고 왔을 뿐더러, 마음에 드는 바퀴 커버를 고르는 데도 내가 열다섯 종 류나 보여 주어야 했습니다. 리버사이드의 어느 누구도 다시는 이런 자를 보고 싶어 하지 않습니다."

매니저 모임에서 밥은 그런 경우에 달리 반응하는 길을 모색해 보 라고 요청했던 것이다. 대다수의 참석자들은 시릴이 과잉 반응을 보 였다고 결론 내렸다. 밥도 시릴의 반응에 대해 부정적인 평을 했고, 그 것을 계기로 리버사이드가 자동차 판매 분야에서 세계적인 수준의 서 비스를 제공하는 회사가 되도록 더욱 진력하자고 격려했다. 밥은 "우 리 고객들이 특별한 서비스를 받을 만한 **자격을 갖출** 필요는 전혀 없 습니다"라고 그들에게 회사 방침을 상기시켰다. 시릴은 마음에 상처를 입고 그곳을 떠났다. 멜린다가 그것을 눈치 채고 시릴에게 "오늘 아침 별로 바쁘지 않은데 차라도 한 잔 하실래요?"라고 말을 건넸다. 시릴 은 그녀에게 이렇게 속마음을 털어놓았다.

"난 배신감을 느껴요. 밥이 입으로는 선임 매니저들에게 능력을 부 여하겠다고 떠들지만 나로서는 그가 내 편이란 생각이 들지 않아요. 내가 제이크 엘리스처럼 정말 어려운 고객과 마주칠 때 뒤에서 밀어 주지 않는다는 말입니다. 오히려 고객 편을 들고 마니까요."

밥은 매니저들에게 배경 설명을 해야만 했었다. 그것은 제이크가 아내의 반대에도 무릅쓰고 구입한 첫 번째 새 차였다. 그는 평생의 꿈을 이루기 위해 일 년 내내 공장에서 야근을 하면서 돈을 모았다. 그런데 새 차를 받고 보니 결함이 있었다. 기술자가 자동차 번호판을 달다 트렁크에 흠집을 낸 것이다. 차체 공장 직원이 그 위에 페인트를 칠했지만 흠집이 제대로 가려지지 않았다. 그래서 제이크는 재차 페인트 칠을 요구했고 다시 칠했지만, 이번에도 만족스럽지 않았다. 이렇게 문제가 꼬리에 꼬리를 물자, 제이크는 불쾌감을 드러냈고 설상가상으로 그의 아내가 톡 쏘듯 "거봐요, 내가 당신에게 그 차를 사지 말라고 했잖아요!"라고 소리 질렀다는 것이 나중에 밥의 귀에 들어왔다. 그러다 어느 날은 또 한 번 고치러 왔던 제이크가 시릴에게 불만을 터뜨렸고, 시릴은 특별한 서비스에도 한계가 있어야 한다고 생각한 나머지 제이크에게 당장 나가라고 명한 것이다. 그리고 "다시는 찾아오지 마시라!"고 했다. 제이크는 나가면서 사장과 만나게 해 달라고 요구했고, 그래서 밥이 괴로운 심정으로 자초지종을 듣게 된 것이었다. 밥은 "당신을 만족스런 고객으로 만들기 위해 제가 할 수 있는 일이 있습니까?"라고 물었다. 제이크는 "없습니다"라고는 자리를 떴다.

멜린다는 이제 이 이야기를 마음속으로 모두 엮어 보았다. 그러고는 아무도 없을 때 밥에게 물었다.

"밥, 당신은 우리 매니저들 대부분이 신자가 아니라는 사실을 아시나요? 기독교적 표준을 비그리스도인에게 기대하는 것이 얼마나 정당하다고 생각하십니까? 우리가 더 이상 변화될 수 없는 한계점에 도달했다고 생각하시나요? 직원들이 그리스도인이 되기 전이라 할지라도 그들에게 동기를 부여해 줄 영적인 자원을 찾을 순 없을까요?"

멜린다의 말을 들은 밥은 깊은 생각에 잠긴 채 소파에 푹 빠져들었다.

"사장님, 우리가 무엇인가를 해야 돼요. 그렇지 않으면 시릴이 사표를 낼 테고 우리의 비전이 큰 타격을 받을 겁니다."

이제 이 사례를 놓고 조직 문화가 리버사이드 같은 사업체에 어떤 영향을 미치는지, 그리고 그 소유주인 밥이 조직 문화에 어떤 영향을 주는지를 중심으로 여러 각도에서 살펴보도록 하자. 각 조직체는 그 나름의 '분위기'가 있어서 신입과 선임에게 무엇이 중요한지 또 무엇이 허용되는지를 전달해 준다. 사람들이 회의실이나 가게 혹은 사무실에 들어갈 때면 '고객은 왕이다', '우리는 최고의 서비스를 제공한다'는 등 벽에 걸린 표어보다 더 강력한 무언의 메시지를 포착하게 된다. 문화는 행위의 선택, 가치의 표현, 변화의 도모 혹은 예방에 심대한 영향을 미친다.

밥은 자기의 기독교 신앙과 십 년 전 아버지에게서 인수한 사업의 사명·문화·구조를 서로 통합하겠다고 단단히 결심했다. 밥은 자동차 사업을 하나의 사역으로 변모시키는 데 십 년을 투자했던 터였다. 그는 세차 직원부터 최고경영자에 이르기까지 모든 직원이 똑같이 존엄한 대우를 받아야 한다고 믿었다. 고객은 리버사이드에서 차만 사는 게 아니다. 그들은 그 가족의 일원이 되며 그 관계는 평생 계속된다. 밥의 비전은 고객에게 특별한 서비스를 제공하되 고객의 기대 이상으로, 고객이 감히 부탁할 만한 수준을 뛰어넘어 제공하는 것이다. 사업의 사명과 목표는 세계를 인간화하고 사람을 변모시키려는 하나님의 뜻과 맥을 같이한다. 각 직원의 개인적 발전을 촉진하는 것, 고객에게 특별한 서비스를 제공하는 것, 사업체 안팎으로 공동체를 건설하는 것 등이 그러하다.

밥은 자기 회사가 그 도시에 좋은 영향을 미치게 하려고 회사 수익금의 일부를 그 지역 스포츠 팀에 크게 투자하고 지역사회 프로젝트도 적극 후원하였다. 보통 최고경영자의 봉급은 신참 직원 봉급의 100-200배나 되는데, 그는 그보다 훨씬 적게 받으며 비교적 수수하게 살았다. 밥은 자기 사업체가 맺는 모든 수준의 인간관계를 남을 구비시키는 기회로 삼았고, 회사가 믿음을 권유하고 자극하는 역할을 하길 기대했다. 이를 달성하기 위해 사장과 그 측근은 시간의 할당, 통제력과 권력에 대한 태도, 투자의 초점, 팀 세우기에 대한 헌신, 직원의 능력 개발에 대한 관심 등 여러 면에서 좋은 본보기가 되어야 했다. 회사의 바탕을 이루는 가치관은 믿음·소망·사랑이란 신학적인 미덕에서 따온 것으로서, 구체적으로 특별한 서비스 제공, 인력 개발, 공동체 건설로 정해졌다. 사업의 궁극적 목표는 이윤 확보가 아니라 고객에게 가치를 더해 주는 것이며, 그 가치에 대해 고객이 지불하는 프리미엄이 이윤으로 남게 되는 것이었다. 멜린다는 밥이 하나님에게 영광을 돌리는 회사를 만들고 싶어 한다는 점을 다시 한 번 상기했다. 하지만 오늘처럼 모든 게 수포로 돌아가기 직전인 이런 상황에서 하나님이 어떻게 영광을 받을지 의아하기만 했다.

조직 문화에 대한 이해

밥이 처한 상황을 이해하려면 회사 문화의 역할에 대해 탐구할 필요가 있다.[5] 이에 관해 월터 라이트는 이렇게 설명한다.

> 각 조직체는 내세우는 가치관과 상관없이 현재의 행습을 좌우하는, 상당한 기간에 걸쳐 형성된 숨은 문화를 갖고 있다. 문제는 교회나 조직의 명시적 가치관이 문화적 신념 및 가정(假定)과 일치하지 않을 때 조직의 불협화음이 조장되고 사람들이 그 중간에 갇히게 된다는 것이다.[6]

사람들은 조직에 변화를 도모하려 애쓰다가 영문도 모른 채 좌절감에 빠지곤 한다. 남성이 독점하는 보트 클럽에 여성들을 가입시키려 해 보라. 그러면 거의 불가항력의 세력에 부딪히게 될 것이고, 그 가운데 어느 것도 합리적으로 설명되거나 규정으로 명시되어 있지 않다는 것을 알게 될 것이다. 더구나 몇 가지 '성공적인' 변화마저도 그 조직 문화와 맞지 않는다는 이유로 얼마 안 되어 '도루묵'이 되고 만다. 반면 어떤 변화는 매우 쉽게 일어나는데, 그것은 조직의 분위기에 미치는 비가시적이고도 편만한 영향을 이해하지 못하면 금방 깨닫기 힘든 현상이다.

문화적 기후를 바꾸는 일이야말로 어쩌면 가장 근본적인 변화가 아닐까 생각한다. 그것은 다른 모든 것에 복합적인 영향을 미치기 때문이다. 한 남자가 박물관에서 한때 지구를 의기양양하게 누비던 거대한 공룡 뼈를 보고 있다가 자기 옆에 있는 여자에게 "무슨 일이 일어났나요? 왜 다 죽은 거죠?"라고 물었다. 그녀는 "기후가 변했기 때문이에요"라고 대답했다. 개연성 있는 이론의 하나다.

동기부여도 일차적으로 조직 문화와 관련이 있다. 직원으로부터 최고의 업무수행력을 끌어내는 것은 건강하고 생동감 넘치는 조직에서 가능한 일이다. 억지로 강요하는 문화가 아닌 마음을 고무시키는 문화적 기후가 존재하는 조직 말이다. 동기라는 것은 부분적으로 그룹이나 시스템의 차원에서 일어나는 현상의 결과이지, 순전히 개인의 내면에서만 창출되는 게 아니다. 따라서 어떤 인센티브나 위협을 사용해 '사람들에게 동기를 유발하려는' 시도는 작은 효과밖에 거두지 못한다. 동기의 문제는 문화적으로 또 조직적으로 고려하는 게 필요하다. 매니저들의 모임에서 밥은 곤충의 다리처럼 양옆이 삐져나온 여러 개의 노를 갖춘 올림픽 경주용 보트를 그렸고, 그 옆에는 동일한 팀에 동일한 수의 노를 그리되 앞뒤가 사각 모양으로 생긴 박스와 같은 보트를 그렸다. 그리고 밥은 매니저들에게 "그들이 아무리 동기 유발 됐다 해도, 사각 보트를 달팽이의 속력 이상으로 움직일 수는 없을 것"이라고 말했다. 밥은 자신이 시릴과 함께 일했던 지난 몇 년이, 마치 사각 보트를 저으려고 애쓴 것과 같다고 생각했다.

밥은, 시릴이 열심히 일하는 생산성 높은 팀원이기에 상당히 높은 점수를 주었다. 나이는 시릴이 몇 살 위였지만 그들은 부자 관계와 같이 동역했다. 십 년 동안 밥은 시릴의 능력개발과 장래를 위해 많은 시간과 에너지를 투자하면서 멘토 노릇을 했다. 하지만 멜린다는 무조건적인 사랑을 고객인 제이크에게 베풀라고 시릴에게 요구하는 것은 너무 큰 바람이라는 것도 잘 알고 있었다. 조직을 변화시키는 것과 한 사람을 변화시키는 것은 서로 별개의 문제다. 밥이 리버사이드를 인수했을 때 조직 문화를 변화시키는 일이 필요했다. 그리고 그렇게 하려면 먼저 조직 문화에 대해 이해해야 했다.

조직 문화에 대한 고전은 에드거 쉐인의 『조직 문화와 리더십』(Organizational Culture and Leadership)이다. 그의 핵심 주장은 "우리가…리더십을 구체적으로 문화의 창조 및 변화와 연계시키면 리더십을 둘러싼 신비가 상당 부분 밝혀진다"는 것이다.[7] 쉐인에 따르면, 문화는 다음 요소들을 모두 포함하지만 이 가운데 어느 것보다도 더 깊은 것이라고 한다. (1)그룹 내에서의 **규칙적인 행동양태**, 가령 정말 모범적인 직원은 15분 일찍 일하러 온다. (2)그룹의 **지배적인 가치관**, 가령 약속을 지키는 것, 고객에게 약속된 시간에 수리된 자동차를 돌려줘야 한다는 것. (3)그룹의 **관례** 혹은 '요령', 가령 승진의 비결은 여가 시간에 상관과 함께 취미생활을 즐기는 것. (4)사람들이 느끼는 **분위기나 풍조**, 가령 직원회의 때 부정적인 소리를 하는 것을 금기 사항으로 여기진 않더라도 달가워하지 않는 것. 이렇듯 조직 문화란 조직의 구성원들이 공유하는 가정 및 신념과 관련된 것이며 종종 무의식적으로 작동한다고 쉐인은 말한다.[8]

조직 문화의 형성 요인은 세 가지 동심원으로 그릴 수 있다. 바깥의 가장 큰 원은 그 문화의 **상징, 인공물, 가시적 표지**들로서 흔히 로고와 표어, 건물의 모양과 사람들의 외모, 서로를 부르는 호칭 등으로 표현된다. 이를테면 리버사이드 자동차 회사는 수리실과 판매 구역 둘레에 자신들의 사명과 약속을 명시한 게시판을 배치했다. 밥의 수수한 사무실 문은 내밀한 대화를 나눌 때를 제외하고는 언제나 활짝 열려 있다. 그다음 원은 더 가시적인 현상의 저변에 깔린 **가치들**이다. 가치란 한마디로 그 조직이 귀하게 여기는 것이다. 예를 들어, 회사가 말로는 직원의 가정생활을 중요시한다고 주장하지만 실제로는 회사를 위해 가정을 희생하라고 요구할 수 있다. 리버사이드가 귀하게 여기는 가치들 중 하나는 각 직원을 존중하고 자기 잠재력을 개발할 기회를 주는 것이다. 가장 작은 원(가장 눈에 띄지 않는 것)은 가치관의 배후에 있는 **신념들**을 상징한다. 이를테면, 인종·종교·나이·교육수준과 상관없이 모든 사람이 평등하다고 믿는 것이 그런 신념에 속한다. 밥의 철학에 내포된 신념 중 하나는 회사가 주변 공동체를 포함해 모든 주주들에게 사회적 책임을 갖고 있다는 것이다. 신념은 가치로 표현되고 가치는 상징, 신호, 가시적인 행동 양상으로 표현된다.

어떤 문화는 독성이 강해서 죽음에 이르게 할 수 있다. 남을 비난하는 문화가 한 가지 예이다. 이와 반대로, 강한 신념과 명시적 가치관에 기초한 문화는 풍성한 열매를 맺고 생명을 꽃피울 수 있다. 그런 문화를 가진 사업도 길게 보면 더 많은 수익을 올릴 것이다. 1995년에 『성공하는 기업들의 8가지 습관』(*Built to Last: Successful Habits of Visionary Companies*, 김영사)이란 연구서를 쓴 제임스 콜린스와 제리 포라스는, 강한 핵심 이데올로기(가치관에다 목적을 합친)를 가진 데다 주주의 이익을 극대화하는 것 이외의 다른 원동력을 가진 회사가 1926-1990년 사이에 주주의 가치를 일반 시장의 경우보다 열두 배가량 높였다는 점을 발견했다.[9]

조직 문화의 형성

각 조직이나 사업체는 숨은 문화를 갖고 있다. 대다수의 경우 그런 문화는 하룻밤에 생긴 게 아니라 오랜 세월에 걸쳐 형성되게 마련이다.

월트 라이트의 말을 인용해 보자.

그것은 그 조직체가 발전하고 생존하는 동안 서로 역사와 경험을 공유하는 데서 생기게 된다. 교회나 조직을 맨 처음 창립한 지도자가 문화의 첫 씨앗을 뿌린다. 그 후 시간이 흐르면서 함께 살아가다 보면 무의식적인 업무처리 방식이 개발된다. '이곳에서 업무가 처리되는 방식'은 자동화되고, 세월이 흐름에 따라 가치 있게 여겨지는 것과 부정적으로 여겨지는 것에 의해 더욱 강화되게 마련이다.[10]

사업체의 경우, 무엇이 '옳고' 무엇이 '소중'한가, 또 사람을 어떻게 대해야 하는가 하는 것은 흔히 창립자의 생각에 의해 정립된다. 리버사이드의 창립자는 밥의 아버지로서 전통적인 '명령 하달식' 리더십을 행사하는 인물이었다. 밥이 그 문화를 바꾸는 데 여러 해가 걸렸는데, 그 이유는 조금 후에 살펴볼 생각이다. 가치관과 우선순위는 마치 회사의 DNA처럼 조직 깊이 뿌리를 내린다. 내가 조직 문화에 대해 이해하기 한참 전에, 각 조직에는 임신 당시에 뿌리박힌 유전 코드 같은 것이 있어서 그것이 그 후의 모양을 대부분 결정한다는 사실을 관찰한 적이 있다. 한 사람의 장래도 크게 보면, 본인의 유전 코드가 점차 펼쳐지는 과정이라 할 수 있다. 조직체의 경우도 최초의 창립 순간, 창립 인물, 창립 원칙이 거기에 씨앗처럼 뿌리박혀 세월이 흐르면서 자라나게 된다. 공동체의 본질에 관한 어떤 가정들, 리더십의 스타일, 사회에서의 사명 등을 품에 안고 출발한 어떤 조직이 나중에 그 문화를 바꾼다는 것은 불가능하진 않아도 지극히 어려운 일이다.

한 집단이 진화하면서 구성원들은 창립자의 가정(assumption)을 무의식적으로 흡수하게 된다. 일부 집단은 후계자가 얼마나 많이 왔다가 갔든 상관없이 최초의 창립자가 죽거나 사라지는 것을 허락하지 않는다. 회사의 문화는 창립자의 장점뿐 아니라 단점까지도 구현하곤 한다. 어떤 조직들은 자신들의 창립자를 단 한 번의 장례식으로 영구히 끝내 버렸으면 더 나을 뻔했다고 생각한다! 그러나 누가 이런 제안을 하든 그 사람은 그 조직의 문화로부터 강력한 저항을 받을 것이다. 사실 그 반대로 접근하는 것이 더 많은 열매를 맺는 걸 종종 볼 수 있다. 즉, 선배들이 기여한 점을 모두 찾아내고 그들의 은사에 감사를 표하는 것이다. 어쨌든 분명한 점 하나는 창립자들이 큰 영향을 미친다는 사실이다. 쉐인의 저술은 한 집단의 역사를 단계별로 고찰한 점과 집단의 문화를 물려주는 점에서 이야기(그 '좋았던 옛날'에 관한)의 중요성을 설파했기에, 대단히 유익한 연구서다.[1]

리더십의 자질 가운데 '카리스마'라 불리는 신비스런 요소는 리더의 기본 가정들이 조직 내에 뿌리를 내리게 하는 역할을 한다. 지도자가 이 신비스러운 요소를 실현하는 경위는 본인이 누구를 주목하는가, 중요한 순간에 어떻게 반응하는가, 다른 리더들을 의도적으로 코치하는가의 여부, 다른 사람을 칭찬하고 보상하는 데 어떤 기준을 적용하는가, 다른 리더들을 충원하거나 내보낼 때 무슨 근거로 그렇게 하는가 등을 통해서다. 밥은 카리스마 있는 지도자이고 아버지의 사업을 인수한 이래 계속해서 시릴을 코치해 왔지만, 시릴은 이전 체제에 속한 사람이었다. 그리고 밥의 부친의 철학은 "무슨 수를 써서라도 일을 끝내라"는 것이었다.

조직 문화에 대한 신학적 성찰

교회든 사업체든 조직의 지도자는 어떤 의미에서 '문화의 사역자' 혹은 환경 공학자라 할 수 있다. 이 과업은 우리가 문화 창조자와 세계를 만드는 자가 되도록 부름 받은 만큼(창 1:26-28), 인간으로서 받은 소명에 내포되어 있는 것이다. 하나님은 아담과 하와를 위해 성소 같은 동산, 곧 경계와 구조, 한계와 도전, 할 일과 즐거움을 지닌 정원을 빚어냄으로써 최초의 문화를 창조하셨다. 최초의 인간 문화는 하나님과 인간과 창조세계의 삼중적 조화를 특징으로 삼는 안식의 문화였다. 그런데 인간이 죄를 지음으로 말미암아, 사람이나 땅이 안식을 누릴 수 없는 문화가 창조되었다.

바벨에 살던 남자와 여자들은 획일적이고 동질적인 문화를 창조하길 원했는데, 이것은 하나님의 호된 심판을 받고 말았다. 만약 거만하고 이기적이며 완전히 획일적인 바벨 문화가 수천 년간 인간 세계를 지배했더라면 어떻게 되었을지 상상해 보라! 하나님은 바벨 대신, 오순절 날에 여러 언어를 말하는 사람들과 민족들이 '자기네 고유한 말'(행 2:8)로 하나님의 놀라운 일들을 들을 수 있는, 다채롭고 다원적인 문화를 엮어 내셨다. 하나님이 원하시는 것은, '다양하기 때문에 오히려 더 통일성이 있는 풍성한 사회구조'를 이 땅에 세우는 일이다.

잠깐 언급하고 싶은 것은, 구약성경에 '하나님의 은혜가 세속적 조직이나 이방의 조직에도 임한다는 암시'가 몇 군데 나온다는 사실이다. 이집트의 감옥 문화는 요셉이 지도자로 출현하도록 준비시켜 주었다(창 39:20-23). 느헤미야는 이방인 왕 아닥사스다의 술 맡은 관원으로서 예루살렘의 상태에 대한 염려를 표현할 수 있었고, 고향으로 돌아가 성벽을 재건하는 권한을 부여받았다(느 2장). 다니엘은 페르시아의 문화에 정통했고, 그런 문화적 맥락에서 자기 백성의 운명에 결정적 역할을 할 수 있었다(단 1-6장). 그와 같은 이방의 조직 문화 속에서도 하나님이 활동하고 계셨던 것이다.

신약성경에는 바울이 지속적으로 문화를 '설계하는' 모습이 나온다. 바울 일생의 비전은 하나님 아래서 유대인과 이방인을, 그리스도 안에서 동등한 상속자요, 지체요, 동반자로 아우르는 교회 문화를 창조하는 것이었다. 그가 이해한 복음은 유대인이 그리스도 안에서 이방인으로, 이방인이 유대인으로 바뀌었다고 말하지 않았다. 오히려 둘이 합쳐져 양자의 차별성을 제거하지 않으면서 그것을 뛰어넘는 하나의 '새 사람'(엡 2:15)을 만들었다. 이런 원리는 남성과 여성, 종과 자유인의 관계에도 그대로 적용된다(갈 3:28). 바울의 사역 중심에는 복음이 지펴 준 열정이 있었다. 그 열정은, 땅 위에 세워질 하나님의 공동체는 매우 다양하면서도 모든 구성원을 동등하게 대우하는 공동체여야 한다는 것(고후 8:14)이다. 바울은 종종 훌륭한 커플이었던 브리스길라, 아굴라와 함께 나란히 천막 짓는 일을 했으나 기본적으로는 자영업자였다고 볼 수 있다. 바울의 그러한 열정이 천막 짓는 사업에 어느 정도 흘러들어 갔는지는 그저 상상만 할 수 있을 뿐이다.

성경에 나오는 조직 문화의 마지막 이미지야말로 가장 힘을 북돋워 준다. 요한계시록(21-22장)에 묘사된 새 하늘과 새 땅이 임하면, 만인 제사장직이 실현되면서(1:6) 각 사람의 공헌이 낱낱이 드러날 것이다. 각 민족, 각 언어, 각 부족이 하나의 획일적 실체로 합병되는 게 아니라 그대로 보존된다. 그리스도 안에 있는 우리의 장래는 천사가 되는 게 아니라 부활의 몸을 입은 완전한 인간이 되어 완성된 안식—하나님, 인간, 창조세계의 삼중적 조화—가운데 일하고 노는 모습이다. 이 땅의 왕들도 자기의 부와 선물을 들고 거룩한 도시로 들어올 것이다(21:24). 모든 인간의 창조성이 완전히 성취될 것이고, 좌절의 눈물이 말끔히 씻겨지리라(7:17).

조직의 변화

우리가 사는 이곳은 아직 천국이 아니다. 모든 인간 조직들은 완전한 형태의 근사치에 불과하다. 또 인간의 조직들도 타락해서 '정사와 권세들'(엡 6:12)의 포로가 되었다. 조직은 타협과 변화를 거부하고 자기를 우상으로 숭배하라고 요구할 수 있다. 그러나 이 권세들은 그리스도에 의해 그 정체가 폭로, 무장 해제되었고(골 2:15), 그리스도는 이 세상에 완전하진 않지만 근본적인 구속을 가져오는 분이다. 그러므로 우리는 제자로서 공적 차원에서 조직의 변화를 도모할 책임이 있다. 그런데 이 조직 문화를 바꾸는 일은 상당히 힘들다. 밥에게 물어 보라.

인공물을 변화시키는 일—쉐인의 표현을 사용하자면—에는 서로의 의사소통을 원활히 하기 위해 매주 월요일 직원회의를 여는 것도 포함될 수 있다. 그런데 만일 지도자가 그 조직의 기본 가정들을 이해하고 개발하며 서서히 변화시켜 나가지 않는다면, 그런 시도는 마치 침몰하는 '타이타닉'의 갑판 위에서 의자를 재배치하는 정도의 효과밖에는 없을 것이다. 지도자와 문화가 서로 충돌하면 문화가 이길 가능성이 높다!

쉐인의 연구에 따르면, 문화 변화의 메커니즘은 한 집단 내력의 각 단계인 출생·중년기·성숙기마다 작동하는 것으로 나타난다. 중요한 점은, 그가 마지막 단계를 "성숙기 그리고/혹은 정체기, 하강기 그리고/혹은 중생(重生)기"[12]라고 부른다는 것이다. 그는 한 집단이 더욱 공고해질수록 변화하기가 더 어렵다는 사실도 보여 준다. 모든 변화는 임의로 일어나지 않고 반드시 동인이 있기 마련이며 "동인을 제공하는 사람들이 원하는 방향으로 나가지 않을 때가 많은데", 그 이유는 그들이 그 문화 내에서 동시다발적으로 작동하는 다른 힘들을 인식하지 못하고 있기 때문이다.[13] 따라서 이런 변화를 추진하는 지도자는 골치가 아플 수밖에 없다.

지도자가 취할 수 있는 여러 전략을 소개하면 다음과 같다.

첫째, 무엇이든 변화시키려 하기 전에 우선 그 문화를 이해하라. 문화의 중요성을 인정하라. 그것은 사실 모든 것에 영향을 미친다. 둘째, 문화는 조작될 수 없다는 점을 인식하라. 당신이 여러 면에서 조직의 분위기를 관리하고 통제할 수는 있어도, 즉 예를 들어 사장이 자기 사무실 문을 항상 열어 놓을 수는 있겠지만, 사람들이 당연시하는 조직 문화 자체는 마음대로 조작할 수 없다. 셋째, 좋은 지도자는 특히 조직의 비전과 일치하는 부분들을 명확히 표현하고 강화시킨다. 그렇게 하지 않으면 사람들은 심각한 변화를 잘 수용하지 않을 것이다. 문화를 변화시키는 동안에는 지도자가 구성원들을 안심시키는 동시에 그들이 느끼는 고통과 불안감을 감수해야 한다. 넷째, 때로는 기존 직원 가운데 '독자적 색깔'을 가진 직원을 승진시키거나 약간 다른 생각을 가진 외부 인사를 영입하여 리더십 위치에 올려놓음으로써 직접적 변화를 도모할 수 있다. 밥이 아버지의 사업을 인수했을 때 이런 일이 발생한 셈이다. 하지만 변화하는 데는 시간이 필요하다.[14]

밥이 아버지의 사업을 인수했을 때 그는 모든 걸 한꺼번에 바꾸려 하지 않았다. 그는 자기 나름의 목표와 사명을 설정하고 자기부터 변화시켰다. 그는 우선 시릴을 비롯한 핵심 리더들과 만나는 시간을 많이 할애함으로써 관계 중심의 리더십을 키워 갔다. 여러 달에 걸쳐 월요일 정기 모임에서 회사의 사명 선언문을 개발하기 시작했다. 그것은 고객들이 흔히 자동차 판매 회사에서 기대하는 수준을 뛰어넘는 특별한 서비스를 제공받아야 한다는 내용이다. 누구든 자동차를 사게 되면 리버사이드 가족의 일원이 된다. 가족이 된 고객들은 결코 이혼 당하는 일이 없을 것이다. 밥은 그 모임에서, 고객이 만족하게 되면 그 고객은 가족, 친척, 친구들에게 우리 회사를 추천할 것이고 결국 대대로 새로운 고객이 생길 것이라고 강조했다. 어떤 연구 조사에 의하면, 실망한 고객은 훨씬 더 많은 잠재 고객들에게 그 점을 이야기하기 때문에 사업의 손실이 천문학적 수준에 이른다고 한다. 사업이란, '아기를 키우듯 한 시스템에 영양을 공급해 그 시스템을 키워 나가는 일'로 이해하는 것이 최상이다.

변화에 대한 계통적 접근

조직은 각 구성원과 하부조직이 서로 영향을 주고받는, 부분들의 합을 뛰어넘는 그 무엇이다. 그것은 자동차로 묘사할 수 있다. 한 부품의 움직임은 다른 모든 부품의 조정을 요구한다.

가족 시스템 치료사인 에드윈 프리드만은 지도자가 시스템에 변화를 도모할 수 있는 방법에 대해 상당한 통찰력을 갖고 있다. 그는 인체와 사회 조직이 큰 충격 후에 균형을 유지하려는 놀라운 경향인 항상성(homeostasis)의 개념을 사용한다. 각 시스템은 용골이 요트의 평형을 유지하듯 현상을 유지하려는 자연스런 성향을 갖고 있다. 이런 성향이 작동하는 상황은 어떤 위협이나 비극 또는 긍정적인 변화가 발생해 새로운 반응 패턴을 촉구할 때이다. 따라서 그 시스템은 뭔가 개정되고 향상된 기반 위에서 작동하기 위해 변화되기보다는, 이미 시험을 거친 확실한 기반으로 되돌아간다.

항상성의 성경적 본보기로는 1세기 당시 기독교로 개종한 유대인들이 이방인 신자와 완전히 연합하지 못한 경우를 들 수 있다. 그런 비기독교적인 태도에 대해 바울은 위선적 행위라고 신랄하게 비난했다(갈 2:11-21). 향상된 기반의 예로는 예루살렘 공의회(행 15:1-29)에서 교회가 유대인과 이방인이 서로 교제할 수 있는 조건을 변경했던 특별한 결의를 들 수 있다.

계통적 변화(systemic change, 이는 몸과 같은 유기체적 성격을 갖고 있으므로 systematic과 구별하기 위해 '계통적'으로 번역했다—옮긴이)를 불러일으키려면, 지도자들이 먼저 기존 시스템에 합류하여 거기서 불가결한 요소가 되고 그 안에서 자기 위치를 확보할 수 있어야 한다. 대표 혹은 사장이 그 과정을 주도해야 한다. 그 지도자가 조직에서 자기 위치를 확보하는 과정에는 여러 단계의 협상이 필요하다.[15] 그 후에야 그가 문제를 파악하고 변화를 주도하여 그것이 물결처럼 시스템 전체에 퍼져 나가게 할 수 있다.

보통은 일부러 자극하지 않아도 문제가 표면에 떠오른다. 그러나 그렇지 않을 경우에는 냉온수기의 위치를 바꾸거나 아예 그것을 없애 버리는 등 사소한 변화만 주어도 충분하다. 지도자가 그 물결에 어떻게 반응하는지가 아주 중요한데, 그 시스템의 반응은 대대로 내려오는 요인을 포함하여 시스템을 안정되게 만드는 모든 계통적 요인들을 반영할 것이기 때문이다. 일부러 자극을 주었든 그렇지 않든 일단 위기가 발생하면 그것을 계기로 현재 일어나고 있는 상황을 설명하고 또 더 건설적으로 계통적 가치들에 호소하는 게 가능하다. 예루살렘 공의회에서 바나바와 바울과 베드로가 했던 역할이 바로 그것이다(행 15:1-35). 위기(危機)는 문자 그대로 '위험'과 '기회'가 합쳐진 합성어다. 계통적 지도자는 위기가 닥칠 때마다 그것을 기회로 환영하고 때로는 일부러 그런 위기를 자초할 것이다.

프리드만은 가족 시스템 이론을 사용하여, 한 시스템에 최대의 변화를 가져오는 것은 의견을 달리하거나 아픈 구성원이 아니라, 변화의 역량이 가장 큰 사람(들)에게 초점을 맞춤으로써 가능하다고 설명한다.[16] 하지만 조직의 지도자는 당장의 변화에 완전히 열려 있는 자는 자기밖에 없다는 점을 항상 유념해야 한다! 시스템 이론은 우리 자신이 변하면 우리와 상호 의존관계에 있는 자들을 변화시키는 것도 **가능하다**는 점을 일깨워 준다.

가족 상담의 맥락에서, 버지니아 사티르는 시스템 리더십에 관해 놀라운 말을 하고 있는데, 이는 모든 종류의 조직에 적용될 수 있는 내용이다. 그는 말한다.

"나는 나 자신을 상담받는 **사람들의 리더가 아니라** 상담 인터뷰를 진행하는 그 **과정**의 리더라고 생각한다."

이어서 그는 "그것은 상담 과정을 통해 얻고자 하는 것이 무엇인지 알고 있는 자가 바로 나 자신이기 때문이다. 나는 사람들이 자신의 선택안을 스스로 설계하는 자가 되도록 돕고 싶다"[17]라고 덧붙인다.

조직의 리더십이란 것도 그 조직에 속한 개개인을 지도하는 역할로 국한되는 게 아니다. 리더들은 문화와 시스템 등 전체를 붙들고 씨름해야 한다. 과정 중심의 리더십은 질문을 던지고 목표를 명료하게 하고 사람들에게 자기 사명을 일깨워 주고 문화를 유지하고 설명하며, 사람들과 하부조직이 조직에서의 삶을 스스로 책임지도록 돕는다. 결국 리더들이 책임질 부분은 사람들이 스스로를 변화시킬 수 있는 환경을 창조하는 일이다.

시릴은 어떻게 되는가?

매주 이어지는 자문을 몇 년간 계속한 끝에 시릴이 회사의 신조를 머리에 집어넣긴 했으나 그것이 그의 가슴에까지 내려오진 못했다. 쉐인의 말을 빌리자면, 그의 신념과 행동으로 드러나는 실제 가치관이 서로 일치되지 않았다. 밥은 이 문제를 놓고 여러 차례 곰곰이 생각해 보았다. 수직 축에는 가치관에 대한 동의를, 수평축에는 업무수행력을 표시하면서 머릿속에 그래프를 그려 보기도 했다. 이상적인 직원은 가치관에 대한 동의와 업무수행력 모두가 높게 나타날 것이다. 하지만 그런 경우는 드물다. 현실적으로 대다수 직원은 둘 중 어느 하나가 높게 나온다.

이 문제를 놓고 밥이 생각해 보니 자기는 업무수행력은 이상적 수준에 못 미치더라도 회사의 가치관과 일치하는 직원이라면 누구든 함께 일할 수 있겠다는 느낌이 들었다. 그런데 '업무수행력은 높지만 조직의 행동지침에 동의하지 않는 자와 일할 수 있을까' 하고 자문해 보았다. 시릴이 바로 그런 경우였다. 높은 업무수행력에다 회사의 가치관에 대한 낮은 공감대. 밥은 그동안 수년에 걸쳐 관계를 증진시켜 보려고 많은 투자를 해 왔는데, 이제야 처음으로 '시릴을 내보내야 하지 않을까' 하는 생각이 들었다.

❖ 토론 문제

1. 만일 당신이 매니저 회의에 참석한 시릴이었다면, 어떤 느낌이 들었겠는가? 또 당신이 밥이었다면 어떻게 느꼈겠는가?
2. 멜린다의 경우를 생각해 보자. 비록 '힘 있는 자리'는 아닐지라도 그녀는 어떤 전략적 역할을 해낼 수 있겠는가?
3. 이 사례에서 작동하고 있는 조직적이고 계통적인 요인들은 무엇인가? 시릴을 해고하는 것이 회사에 어떤 영향을 미치겠는가? 만약 그를 계속 데리고 있으면 전체에 어떤 영향을 주겠는가?
4. 밥은 시릴을 해고해야 하는가? 만일 그래야 한다면 그 이유와 방법은 무엇이겠는가? 또 시릴을 해고해서는 안 된다면 그 이유는 무엇인가?

5. 멜린다는 직원 중 비그리스도인이 많은데도 사장인 밥이 직원들에게 너무 많은 것을 기대한다고 생각한다. 그러면 비그리스도인 직원들이 무조건적 사랑, 섬기는 리더십, 상호 의존관계와 같은 기독교적 가치관을 어느 정도 포용하고 실천하길 기대할 수 있을까?

❖ 더 읽을 자료

Collins, Philip, and R. Paul Stevens. *The Equipping Pastor: A Systems Approach to Empowering the People of God* (Washington, D.C.: Alban Institute, 1993). 『평신도를 세우는 목회자』(미션월드).

Novak, Micael. *Toward a Theology of the Corporation* (Washington, D.C.: American Enterprise Institute for Public Policy Research, 1981).

Schein, Edgar H. *Organizational Culture and Leadership: A Dynamic View* (San Francisco: Jossey-Bass, 1991).

Senge, Peter M. *The Fifth Discipline: The Art and Practice of the Learning Organization* (New York: Doubleday, 1990).

5.
일터 선교

일터야말로 선교해야 할 최후의 개척지다.
_에드 실보소

기업이 몸담은 일터를 21세기의 일차적 선교지라고 해도 무방하다.
_찰스 반 엥겐

앞 장에서 소개한 밥은 선교사명을 가진 사람이다. 그는 자기가 자동차 산업에서 하는 일이 원시 부족에 가서 교회를 개척하는 일이나 후진국의 외딴 마을에 가서 의료선교를 하는 일만큼 생명을 주는 선교라고 확신한다. 과연 그럴까? 만일 그게 사실이라면, 어떻게 해야 사업에 종사하는 사람들이 스스로를 그런 식으로 볼 수 있고, 또 교회와 회당과 다른 신앙 공동체로부터 영적으로 또 정서적으로 지원을 받을 수 있겠는가? 이에 대해 내 동료 윌리엄 딜은 베들레헴 철강회사의 판매담당 매니저로 있을 때 저술한 『기독교와 현실 생활』(*Christianity and Real Life*)에서 이렇게 말한다.

내가 전문직에 몸담은 과거 30년 동안 우리 교회는, 일터에서 사역하는 것이 중요하다는 점을 한 번도 시사한 적이 없다. 나를 더 나은 사역자로 만들려고 사역의 기술을 개발시켜 주겠다고 제안한 적도, 내가 하는 일을 뒷받침해 주려면 어떤 지원이 필요하냐고 물어 본 적도 없다. 내가 직면할 수밖에 없는 윤리적 결정에 대한 질문이나 동료에게 전도하려고 애쓰는지 여부도 물어 본 적이 없다. 내 분야에서의 사역을 공적으로 인정해 주는 신앙 공동체도 이제까지 본 적이 없다. 한마디로, 우리 교회는 내가 일터에서 사역을 하고 있는지 혹은 어떻게 하는지에 대해 눈곱만치도 관심이 없다고 결론을 내려야겠다.[1]

다행히 일터 선교에 대한 관심이 최근에 부쩍 늘어난 것을, 1장에서 인용한 「포춘」의 기사나 여러 대중 잡지와 학술지 등에서 볼 수 있다.[2] 이 운동의 공적인 얼굴과 같은 이런 기사들과 세미나들은 보통 일터를 선교지로, 어쩌면 오늘날 가장 전략적인 선교지로 본다.[3] 그런데 이 장에서 우리가 제기하는 물음은, 일터가 선교 사역이 행해지는 장소일 뿐 아니라 일터에서의 활동 그 자체가 '세상에서 하는 하나님의 선교 중 일부가 아닐까' 하는 것이다. 일터는 탐욕, 물고 뜯는 경쟁, 빈부 격차, 착취, 회사를 우상처럼 떠받들게 하는 관행이 팽배한, 참으로 어려운 선교지임에 틀림없다.

교회가 오랜 세월에 걸쳐 사업에 대해 반감을 가져온 것은 놀랄 일이 아니다. 단, 사업가가 십일조를 바치고 당회에 한자리를 차지하는 것을 중시하는 경향을 제외하고 말이다. 예를 들면, 자기 소유를 팔아 가난한 자에게 주지 않은 자에 대한 교부 오리겐의 비판, 고리대금업에 대한 교회 공의회와 루터의 비난, '국제적인 금융 제국주의'에 대한 교황 바오로 6세의 비난, 자본주의는 '인간의 소유욕을 부채질하는' 제도라는 아르헨티나의 보니노의 비판 등이 그렇다. 이런 판단은 마이클 노박으로 하여금 다음과 같이 결론짓게 했다. 만일 이런 판단이 옳다면 "이는 사업가를 타락한 인간이나 순진한 인간으로 분류하는, 도무지 수용할 수 없는 입장을 주장하는 셈"이다.[4]

한국에서 직장 사역하는 방선기 목사는 유익하게도 사업과 선교를 다양하게 접목하는 방식을 제안한다.

- 사업**과** 선교: 두 가지 별개의 활동.
- 선교를 **위한** 사업: 사업을 선교에 대한 재정 후원책으로 활용함.
- 선교를 위한 **디딤돌**로서의 사업: 일과 전문직을 세계 선교의 통로로 사용함(한국에서는 이런 유형의 선교사를 '비저너리'라고 부른다).
- 사업체 **내** 선교: 불신자를 채용해 사목제도를 통해 예수님에게 인도함.
- 선교**로서의** 사업: 사업을 세상에서의 하나님 선교의 일부로 여김.[5]

이제 사업을 선교 후원을 위한 돈벌이가 아니라 하나님의 선교 사역의 일부로 보는 과정에 관해 살펴볼까 한다.[6]

일터에서의 총체적 선교 신학 정립을 위하여

선교는 하나님과 함께 시작된다
우리가 정리하고 넘어가야 할 한 가지 오해는 본질적으로 선교를 하나님의 사랑에 반응하는 인간의 활동으로 혹은 대위임령(Great Commission)을 성취하는 의무로 보는 관점이다. 그런데 선교란 인간의 행위가 아니라 하나님 자신의 파송과 함께 시작된다. '선교'(mission)란 단어는 '보내다'는 뜻을 가진 라틴어 *missio*에서 온 말이다. 이 단어는 최근까지만 해도 하나님의 선교에만 국한되어 사용되었다.[7]

아우구스티누스는 언젠가 삼위 하나님 안에 사랑하는 자(Lover), 사랑받는 자(Beloved), 그리고 사랑(Love) 그 자체가 있다고 말한 적이 있다.[8] 이와 마찬가지로 삼위 하나님은 보내는 자(Sender), 보냄 받은 자(Sent), 보냄(Sending) 그 자체라고 말할 수 있다. 그 증거로 스스로를 '하나님의 아들로서 아버지의 보냄을 받은 자'라고 했던 예수님의 말씀을 들 수 있다.

"아버지께서 나를 세상에 보내신 것같이 나도 그들[제자들]을 세상에 보내었고"(요 17:18).

여기서 보낸다는 말 대신, 하나님 안에서 그리고 하나님의 이름으로 '선교사명을 맡긴다'(missioning)는 말을 사용할 수도 있다. 요한복음은 삼위일체 안에서 하나님의 파송이나 사람을 보내시는 하나님의 행위를 가리키는 데 '보낸다'는 말을 서른 번 이상 사용하고 있다. 달리 말하면, 선교란 하나님이 스스로를 타자화하는(othering) 것을 의미한다. 이것이 이른바 *missio Dei*, 즉 **하나님의 선교**다.

하나님의 선교는 창조와 함께 시작되었다

선교에 대한 또 다른 오해는, 대위임령(마 28:18-20)과 문화 명령(창 1:26-28)을 분리하는 잘못을 낳는다. 전자는 복음의 청지기직과, 후자는 생명과 창조세계의 청지기직과 각각 관련되어 있다. 그런데 많은 교단들이 둘 중 하나에 최고 우선순위를 둔 채 그것을 중심으로 움직이고 있다. 내가 앞서 말한 것처럼, 아담과 하와(그리고 그들의 자손)는 창세기 1장과 2장에서 세 가지 전임 사역을 부여받았다. 하나님과의 교통, 공동체 건설, 하나님과의 공동 창조성이 바로 그것이다. 이 두 명령의 비극적인 분리는 무엇이 가장 거룩한 일인지에 대해 그리스도인들 사이에서 의견불일치를 낳았고, 유감스럽게도 서구 기독교에 복음 전도와 사회 정의의 우선순위를 둘러싼 논쟁을 불러왔다. (대체로 개발도상국들에서는 그것이 별로 논란거리가 되지 않는다.)[9] 이보다 훨씬 더 바람직한 접근은 요한복음 17:18과 20장에 나오는 '최대의 명령'(Greatest Commission)에 주목하는 일이다. 예수님은 요한복음 20:21에서 "아버지께서 나를 보내신 것같이 나도 너희를 보내노라"라고 말씀하셨다.

그분은 우리에게 삼위 하나님의 모든 자원을 주시면서 성육신적 선교를 하라고 보내시는데, 이는 사실상 삼위 하나님의 선교 속으로 들어가는 일이나 마찬가지다.

창조 때 하나님은 이미 자기 말씀과 영을 '선교사들'로 삼아 선교 사역에 몸담고 계셨다.[10] 하나님은 첫 번째 피조물들에게 "땅에 충만하라"(창 1:28)고 명령하심으로 선교 사역을 더욱 확장하신다. 아브라함과 사라가 모든 나라에 복을 전파하도록 보내심 받은 것도 "충만하라"는 명령의 일환이다. 그것은 곧 세계 선교를 가리키는데, 이 주제에 대해서는 나중에 상업의 세계화에 비추어 살펴볼 것이다. 이스라엘은 이방인의 빛이 되도록 부름 받았다. 그 부름은 창조세계의 청지기로서 또 인간 공동체로서 모범이 되라는 소명이다. 그리고 끝으로, 그리스도가 아버지로부터 보냄 받았고 아들은 교회, 곧 하나님의 백성을 보내신다.

죄가 하나님의 선교에 동참하는 인간 활동을 오염시켰다

에덴동산에서 문제가 된 것은 신뢰의 결여("하나님이 정말로…말씀하셨느냐?")였다. 그 배후에는 하나님의 선하심에 대한 의문과 생존을 위해선 우리가 모든 걸 통제해야 한다는 생각이 도사리고 있다. 그런즉 아담과 하와의 죄의 뿌리는 자율성에 대한 욕망, 즉 하나님과의 교통 없이 독자적으로 살려는 욕망이라 할 수 있다.[11] 그 결과 저주가 초래되었다(창 3:16-19). 여자는 고통 중에 자녀를 낳을 것이고, 땅은 개간에 저항할 것이며, 일은 지루한 것이 될 터이고, 인간관계는—특히 남녀의 관계—정치적 성격을 띠게 되겠고, 인생은 결국 죽음으로 끝날 것이다. 사업 분야에서는 죄가 자기 과시의 형태로 나타나는데, 리처드 히긴슨은 그것을 '바벨탑' 증후군이라 불렀다. 성적인 소외와 착취, 책임전가, 도덕적 모호성, 탐욕 등이 그것이다.[12] 다른 한편, 인간의 타락은 사회와 창조세계에도 영향을 미친다. 환경이 파괴되고, 인간 존재가 하찮게 여겨지고, 노동자가 기계와 같이 인간 이하로 취급되고, 경쟁이 약탈행위로 전락하고, 개발도상국이 착취를 당하곤 한다.

하나님의 선교는 하나님의 나라를 세운다

예수님이 전파한 핵심 메시지는 하나님 나라의 복음이었고, 사실 예수님은 그 메시지를 선포하고 구현하고 실행에 옮기기 위해 오신 것이다. ('하나님의 나라'는 복음서에서만 122번 등장한다.) 예수님은 "때가 찼고 하나님 나라가 가까웠으니 회개하고 복음을 믿으라"(막 1:15)고 말씀하셨다. 또 부활하신 다음 이 땅에 40일간 머물 때에도 "하나님 나라에 관한 일들을 말씀"(행 1:3)하셨다. 오리겐은 예수를 일컬어 "**그 나라를 한 몸에 구현한 인물**"(autobasileia)이라 불렀다. 하나님 나라는 주권자이신 하나님의 실질적 통치와 그 백성의 반응을 의미한다. 그것은 명목상의 군림이나 어떤 영토가 아니라, 역동적인 지배행위와 구원을 가져오는 다스림을 뜻한다. 그것은 마치 쇠 조각을 끌어 모으는 자석과 같다. 이와는 대조적으로, 오늘날 영국의 엘리자베스 여왕은 군림은 하지만 통치하지는 않는다. 그래서 잉글랜드 시민은 그녀를 존경하나 그 명령을 따르지는 않는다. 그런데 사실 얼마나 많은 이들이 하나님을 그런 식으로 대하고 있는가!

모르티머 아리아스는 하나님 나라에 관한 고전적인 책에서, 우리가 어떻게 생각과 행동을 통해 하나님 나라를 여러 모양으로—이 세상과 역사의 몸부림을 벗어난 초월적 영역으로, 제도적이고 가시적인 교회로, 혹은 장차 예수의 재림이 몰고 올 대재난으로, 구원의 내적 체험으로, 성령의 세례로, 혁명으로 인한 새로운 사회 질서로—환원시켰는지를 잘 묘사하고 있다.[13] 대조적으로 예수님이 선포한 그 나라는 과거와 현재를 통틀어서 총체적 성격을 갖고 있다. 개인적·사회적·내면적·구조적·정치적·창조세계적 그리고 인간 상호간의 차원을 모두 망라하는 것이다. 거기에는 다음 여러 가지 의미가 내포되어 있다.

첫째, 그 나라는 죄 사함을 가져온다(마 3:1-8; 눅 3:3-18). 둘째, 그 나라는 치유와 온전한 삶의 회복을 가져온다. "소경이 보며 앉은뱅이가 걸으며 문둥이가 깨끗함을 받으며 귀머거리가 들으며 죽은 자가 살아

나며 가난한 자에게 복음이 전파된다"(마 11:5; 눅 7:22). 셋째, 그 나라는 죄인들, 가난한 자, 부자와 더불어 공공연하게 음식을 나누는 자리를 마련함으로써 공동체를 회복시킨다(막 2:15).[14] 아리아스는 "먹고 마시는 행위는 곧 선포의 행위였다.…사회에서 죄인 취급받는 자와 소외된 자들과 공공연하게 음식을 먹는 행위는 그 나라의 새로운 질서를 선포하는 예수의 가장 도발적인 행위였다"[15]라고 했다. 끝으로, 예수님은 집합적이고 제도적이며 구조적인 죄를 비난했으며(마 23:4-25), 특히 가난한 자와 억눌린 자를 못살게 구는 잘못을 크게 지적했다. 그는 착취와 억압을 일삼는 사회제도의 일부로서 종교적 편협성과 우상숭배적 성격을 지닌 서기관 제도를 비난했다. 이에 대해 아리아스는 "그 나라는…모든 인간의 가면들, 자기 의(義)를 주창하는 이데올로기들, 혹은 무제한으로 계속되는 권세들의 정체를 가차 없이 벗겨 버린다"[16]라고 말한다.

한편, 그 나라는 은혜요 선물이다. 사람이 만든 게 아니라는 말이다. 그래서 아리아스는 "그것(하나님의 나라)은 에세네파가 시도한 것처럼 세상에서 도피해 광야의 '순수한' 생활로 은둔한다고 얻을 수 있는 게 아니며, 열심당이 감히 넘본 것처럼 로마에 무력으로 대항한다고 정복할 수 있는 것도 아니다"[17]라고 말했다. 다른 한편, 그 나라는 이 세상에 뚫고 들어오는 그 과정에서 사람들에게 참여를 요구한다. 데이비드 보쉬는 "선교란 모든 실재에 대한 그리스도의 주 되심을 선포하고 그에 순복하도록 초대하는 것을 의미한다"[18]고 말했다. 여기에 포함되는 것은 선포("그것이 여기에 있다"), 예고("그것이 오고 있다"), 고발(하나님의 통치를 거스르는 것을 불의하다고 선언하는 일), 구현(그 왕의 공동체 안에서 구체적으로 드러내는 일), (피해자들에 대한) 연민과 위로, 계속되는 회심(베드로의 경우처럼), 권세에 대한 도전 등이다.

그러므로 하나님 나라의 선교는 창조세계에 대한 청지기직, 경제 정의, 공동체 건설, 하나님과의 관계 회복, 공동체의 회복, 이웃을 돌보는 일 등을 모두 포함한다. 사업에서 하나님 나라의 일은 사회적 책임을 요구하는데, 이를 가리켜 '삼중적인 최종선'—이윤, 사람, 환경—이라 부르곤 한다.[19]

4장에서 얘기한 밥의 경우는 불의의 문제를 다루는 본보기로 볼 수 있다. 새 차의 가격은 보통 판매자와 구매자 간의 협상을 통해 정해진다. 밥이 이에 대해 연구하고 조사한 결과 동일한 차량의 가격 폭이 600달러 정도인 것을 알게 되었다. 그리고 누가 가장 비싸게 또 누가 가장 싼 가격에 사는지도 조사했다. 그 결과 가장 싼 가격에 사는 자는 협상 기술이 뛰어난 변호사와 회사 간부들이고, 가장 비싸게 사는 자는 여성·젊은이·소수민족임이 드러났다. 그래서 그는 이를 불의한 현실로 규정하고 '공정한 가격으로 통일하는 정책'을 개발하여 시간에 쫓기는 변호사와 간부들에게는 차를 구입하는 시간을 절약시켜 주는 대신 좀더 비싸게 사도록 유도했다. 이러한 것이 바로 하나님 나라의 일이다!

"인간의 일 가운데 그 나라의 가치관을 구현하고 그 나라의 목표를 섬기는 일이라면 무엇이든 하나님 나라의 사역이라 부르는 것이 옳다. 복음 사역과 소위 '세속적인 일'은 사실상 상호 의존적이다. 성경적으로 보면, 우리가 복음 전도와 사회 참여/창조세계의 청지기직의 우선순위를 따지기보다는 단 하나의 선교에 관해 이야기하는 것이 바람직하다."[20]

남미의 복음주의 지도자 르네 빠디야의 말이다.

하나님의 온 백성이 하나님의 선교에 관여하고 있다

또 하나의 오해는 '선교란 선교사들이 하는 일'이라는 그릇된 생각이다.[21] 흔히들 '선교사'라 불리는 사람들이 우리 대신에 혹은 우리를 대표해서 하나님의 선교를 수행하고 있다고 생각한다. 존 데이비스가 대위임령의 해석에 관한 연구에서 보여 주듯, 복음을 전하고 가르치고 제자를 삼으라고 부름 받은 자는 사도들(및 선교사들)만이 아니라 하나님의 온 백성이다.[22] 교회가 선교사명을 **갖고** 있는 게 아니라 교회 그 **자체**가 선교라고 말하는 것은, 하나님의 온 백성이 선교사임을 강조하는 장점은 있지만 그것만으로는 충분하지 않다. 사실은 교회 자체가 하나님의 선교를 통해 창조되었고 거기에 참여하고 있다. 하나님의 선교는 모인 교회(에클레시아)를 통해서뿐 아니라, 월요일에서 토요일까지 하나님 나라의 일꾼으로 세상에 흩어져 있는 교회(디아스포라)를 통해서도 이루어진다.

하나님의 선교는 끝나지 않았다

구원은 여러 단계를 갖고 있다. 하나님 나라는 예수님이 선포했듯 지금 여기에 있다. 그것은 지금 오고 있는 것이기도 하다. 이 점은 주기도문["(당신의) 나라가 임하옵시며"]과 산상수훈—첫 문장과 마지막 문장은 현재형으로 그리고 나머지는 미래형으로 되어 있다—에 반영되어 있다.[23] 그리고 그 나라는 **장래에 완전히** 임하게 될 것이다. 이 점은 씨 뿌리는 자의 비유(막 4:3-8), 겨자씨의 비유(막 4:30-32), 위기와 재림의 이야기(마 24:40-44), 감독직을 맡은 종의 비유(눅 12:41-46), 열 처녀의 비유(마 25:1-13), 혼인 잔치의 비유(마 22:1-14)에 나타나 있다. 그러므로 이 땅의 사업 안에서 그리고 사업으로 이루어지는 모든 선교는 불완전하고 부분적일 수밖에 없다.

선교는 세상에 좋은 소식이다. 그 이유는 사람들에게 예수와 관계를 맺으라고 초대하는 일이기 때문이다. 그것은 또한 세상에 **샬롬**을 약속하는 일이기에 좋은 소식이기도 하다. 선교의 궁극적 목표는 안식의 샬롬(Sabbath shalom)이다. 이는 그리스도가 다시 오시고 하나님의 나라가 완성될 때 완전히 얻게 될 하나님·창조세계·인간 사이의 삼중적 조화를 가리킨다. 그리스도의 초림과 재림의 중간기에 우리가 할 일은 확실한 종말, 곧 새 하늘과 새 땅에서 완전히 실현될 하나님의 나라를 내다보면서, 이 땅에서 애쓰는 우리의 불완전하고 단편적인 노력의 의미를 발견하고 그날을 향해 진력하는 것이다.

이것을 사업에 적용하면 어떤 의미를 갖게 될까?

사업은 개인적 복음증거의 장(場)이다

훨씬 더 어려운 문제—사업과 일터에서의 활동이 어떤 의미에서 하나님의 선교라고 볼 수 있는가—를 다루기 전에 먼저 단언하고 싶은 바는, 일터는 신자 개개인이 적절한 방법으로 자기의 신앙을 증거할 수 있는 선교지라는 점이다. 이것은 케리그마(복음 선포)의 차원이다. 우리는 다른 곳에서와 마찬가지로 일터에서도 하나님의 말씀과 그 나라의 복음을 증언하도록 부름 받았다. 그리스도인은 예외 없이 하나님의 놀라운 업적을 선포하도록 부름 받은 자들이다(벧전 2:9-10). 이런 면에서 일터도 선교지에 해당된다.

잠시 다음의 사실을 한번 생각해 보라. 평생 국경을 넘어 타국에 가지 않을 수백만의 신자들이 깨어 있는 시간의 대부분을 일터에서 보낸다는 사실 말이다. 평균적으로 북미 그리스도인이 평생 일터에서 보내는 시간은 88,000시간이고 농부나 전문직 종사자는 그 이상이라고 한다. 그런데 어떤 통계에 따르면, 과거 30년 동안 여가시간이 50퍼센트 이상 줄어 한 달에 13시간밖에 되지 않는다고 하니 일하는 시간이 더 늘고 있는 셈이다. 동시에, 동일한 신자들이 교회 건물에서 교회 관련 활동에 보내는 시간은 4,000시간 이하라고 한다. 앞으로 재량껏 쓸 수 있는 시간이 조금씩 줄어든다면, 초대교회 당시 하루 18시간씩 일하던 노예들이 주로 복음을 전하던 상황으로 되돌아갈지도 모르겠다.

지역교회의 문화를 은혜롭게 바꾸는 방법 중 하나는 일 년에 52번 찾아오는 주일예배를 귀국하는 선교사, 초빙 목사나 신학교 교수들에게 '발언할 기회'로 주고 평범한 교인에게 일인당 5분씩 할애해 다음과 같이 인터뷰를 하는 것이다.

"당신의 생업은 무엇입니까? 당신이 매일 일터에서 부딪히는 문제들은 무엇입니까? 그런 문제들을 다루는 데 당신의 신앙이 어떤 역할을 합니까? 당신이 일터에서 하는 사역을 위해 우리가 어떻게 기도해 주면 좋겠습니까?"

『평신도가 사라진 교회?』(*The Equippers' Guide to Every Member Ministry*, IVP)에서 나는 "일터에서의 근로자, 즉 제사장들"을 구비시키

는 여러 방법을 제시한 바 있다. 그것들은 세상에서 일하는 교인들을 위한 중보기도, 평신도 설교자들(메시지를 전할 때 언제나 일의 예화를 드는 사람)을 간헐적으로 초빙하는 것, 사회의 어떤 영역에서 하나님을 섬기라는 소명을 분명히 받은 교인들을 파송하는 것, 일에 관해 가르치고 설교하는 것 등이다. 나는 학생들에게 일에 대한 설교를 마지막으로 들은 게 언제냐고 종종 묻는다. 그러면 30명 가운데 한두 명 정도가 지난 1-2년 동안 무언가 들은 적이 있다고 응답한다. 더 나아가, 전략적으로 주일 설교와 연계해 소그룹에서 핵심 본문이나 일터 관련 이슈들을 공부하는 전 교인 대상 커리큘럼을 개발할 수도 있다.[24]

일터를 주요 선교지로 생각할 만한 이유들이 뻔히 보이는 데도 우리가 그걸 보지 못하는 것은 사단이 눈을 가렸기 때문이라고밖에 달리 설명할 길이 없다.

- **접근 가능성**: 특히 일터는 전문 성직자를 비롯한 외부인에게는 닫혀 있으나 거기서 일하는 사람에게는 늘 열려 있다. 물론 사목 제도를 두고 있는 몇몇 경우는 예외지만 말이다. 내 아들은 하이테크 회사에서 일하는데, 아들이 회사에 들어갈 때는 보안 패스를 사용하기 때문에 내가 아들과 점심을 먹고 싶어도 그곳에 마음대로 들어갈 수 없다.
- **관계적 측면**: 회사는 삶과 기업 활동을 공유하는 공동체라서 종종 지역교회나 이웃관계보다 더 깊은 관계를 형성케 하며 그것이 사역의 기회가 된다.
- **시간상의 이점**: 대다수의 성인은 깨어 있는 시간 대부분을 이 공동체(회사)에서 보낸다.

- **자체의 이슈와 가치**: 일터 자체가 제기하는 여러 이슈가 복음 전도와 목회적 보살핌의 기회가 될 수 있다. 예를 들어, 정체성, 인간관계, 우선순위, 신뢰성, 인생의 목적, 성공과 실패 등.
- **현장성**: 새로 이사 온 이웃에게 축호전도(逐戶傳道)를 하거나 단기 선교를 하는 것과 비교해 볼 때, 일터는 말로만이 아니라 삶으로 복음을 증거하는 현장이므로 관계중심 전도가 이루어지기 좋은 곳이다. 이런 맥락에서, 사람들이 '나의 생활 방식'을 주시하고 있다는 점을 강조한 바울의 지적을 주목하라(고전 4:17; 딤후 3:10). R. F. 호크는 바울의 천막 짓는 일에 관한 연구에서 바로 그러한 점을 강조했다.

  "천막 짓는 일은 바울의 삶 주변부에 속했던 게 아니라 사실상 삶의 중심부에 있었으며…그 직업이 그의 사도적 정체성과 아주 깊이 연결되어 있었기 때문에, 너무 열성적으로 일한다는 비판을 받았을 때 스스로를 '무보수로 메시지를 제공하는 사도'로 이해할 정도였다."[25]
- **곤궁과 위기에 처한 자에 대한 근접성**: 사람들은 대개 어려움과 곤궁에 처하면 교회의 전문 성직자보다 직장 동료에게 그걸 나누고 싶어 한다. 일터는 전인(몸, 마음, 영혼)을 대상으로 목회적 보살핌을 베풀 기회를 매우 많이 제공하기 때문에, 내 주변의 신학 훈련을 받은 사람 여러 명은, 교회 대신 사업 분야에 뛰어들어 목회 사역을 하고 있다. 교회에서는 그런 사역을 할 시간이 몇 시간에 불과하지만 일터에서는 한 주에 40시간 이상 그렇게 할 수 있다.

내가 제안하고 싶은 바는, 목회 사역을 준비하고 있는 신학생이라면 누구나 '한 학기를 일터에서 보내면서 어떻게 하면 신자들을 전임 사역자로 세울 수 있을지' 배워야 한다는 것이다. 목사도 예외 없이 한 주에 하루는 교인이 일하는 현장에 찾아가 그의 말을 듣고 기도해 주는 일이 필요하다. 신학교에서 가르치는 교수도 매년 두 주간 정도는 회사나 공장에서 시간을 보내야 한다. 신학교는 세상에서 전임 혹은 시간제 사역의 좋은 모범이 되는 사람들을 영입해야 하는데, 그것은 교육이란 본래 본받는 과정이고 학생은 자기 선생을 '닮게' 마련이기 때문이다(눅 6:40). 지역교회는 해외로 출장 가는 교인이 있으면, 몽골로 단기 선교를 떠나는 팀을 위해 기도하듯, 그들을 선교사로 '파송하는' 일이 필요하다. 교회는 간헐적으로나마 평신도를 강단에 세워 사업가나 교사나 변호사로서 하나님의 말씀을 전할 수 있는 기회를 줘야 한다.

내가 앞서 제안한 대로, 일반 교인이 세상에서 하는 일을 기념하고 그들을 파송하는 일을 실행한 모범적 교회가 있다. 캐나다 요크셔에 있는 한 시골 교회는 한 교인을 기념하기 위해 9만 달러를 들여 스테인드글라스 창문을 제작했다. 그 교인은 1836년에 근처 동네에서 태어난 배관공 토마스 크레퍼였다. 일간지 「글로브 앤드 메일」(*The Globe and Mail*)에 따르면, "창문에는 그 교인의 업적을 기리기 위한 일환으로 화장실 변기의 윤곽이 멋지게 새겨져 있었다"고 한다. 크레퍼 씨는 수세식 화장실을 발명한 사람이다.[26]

사업은 교회 개척의 수단이 될 수 있다

직업을 매개로 선교활동을 전개한 역사는 유래가 깊다. 윌리엄 캐리가 등장하기 오래전, 일부에선 이단으로 취급하는 네스토리우스파 그리스도인들이 인도와 중국에 이르는 실크로드를 따라 복음을 들고 동방으로 갔다. 그 파에 속한 쿠르드 조지 람사는 "아시아 깊숙이 연결되는 무역로의 개발과 네스토리우스파 교회의 부흥이 우연히 일치되어, 선교활동의 문을 열어 주었다"고 말한다.[27] 6세기와 7세기에는 이렇듯 상인-선교사들이 실크로드를 주름잡았고 그 길을 따라 줄줄이 네스토리우스파 교회들을 세웠다.

한 가지 중요한 사실은, 근대 선교의 창설자라 불리는 윌리엄 캐리가 국제 무역의 길을 따라 복음이 온 세계에 전파되는 것을 꿈꾸었다는 점이다. 그는 이사야 60:9을 근거 구절로 삼았다.

"곧 섬들이 나를 앙망하고 다시스의 배들이 먼저 이르되 먼 곳에서 네 자손과 그들의 은금을 아울러 싣고 와서 네 하나님 여호와의 이름에 드리려 하며 이스라엘의 거룩한 이에게 드리려 하는 자들이라 이는 내가 너를 영화롭게 하였음이라"[28]

캐리의 눈에는, 우리는 이미 항해사의 나침반을 가졌기 때문에 안전하게 바다를 건널 수 있고 또 장사를 하기 위해 실제로 전 세계를 돌아다님에도, 복음 전파를 위해서 전 세계로 가지 않는 것은 변명의 여지가 없다고 보였다.[29] 소규모의 수출입 장사든 대규모의 다국적 기업이든, 국제무역은 신자들에게 '하나님이 사랑하는 이 세상에서 사람들을 접촉하고 예수님의 좋은 소식을 나눌 수 있는 전례 없는 기회'를 제공한다.[30] 오늘날 공식적인 선교사를 달가워하지 않는 곳곳에서 많은 신자들이 실제로 그러한 사역을 하고 있다. 심지어 후기 기독교 사회인 유럽과 캐나다 같은, 이른바 '열린 나라들'-닫혀 있지는 않아도 실제로 전도하기 힘든 곳—에서도 사업가는 사업을 매개로 교회의 문턱에도 가지 않을 사람들과 접촉할 수 있는 기회를 얻게 된다.

스티브 런들과 톰 스테판은 "과연 세계화(다음 장의 주제)가 사업가들—이들은 교회에서 큰 비중을 차지하지만 가장 활용되고 있지 않는 그룹일 것이다—을 다시 선교 사역에 동참시키는 하나님의 방법이 될 것인가?"[31]라고 묻는다. 그들이 공저한 『대위임령을 수행하는 회사들』(Great Commission Companies)에서는, 그리스도인이 운영하는 회사들은 무심코 그리스도를 전파함으로 대위임령을 순종하는 데 비해 '대위임령을 수행하는 회사들'은 애초부터 '하나님의 선교를 사업의 원동력으로 삼는 회사들'이라고 규정한다. 이런 회사들은 정직성과 양질의 상품으로 좋은 평판을 얻는 데 그치지 않는다. 그들은 아예 선교를 위해 존재하는 회사들이다. 이와 비슷한 접근을 하는 또 다른 책으로, 테츠나오 야마모리와 케네스 엘드레드가 공저한 『킹덤 비지니스』(On Kingdom Business, 예수전도단)가 있다. 경제학자인 런들과 선교학자인 스테판은 '대위임령을 수행하는 회사'를 다음과 같이 정의한다.

> 대위임령을 수행하는 회사는 하나님 나라의 전문인들이 운영하는, 사회적으로 책임감 있으며 일정한 소득을 창출하는 기업으로서, 세계에서 가장 복음화되지 않고 개발되지 않은 지역에서 지역교회의 성장과 배가를 증진하는 회사다.[32]

이 정의에서 우리는 다음과 같은 놀라운 함의들을 끌어낼 수 있다. 첫째, 사람들을 하나님의 가족이 되도록 인도하는 일이 그 사업의 핵심 목적이다. 둘째, 사업 계획과 선교의 목적 사이에 분명한 연계성이 있다. 셋째, 그 사업은 세계적 관점을 갖고 있다. 런들과 스테판은 일부 기독교 회사들에는 '의도적으로 사람들을 전도해야 한다는 자신들의 주장'에 동의하지 않는 지도자들도 있을 것이란 점을 인식한다. 런들과 스테판은 자신들이 세운 기준에 걸맞은, 선교를 위해 존재하는 여러 회사를 인용·분석한다. 실크로드 핸디크래프트 회사, 퓨라 비다 커피, 글로벌 엔지니어링 앤 매니지먼트 솔루션즈, 게이트웨이 텔레커뮤니케이션즈 서비스 등이 그렇다. 그들의 핵심 주장은 "세계화란, 하나님이 그리스도의 온 몸을 하나님의 세계적 계획(선교)에 통합하는 하나님의 계획의 일환"이라는 것이다.[33]

만일 이런 사업들이 전통적 선교사가 접근하기 어렵거나 접근이 불가능한 지역에 그저 존재하기만 하는 데 그치지 않고 (앞의 네 장에서 살펴본 것처럼) 내재적으로 가치 있는 일을 해낼 수만 있다면, 더 폭넓게 뻗어 나갈 수 있을 것으로 생각된다. 오늘날 교회에서 직업적(professional) 기독교 사역과 직업(professional) 선교사를 최고의 소명으로 여기는 풍조가, 칼뱅의 '은밀한 소명' 교리[34]와 중세의 이원론에 의해 보강되고 부추겨졌다는 점은 두말할 나위 없다. 이런 이원론이 미치는 한 가지 부정적 영향은, 오늘날 세계 선교의 미래로 흔히 거론되는 자비량 선교가 접근 제한 나라에 대한 진입 수단으로 수행하는 그 일을 평가절하하는 잘못이다. 항상 그런 것은 아니지만 자비량 선교는 종종 성직주의의 가면을 쓰고 나타난다. 사역이 가장 중요하고 사업이든 영어 강습이든 일 자체는 내재적 가치가 전혀 없는 것으로 간주되고 마는 것이다. 가치가 있다면 단지 부수적 가치인, 접근 가능성만 있을 뿐이다. 따라서 기독교로 회심한 자가 직업적인 기독교 사역에 종사하고 싶어 하는 것은 그리 놀랄 일이 아니다.[35] 그러나 우리가 이미 본 것처럼, 사업이 죄로 얼룩진 경우가 많다 하더라도 그것은 여전히 가치 있는 일이고 이웃을 사랑하는 구체적 방법이다. 이와 연계해 이제 '일터 선교의 또 다른 측면'을 고찰할까 한다.

사회봉사 수단으로서의 기업

이것은 **봉사**(diakonia)의 역할을 일컫는다. 우리가 재능을 발휘하고 공동체를 만들고 물건과 서비스로 이웃을 섬기는 것은, 사실 일터에서 하나님과 그분의 목적을 섬기는 일을 하고 있는 셈이다. 사업은 또한 흔히 이중적 혹은 삼중적 최종선이라 부르는 사회적 책임과 창조세계에 대한 책임도 갖고 있다.

영국의 유명한 화장품 회사 '더바디샵'은 사회적 책임에 헌신하고 사회 감사(監査)를 자청한 최초의 회사 중 하나다. 그 회사는 다음과 같은 총체적 평가 기준을 발표하고 그에 따라 스스로를 평가했다. 동물 실험 반대, 공동체 상거래 지지, 자존감의 활성화, 인권 옹호, 지구 보호 등.[36]

'존슨앤존슨'은 신조의 형식으로 사회적 책임을 천명했는데, 여기에 그 요약본을 게재한다.

우리는 우리의 일차적 책임이 우리 상품과 서비스를 사용하는 의사, 간호사, 환자, 어머니와 아버지, 기타 모든 사람에 대해 있다고 믿는다.⋯우리는 세계 전역에서 우리와 함께 일하는 우리 직원, 남자와 여자들에 대해 책임이 있다.…그들은 직업의 안정성이 보장되어야 한다. 그들은 공정하고 적절한 보상, 깨끗하고 정연하며 안전한 근무 환경이 주어져야 한다. 우리는 직원들이 가정의 책임을 다하게끔 도울 수 있는 방법을 유념해야 한다.…우리는 우리가 몸담고 있는 공동체들과 세계적 공동체에도 책임이 있다.…우리는 환경과 자연 자원을 보호하고…도시환경을 개선해야 하며 건강과 교육을 더 증진시켜야 한다. 마지막으로 우리는 주주들에게 책임이 있다. 기업은 건전한 이윤을 남겨야 한다.…불황을 대비하여 자금을 비축할 필요도 있다. 우리가 이런 원칙에 따라 일할 때, 주주들은 공정한 보상을 얻을 수 있어야 한다."[37]

최근에 제프 임멜트가 회장으로 있는 제너럴일렉트릭은 회사를 최고로 유지하는 데는 네 가지가 필요하다고 했다. 일단 세 가지는 예측이 가능한 것이었다. 실력, 성장 그리고 탁월한 사람들. 그런데 마지막은 예상 밖의 미덕이었다. 이 거대 기업이 설정한 새로운 수준의 책임성에 관해 마르크 건서는 이렇게 논평한다.

"구식 제조업체였던 제너럴일렉트릭은 환경 관련 규정을 하나의 비용이나 부담거리로 여겼었다. 그런데 이제 임멜트는 지구를 깨끗이 하는 데서 성장의 기회를 본다. 그는 제너럴일렉트릭이 세계에서 가장 어려운 이러한 문제들을 다룰 수 있는 장치와 기법을 가진 몇 안 되는 회사로 알려지길 원한다."[38]

공동체 건설 수단으로서의 기업

이것은 **교제와 동반자**(*koinonia*)의 역할이다. 우리는 일터의 이웃을 돌보고 하나님 나라의 현존을 어느 정도 반영하는 회사 문화를 조성함으로 공동체를 건설한다. 인간의 가치를 긍정하고, 그들의 중요성을 인정하고, 재능을 발휘하게 하며, 사랑하는 법을 배우게 하는 상호 의존적인 공동체. 많은 사람은 일터야말로 우리가 앞서 설명한 이유 때문에, 최후에 남은 공동체라고 생각한다. 어떤 이들은 그것을 '회사-성당'이라고까지 이야기할 정도다!

'공동체'라는 단어는 다양한 방식으로 사용된다. 그것은 구체적인 집단(한 지역에 사는 사람들, 종교적 회중, 동료들)을 가리키기도 하고, 관계의 질을 묘사하기도 한다. 예를 들어, 태풍이나 홍수 같은 위기에 처하면 사람들의 관계에 새로운 현상이 일어난다는 것을 잘 알고 있다. 그런 상황에서는 사람들이 체면을 벗어던진 채 장애물을 극복하고 서로서로 돕기 위해 발 벗고 나선다. 그런 과정에서 그들은 놀라운 힘과 관용과 포용심을 발견한다.[39]

공동체 건설을 촉진하는 한 재단은 공동체를 다음과 같이 정의한다.

"공동체란, 다양한 배경(사회적·영적·교육적·인종적·경제적·정치적)을 가졌음에도 서로의 차이를 용납하고 초월할 수 있는 능력을 가진 두 명 이상으로 구성된 집단이다. 그래서 그들은 실질적이고 공공연한 의사소통이 가능하고 공동선으로 규정된 목표를 향하여 다 함께 협력할 수 있게 된다."[40]

그런데 현대 사회와 후기 현대 사회에는 이런 공동체를 방해하는 요소가 한 둘이 아니다. 도시화, 유동성, 위험한 거리, 전문화 현상, 시간 부족, 북반구와 서구에 팽배한 개인주의 등.

피터 모간은 공동체 건설을 도모하고자 기업의 컨설턴트로 일하고 있다. 기업체에서 공동체를 쌓아 올리는 벽돌 역할을 하는 것은 핵심 이데올로기(목적과 가치관), 촉매제 역할을 하는 자들, 이야기들, 의례, 다 함께 보내는 시간 등이며 놀랍게도 갈등도 포함된다고 한다.

한번은 피터 모간이 고품질 인쇄 회사를 자문한 적이 있었다. 맨 먼저 그는 그 시스템에 합류했다(앞 장에서 설명한 것처럼). 초기에 직원들이 장래에 대해 불안감을 갖고 있다는 사실을 발견했다. 문화는 고도로 정치화되어 있었고, 사무직과 육체노동자 사이에 담이 존재했으며, 가치관은 상부에서만 보유하고 있었고 생산성은 보통 수준이었다. 그는 회사 차원과 개인 차원에서 핵심 가치관을 정립하는 일부터 시작해 공동체 건설 작업에 착수했다. 이어서 그 작업을 주도할 팀을 만들었다. 끝으로 리더십 개발 프로그램을 실행했는데, 이 프로그램의 초점을 성품, 지식, 기술에 맞추고 리더들이 달고 다니는 '인습'의 문제를 다루었다. 회사는 가족 행사, 전 직원 대상 훈련, 잦은 표창과 경축 행사를 개최하기 시작했다. 이런 것을 수년 동안 실시한 끝에 '담'이 무너졌고, 정치성도 약화되고, 직원 교체도 최소한으로 줄고, 갈등도 훤히 드러나 좋아진 환경 안으로 들어왔으며, 생산성도 높아졌다. 이것이 바로 일터 선교라는 것이다.

권세와 씨름하는 수단으로서의 기업

이것은 **예언자적**(분별) 역할이다. 우리는 일터에서 횡행하는 불의, 물고 뜯는 경쟁, 근로자에게 회사를 우상처럼 숭배하도록 요구하는 관행, 불의하고 불공평한 보수제도, 세계적 불공정거래 참여 등이 불식되도록 요구함으로써 하나님을 섬길 수 있다. 이런 식으로 우리는 개별적인 악뿐 아니라 계통적인 악, 곧 바울이 '정사와 권세들'이라 부른 것에도 관여할 수 있다. 우리는 또한 역사의 완성과 새 하늘과 새 땅을 가리키며 이 세상에서의 활동에 의미를 부여함으로써 예언자적 역할을 감당하게 된다.

중부 유럽과 동부 유럽에서 소규모 및 중간 규모의 경제 개발 프로그램을 실행하는 단체 가운데 인테그라 파운데이션(Integra Foundation)이라는 중요한 기관이 있다. 익히 알다시피 그들은 정부와 사업계에 만연한 부정부패의 문제에 직면하고 있다. 그들의 주요 프로그램 중 하나는 과거에 공산주의 국가였던 나라들의 투명하고 윤리적인 기업 문화를 창조하기 위해 '부정부패 추방 운동'을 주도하는 것이다. 그런 상황에 대해 『윤리강령과 사회 감사 지침』(*Code of Ethics and Social Audit Manual*)을 공저한 부사드와 마르쿠스와 올레자로바는 이렇게 말한다.

"일부 회사들은 의식적으로 주주들의 권한을 침해하지만 그리 오래 생존하지 못한다.…이미 잘 알려져 있고 또 갈수록 증거 자료가 뚜렷해지는 사실은, 중부 및 동부 유럽에서의 부정부패가 경쟁력을 떨어뜨리고, 외국인 투자를 억제하고, 실업을 영속화하고, 사회에서 가장 취약한 자들에게서 필요한 사회적·공적 서비스를 앗아가고 있다는 점이다."[41]

한편 위의 세 저자들은 "어떤 회사들은 예외적으로 자신들이 더 큰 그림의 일부임을 인식하여 지역사회와 예술, 교육과 공동체 프로젝트에 투자하고 있다"고 말한다. 이런 면에서 그러한 회사들은 '홍보'의 수준을 뛰어넘어 그들의 주주들이 몸담고 있는 지역사회를 위해 선교활동과 봉사활동을 하고 있는 셈이다. 이것이 바로 총체적 선교이다.

그러므로 이것은 '일터가 선교지냐 선교냐' 하는 양자택일의 문제가 아니라 그 둘을 모두 아우르는 것이다.[42] 일터를 '선교지'로 보면 **신앙 공동체**를 세우는 일을 도모하게 되고, 일터를 '선교'로 간주하게 되면 **인간 공동체**를 세우는 일을 도모하게 된다.

스스로를 '죄 많은 자본주의자'라고 천명하는 스티브 브린은 이렇게 묻는다.

> 왜 그리스도인은 아주 까다로운 문제에 몰두하면 안 되는가? 그런 것에서 고개를 돌리는 것이 대부분 얄팍하거나 잘못된 이유 때문은 아닌가? 내가 22년 전에 사업계로 진출한 이래 그리스도는 나에게 현실참여의 모범이 되어 왔다. 수상한 인간들이 즐비하고 복잡한 문제에다 커다란 갈등과 곤궁의 소지가 많은 위험한 현실에 참여하는 면에서 그렇다는 말이다. 그리스도께서 자기를 닮으라고 초대하셨기 때문에 내가 사업계에서 안전한 항구로부터 망망대해로 나갈 수 있었던 것이다.[43]

❖ **토론 문제**

1장에서 소개한 스테파니는 토론토의 큰 교회 목사다. 그녀는 교인 대다수가 전문직 종사자, 대학교수, 사업가라는 사실을 알고 있다. 바로 지난주에 회사 간부로 일하는 교인 한 사람이 자기에게 이런 말을 했다.

"내가 보기에 교회는 사업현장에서 하는 일의 가치를 인정하지 않는 것 같습니다. 내 일에 대해 다른 목적을 위한 수단 정도로밖에는 생각하지 않아요. 즉, 내가 일터에서 전도하고 돈을 잘 벌어 교회에 헌금을 많이 하는 것을 제외하면, 기독교적으로 내 일이 전혀 중요한 의미가 없는 일이라고 여기는 것 같더군요. 그러니까 수단적 가치밖에 없다는 말입니다. 이제까지 내가 하는 사업과 관련해 교회로부터 그 본질적인 가치를 인정받은 적이 한 번도 없었습니다."

1. 그녀는 어떻게 해야 하겠는가? 교인들로 하여금 월요일에서 금요일까지 일터에서 자기 사역을 잘 감당하도록 어떻게 구비시킬 수 있겠는가? 이 장에 제시된 몇 가지 제안을 복습해 보라. 이에 관한 주요 연구서를 소개하면, 로라 나쉬와 스코티 맥레난이 공저한 『일요일에는 교회, 월요일에는 일』(*Church on Sunday, Work on Monday*)이 있다.
2. 교인의 입장에서는 신앙과 일을 통합하기 위해 어떤 노력을 할 수 있을까?

❖ 더 읽을 자료

Bosch, David J. *Transforming Mission: Paradigm Shifts in the Theology of Mission* (Maryknoll, N.Y.: Orbis Books, 1991). 『변화하는선교』(CLC).

Carroll, Vincent, and David Shiflett. *Christianity on Trial: Arguments Against Anti-Religious Bigotry* (San Francisco: Encounter Books, 2002).

Gibson, D. *Avoiding the Tentmaker Trap* (Hamilton, Ont.: WEF International, 1997).

Humphreys, Kent. *Lasting Investment: A Pastor's Guide for Equipping Workplace Leaders to Leave a Spiritual Legacy* (Colorado Springs: NavPress, 2004).

Myers, Bryant. *Walking with the Poor: Principles and practices of Transformational Development* (Maryknoll, N.Y.: Orbis Books, 1999). 『가난한 자와 함께하는 선교』(CLC).

Oliver, E. H. *The Social Achievements of the Christian Church* (Reprinted Vancouver: Regent Publishing, 2003).

Rundle, Steve, and Tom Steffan. *Great Commission Companies: The Emerging Role of Business in Missions* (Downers Grove, Ill.: InterVarsity Press, 2003).

Stark, Rodney. *For the Glory of God: How Montheism Led to Reformations, Science, Witch-Hunts, and the End of Slavery* (Princeton, N.J.: Princeton University Press, 2003).

Yamamori, Tetsunao, and Kenneth A Eldred, eds. *On Kingdom Business: Transforming Missions Through Entrepreneurial Strategies* (Wheaton, Ill.: Crossway, 2003).

6.
세계화는 선한가?

세계화는…서서히 '국가적' 성격을 약화시키고 국경 없는 세계를 만들어 누구나 똑같이 어디에나 속하게 만들긴 했으나 내 집 같은 공동체는 사라지고 있다.
_폴 윌리엄스

우리가 자신 있게 말할 수 있는 것은, 지구상에 있는 60억 인구 모두가 물질적 필요를 충족받고 무중력의 경제로 인해 무제한적인 부에 접근하는 걸 막을 만한 필연적 이유가 없다는 점이다.
_클리브 라이트

요즈음 세계화만큼 뜨거운 논쟁을 불러일으키는 주제가 없는 것 같다. 위에 인용한 인용문들이 시사하듯 사람들은 흔히 두 가지(혹은 그 이상의) 입장을 취하고 있다. 왼편에는 자본주의를 억압적인 제도로 보는 사람들이 있다.[1] 오른편에는 자본주의만이 경제성장, 부의 창조, 정치적 자유를 보장하는 제도라고 주장하는 이들이 있다.[2] 그 중간에는 자본주의를 적당한 선에서는 인정하지만 자본주의의 문화적·정치적 작동 방식에 대해서는 비판적인 입장이 있다.[3] 하지만 아무도 부인할 수 없는 현실은 현재 세계적인 상거래에 관여하는 모든 자에게 닥친 도덕적·영적 도전이다.[4] 그런 현실을 한번 살펴보자.

다국적 기업 엔지니어 톰의 딜레마

아침 일찍 출근하는 게슴츠레한 사람들 틈에 앉은 톰 캠벨은 어젯밤 잠자리에 들 때 기대했던 마음의 평안을 아직 못 찾은 상태였다. 전철이 런던의 북부노선을 따라 힘겨운 듯 미끄러져 내려갈 때, 그는 약간의 미소를 지으며 오늘 자기가 직면한 이 딜레마가 9년 전 부푼 꿈을 안고 18세의 신참으로 직업 세계에 발을 막 들여놓았을 때 접했던 그것과 본질적으로 같다고 생각했다. 그는 하나님이 어쩌면 이번에는 바른 결정을 내리도록 자기에게 또 한 번의 기회를 주시는 게 아닌가, 하고 생각했다. 그런데 지금의 딜레마는 '바른 결정이란 것이 무엇인지' 그리 뚜렷하지 않다는 점이었다.

톰은 고등학교 시절에 고문 엔지니어들로 구성된 명망 있는 회사로부터 고액의 장학금을 받았다. 그 부대조건도 굉장히 관대했다. 그가 대학 가기 전에 일 년간 근무하고 매년 여름 동안 6주간의 인턴 교습을 하면, 대학 4년 동안 6천 파운드(약 1,200만 원) 정도의 장학금이 보장된다는 조건이었다. 근무하는 동안 상당한 봉급을 받는 것은 물론이고 실무경력을 쌓기 위한 절호의 기회임은 말할 것도 없었다. 졸업 후에 그 회사에서 근무해야 할 의무도 없었으므로 톰은 주저하지 않고 선뜻 그 기회를 움켜잡았다.

톰은 회사에 첫 출근한 날 일어난 일은 거의 기억할 수 없었다. 당시에는 모든 게 희미하게 보였다. 그는 여러 사람과 사무실 기자재들을 소개받았다. 또 회사가 현재 하고 있는 일과 장래 계획에 대해 오리엔테이션도 받았다. 자신이 소속될 팀도 만났고, 그들이 하고 있는 일을 소개받고는 깜짝 놀라기도 했다. 그 회사는 고문 엔지니어들로 구성된 큰 회사였는데, 자기와 함께 다른 두 명의 인턴 사원이 산업 프로젝트 부서에 배치를 받았다. 그 프로젝트 팀은 구 소련의 일부였던 우즈베키스탄의 여러 공장을 개조하는 작업을 맡고 있었다. 파산 정도가 다양한 그 공장들은 다국적 기업인 영미 합자 담배회사가 사들여서 현재 개조 작업을 거쳐 기계를 설치하고 그 지역 주민을 대상으로 담배를 생산할 채비를 갖추고 있었다.

그때는 톰의 할아버지가 돌아가신 지 4개월밖에 되지 않은 때였다. 할아버지는 폐암으로 돌아가셨는데, 의사들은 그 직접적 원인을 할아버지가 밴드 리더로 일하던 클럽의 담배 연기로 거의 결론 내렸다. 톰은 자기가 관여하는 이 프로젝트로 인해 장차 다른 사람의 귀한 생명을 앗아가는 일에 간접적으로나마 연루될지 모른다는 생각에 가슴이 움찔했다. 하지만 탈출구는 보이지 않았다. 이미 계약서에 서명한 상태였다. 하나님이 문을 열어 주셔서 이 회사에 들어오게 되었다고 확신하고 있었고, 장차 대학에 다닐 동안 이 장학금을 받지 못하면 빚더미에 올라앉을 게 뻔했다. 당시만 해도 다른 길이 보이지 않아 다소 싫어하는 기색을 하며 그 상황을 수락했고, 일 년 동안 그 팀에 속한 여러 기술자들을 위해 온갖 궂은일을 해 주었다.

그 시절 이후 많은 일이 있었는데, 톰은 최근에 구조 공학자 면허를 받고 그 회사로 돌아와 9년 전 자기가 속했던 산업 프로젝트 부서의 작은 팀을 맡게 되었다. 그는 불과 한 주 전에 대표에게 불려가서 우즈베키스탄의 담배 회사 프로젝트의 두 번째 단계를 입찰로 따내라는 지시를 받았다. 그렇게 하려면 현재의 담배 생산량을 세 배로 늘릴 수 있도록 새로운 생산 공장을 설계하는 일이 필요했다. 톰은 그 프로젝트를 맡는 것이 자기의 리더십을 입증할 수 있는 절호의 기회임을 알고 있었다. 그 사업을 따내면 현재 내리막길을 걷고 있는 회사에도 큰 일거리를 안기게 될 것이었다. 그리고 현지에서도 그 지방의 경제를 일으킬 것은 물론이고, 적어도 150개의 일자리를 만들 수 있었다.

톰은 한 주 내내 이 문제를 붙들고 씨름했다. 자기가 사장의 제안을 거부할 수 있다는 것도 알았다. 회사에는 자기 말고도 입찰경쟁을 이끌 수 있는 유능한 엔지니어가 많았으나, 지난 몇 년 동안 회사로부터 받은 관대한 대우에 일종의 빚진 심정 같은 것이 느껴졌다. 한편으론 그 프로젝트가 이제 막 피어오르기 시작한 우즈베키스탄 경제 부흥에 일조할 것임을 알고 있었지만, 동시에 장차 그 나라 국민의 건강에 해를 끼칠 것임도 의식하고 있었다. 그는 이미 대학 시절에 세계화 반대 데모에 여러 번 참여한 바 있는, 다국적 기업에 별로 우호적이지 않은 사람이었다. 특히 건강에 확실히 해로운 제품을 파는 자들에게는 더더욱 적대적이었다. 톰은 이런 상황에서 '예수님이라면 어떻게 할까?' 하고 여러 번 상상해 보았지만, 그분은 1세기에 팔레스타인에서 살았으므로 이런 상황에서는 자기보다 문제의식을 덜 느꼈을 것이라고 생각하는 데 그치고 말았다.

기차는 벌써 캄덴타운 역에 도착했고, 이제 세 정거장밖에 남지 않았다. 사장은 톰에게 오늘 아침 최종 답변을 듣게 되리라 기대하고 있었다.

하나의 세계에서 일한다는 것

서구에 사는 우리는 아침식사도 미처 끝내기 전에 대여섯 나라에서 온 옷을 걸쳐 입고, 식사를 마칠 때 즈음이면 세계를 한 바퀴 돌게 된다. 이런 세계화 현상은 우리 주변에 즐비하게 널려 있다. 하루면 세계 어디나 갈 수 있는 항공편, 도시화 현상, 세계화된 경제, 국제적인 이직 현상, 정보 시대, 영어라는 매체 등이 그렇다. 슬프게도 또 하나의 표징이 있는데, 바로 폭력의 세계화가 그것이다.[5]

경제와 관련해서는 동경의 주식시장이 가려우면 전 세계가 긁는다는 말이 통용되고 있다. 우리가 다 함께 얽혀 있다는 뜻이다. 나의 동료 돈 루이스는 "세계화란…한 지역의 사건이 멀리 떨어진 지역의 사건에 영향을 주고 또 거꾸로도 영향을 받는 등 서로 동떨어진 위치들을 상호연계해 주는 범세계적 사회관계의 심화 현상이라 할 수 있다"[6]고 말했다. 여기에는 국제적인 개발 기구(UN 개발 프로그램, 세계은행, IMF 등), 무기와 전쟁 테크놀로지, 정보 테크놀로지(케이블 TV와 월드 와이드 웹), 국제적인 대중문화(MTV 같은), 브랜드 상품들, 시장경제의 세계적 지배현상(국가의 통제가 아니라), 재화와 서비스의 세계적 상호 교환 등이 포함된다.

영국의 경제학자이자 기업 자문관인 폴 윌리엄스는 세계화의 동인이 경제에 있다고 확신하면서, "세계화란 여러 시장경제와 정부와 문화가 범세계적 차원에서 갈수록 상호연계성이 깊어지는 과정으로 정의될 수 있다"고 한다.[7] 대다수의 큰 회사는 다국적 사업을 운영하고 있고, 작은 회사라도 원재료나 완제품을 특히 노동력이 싼 나라에서 구입하고 있다. 지구상의 아주 극소수의 나라를 제외하고 자본주의와 자유 시장 제도가 전 세계를 점령했다고 볼 수 있다. 이것이 인간 세계의 모든 영역에 영향을 미쳤다. 최근에 집회 참석차 방콕에 간 적이 있는데, 기대한 대로 태국 문화에 푹 잠기기는커녕 마이클 잭슨의 방문으로 온통 야단법석인 소란만 구경했다.

이러한 세계화는 여러 혜택을 선사했다. 정보 테크놀로지를 작은 나라들에게 이전한 일, 과거에 주로 호구지책으로 농사만 짓던 나라에 농업 이외의 일자리를 마련한 것, 정체현상에 빠졌던 나라에 새로운 산업과 서비스업을 창출한 사례 등. 세계은행의 2003년 조사에 따르면, 지난 10년 동안 세계적으로 가난한 자들의 비율이 29.6퍼센트에서 23.2퍼센트로 줄었다고 한다. 숫자로 환산하면 4억의 인구가 아직 가난에 허덕이곤 있지만 기아 상태에서는 벗어났다는 것이다. 범세계적인 소비자의 구매력은 거의 세 배나 뛰었다. 유아 사망률은 1970년 이래 42퍼센트가 줄었고, 범세계적으로 안전한 식수에 대한 농촌 가정의 접근 비율은 다섯 배나 증가했다.[8]

그러나 반대 측면도 있다. 산업화된 국가들(외주를 주는 바람에)과 개발도상국들 모두 일자리를 잃어버렸다. 생태계 파괴는 대재앙을 몰고 올 가능성이 높아졌다. 만일 전 세계 인구가 서구와 북반구를 좇아 고도의 소비 중심 생활방식을 채택한다면 지구가 셋으로 늘어나야 한다는 점을 주지해야만 한다. 세계화 문화에 직면하여 소규모 인종 집단들은 자기 정체성을 유지하느라 몸부림치고 있으며, 지구 곳곳에서 여러 나라가 발칸화하는(서로 적대시하는 소국들로 분열되는) 현상도 세계화에 따른 정체성 혼란 때문일 가능성이 있다. 어느 인종도 인류 전체에서 소속감을 찾을 수 없기 때문이다. 경제적으로는, 범세계적으로 부가 어느 정도 증대한 건 사실이지만 빈익빈 부익부 현상을 몰고 왔다. 제러미 리프킨은 『노동의 종말』(The End of Work, 민음사)에서 소위 서비스 부문까지 포함하여 테크놀로지로 인한 범세계적 실업현상이 도래할 것으로 내다보고 있다. 그는 "새로 등장한 하이테크 지구촌을 약간만 벗어나도 절대빈곤에 허덕이는 사람들이 늘어나고 있고, 그 가운데 일부는 범죄로 돌아서서 거대한 범죄형 하부문화를 새로이 조성하고 있는 실정이다"[9]라고 말한다. 게다가 제3세계의 빚은 도저히 감당할 수 없는 수준이다.[10]

「뉴욕타임즈」(New York Times)는 세계에서 가장 부유한 세 사람이 갖고 있는 재산이 가장 가난한 48개 나라의 GNP를 합친 것보다 더 많다고 보도했다. 세계에서 가장 부유한 20퍼센트가 모든 재화와 서비스의 86퍼센트를 소비하는 반면, 가장 가난한 20퍼센트는 모든 재화와 서비스의 1.3퍼센트를 소비한다. 미국인과 유럽인은 애완용 동물의 식량비로 170억 달러를 사용하는데, 이는 전 세계 인구에게 기초 건강관리와 필수 영양분을 제공하고도 40억 달러가 남는 액수라고 한다. 미국인이 화장품에 쓰는 돈은 80억 달러로서 이는 전 세계 인구에게 기초 교육을 제공하고도 20억 달러가 남는 액수다.[11]

리젠트 칼리지의 학생이자 금융업자인 존 모로우는 "경제적 통합은…투자를 끌어들이고 수출을 급증시킬 만큼 튼튼하고 다양한 경제기반을 가진 서구의 경제성장률만 증가시키는 경향이 있다"고 한다. 존 에프 케네디는 "밀물이 몰려오면 모든 배가 뜨게 된다"는 유명한 말을 했는데, 모로우는 배가 없는 자들이나 바닥이 새는 배를 가진

자들에게 그것은 불평등만 가중시킬 뿐이라고 조건을 단다.¹²

그러면 누가 혜택을 보는가? 특히 싱가포르를 비롯한 몇몇 나라는 세계화의 덕을 톡톡히 봤다. 하지만 다른 나라들의 경우는 기본적인 서비스업―물·전기·텔레커뮤니케이션―이 외국 회사에 넘어가 버렸다. 결과적으로 그런 나라에서는 다수가 더 가난해지고 소수만 더 부유해지는 게 보통이다. 윌리엄 맥건은 캐나다의 「파이낸셜포스트」(Financial Post)에 기고한 글에서 다음과 같이 말했다.

"서구가 저개발국의 가난에 직접적인 책임은 없지만, 교황이 상거래에 너무나 만연된 세계화 성향―개방성을 빌미로 몰래 속임수를 쓰는 일―을 의문시한 것은 올바르다. 지난 수년 동안 미국이 주장해 온 바는, 가난한 나라들은 미국의 고급 상품에 대해 시장을 개방해야 하고 미국은 개발도상국이 경쟁 가능한 소수의 산업 중 하나인 섬유만 할당량을 유지해야 한다는 것이었다."¹³

궁극적으로 이것은 영적인 문제다. 자본주의의 방향을 잡아 주고 그것을 길들일 수 있을 만큼 강력한 윤리가 우리에게 있는가? 오스 기니스는 "사회주의와 같은 모든 도전자들을 물리친 자본주의는 현재 가장 거대한 도전, 즉 자기 자신에 직면해 있다. 그 이유는 자기가 번창하는 데 필요한 바로 그 미덕을 스스로 삼켜 버리기 때문"¹⁴이라고 말한다. 이미 살펴본 것처럼 개신교 윤리는 그것이 어떻게 이해되든 간에 도덕적·영적 토대를 갖고 있음이 분명하다. 그래서 오스 기니스는 이렇게 말한다.

"본래 억제되지 않은 경제적 충동이 개신교 윤리에 의해 통제되었다. 사람들이 자기 소명에 걸맞게 일했기 때문이다. 그러나 이제는 일과 저축에 대한 도덕적 태도를 포함하여 이런 윤리가 완전히 와해되고 쾌락주의만 남게 되었다."[15]

다른 한편, 서구에서는 경제학과 경영학이 대체로 세속화되었기 때문에 세계화 현상을 신학적으로 이해하는 일이 더욱 중요해졌다.

부의 창조에 대한 기독교적 토대

경제학과 경영학의 세속화 과정이 서구 세계에서는 사실상 완결되었어도, 민주적 자본주의 방식의 부의 창조라는 것이 본래 기독교 문화에서 출현했다는 점을 인식하는 일은 중요하다.[16] 종교개혁 이후 부의 창조가 폭발적으로 일어났으나, 교회는 부의 창조에 대한 윤리적 관점과 조직신학을 제공할 책임에서 서서히 뒤로 물러났다. 이에 관한 대표작이 R. H. 토니의 『종교와 자본주의의 발흥』(*Religion and the Rise of Capitalism*, 한길사)이다. 이 책에서 토니는 그 과정에 대해 아주 부정적 평가를 내린다. 토니는 "그리스도의 교회와 부에 대한 숭배—자본주의 사회의 실질적 종교—는, 교회와 로마제국의 국가 숭배의 관계와 마찬가지로 서로 타협이 불가능한 관계에 놓여 있다."[17] 물론 그리스도인들이 노동과 근면을 긍정하는 개신교 노동 윤리를 논의해 온 것은 사실이지만, 그것이 더 깊은 차원에서 경제학과 윤리적 가르침을 통합하는 일을 대체할 수는 없다.[18] 자본주의에 대한 기독교의 비평은 대체로, 부(富)는 시험거리이고 그것은 제한되어 있으며(모두에게 돌아갈 만큼 충분하지 않다) 부의 창조는 제로섬 게임(한 사람의 부는 곧 다른 사람의 손실)이라는 지적이었다. 이제 우리가 말하는 부의 창조가 무슨 의미인

지부터 알아봐야겠다.

부의 창조란 "필요와 욕구가 채워지는 과정"이라고 클리브 라이트는 정의한다.[19] 우리는 더 많은 필요와 욕구를 파악하고 채워 줌으로써 부를 창조한다. 라이트는 "가치를 더할 수 있는 역량은 인간만이 가진 특징인 것 같다. 욕망의 자극을 받아 우리는 은유적으로 그리고 거의 문자 그대로 금속 찌꺼기를 금으로 만들 능력이 있다. 그것은 하나의 창조 행위다. 아울러 그럴 수 있는 잠재력은 무한한 것 같다"[20]라고 말한다. 사업은 주로 이윤을 남기기 위해서가 아니라, 필요와 욕구를 채워주되 이윤을 남기면서 그렇게 하기 위해 존재한다.[21]

라이트는 부의 창조에 관한 기독교 신학을 나름 제시하고 있는데, 요약하면 이렇다.

- 구약성경은 부를 하나님의 축복으로 보고 부에 대한 경제적 도덕성을 요구하는 등 대체로 부에 대해 긍정적 견해를 갖고 있다. (이 문제는 나중에 희년에 관해 논의할 때 다룰 것이다.)
- 구약성경은 또한 부가 자율성과 자만심을 낳을 위험이 있다고 경고한다(신 8:17-18).
- 예수님이 부를 맘몬으로 숭배하는 것은 경고하지만(마 6:24), 사업의 세계를 부정하지는 않으며 그것을 일상생활의 일부로 수용한다. 그분의 가르침 중 많은 부분이 일터를 배경으로 삼는다.
- 하나님이 우주를 창조하시고 보시기에 좋다고 선언하신 것은 물질세계 자체가 선하며 또 그것을 탐구하고 개발하는 일이 좋다고 긍정하신 것이다.

- 인간은 계속되는 창조 과정에서 담당할 나름의 역할이 있다.
- 하나님이 자기를 닮은 피조물을 창조할 때 선택의 자유(비록 제한된 자유지만)와 창조성을 부여했는데, 이는 부의 창조에 꼭 필요한 속성이다.
- 물론 죄가 부의 창조에 대한 우리의 생각에도 영향을 미치는 게 사실이다. 필요와 욕구를 채우는 것은 욕심과 탐욕으로 쉽게 변질될 수 있다. 또 부의 분배는 불공평하며, 선택의 자유를 제한하지 않고 완전 평등을 이룩할 수 있는 제도는 아직까지 없었다. 자본주의는 민주주의처럼 불완전한 제도들 가운데 최상의 제도일 뿐이다. 윈스턴 처칠은 "민주주의는 최악의 정부 형태다. 단, 이제까지 시험해 본 다른 모든 형태의 정부를 제외하면"이란 말을 한 것으로 유명하다.[22]
- 하나님이 삶의 모든 영역과 전인에 대해 관심을 갖고 계신 점을 고려하면, 부의 창조가 비록 남용되고 빗나갈 수 있다 할지라도, 하나님의 용서와 구속의 대상에 포함된다.
- 구체적으로 우리는 섬김의 소명을 받은 자로되 특히 가난한 자를 돌보고 가난을 퇴치하는 등 가난한 자의 종이 되도록 부름 받았다. 이에 대해 라이트는 "부(富)라는 것은 동료 인간들의 필요와 욕구를 채워 줄 때만 창조된다. 동시에 우리가 가난을 줄일 수 있는 유일한 수단인 부를 창조하기 때문에, 그것이 가난한 자를 섬기는 행위가 되는 셈이다. 여기에는 인간의 현실이 종종 그렇듯 하나의 역설이 있다. 가난을 극복하는 수단으로 탐욕과 같은 의심스런 동기를 끌어들인다는 점이다. 그리스도인의 경우는 탐욕의 동기를 섬김의 동기로 대체함으로써 이 역설을 해결할 수 있다."[23]
- 산업혁명 이전에는 부가 제한되어 있었다. 한 사람이 음식을 먹으면

다른 사람은 굶어야 했다. 그러나 산업혁명을 통해 변화가 일어난 이래, 물건을 생산할 수 있는 인간의 역량이 급증하면서 부의 창조는 제로섬 게임에서 벗어났다. 특히 새로 등장한 '무중력의 경제'에서 테크놀로지의 사용으로 인해 더욱 그렇게 되었다. 하지만 안타까운 사실은 모든 인류에게 물건을 효과적으로 분배할 수 있는 능력이 아직 생산 능력을 따라잡지 못했다는 점이다.[24]

따라서 부의 창조가 세속화되는 과정은 기독교의 핵심 교리 등 기독교 사상으로 형성된 문화에서 발생했다고 볼 수 있다. 라이트는 그 교리들을 열거하며 이렇게 말한다.

개인의 자율성과 자기결정에 대한 책임성, 이 세상의 물질적 조건들은 고정된 게 아니라 생활수준을 높이는 방향으로 그 형태를 만들 수 있다는 의식, 각 사람이 가진 창조적 본능과 그 본능의 개발 가능성, 공동체의 구성원 각자가 다른 지체들을 섬겨야 한다고 생각하는 의무감. 세속화는 이런 개념들을 제거한 게 아니라 경제제도에 통합시킨다.[25]

그러므로 부의 창조 자체는 선한 인간 활동이다. 하지만 그것은 하나님의 커다란 목적의 일부이기도 하다.

하나님의 세계적 계획

하나님은 세계적인 선교 계획을 갖고 계신다. 애초에 그분이 아담과 하와에게 주신 명령은 "땅에 충만하라"였다. 그들은 성소 같은 동산(에덴)을 세계로 확장하도록 되어 있었다. 그런데 죄를 짓고 동산에서 쫓겨났다. 그 후 창세기 11장에 나온 것처럼, 시날 사람들이 하늘까지 올라가 자신들의 자율적이고 획일적인 문화(언어가 하나밖에 없었으므로)를 공고히 하려고 탑을 쌓았다. 그래서 하나님이 내려오셔서 물리적으로 또 문화적으로 그들을 흩어 버렸다. 이 행위는 심판의 성격(그들 스스로 만든 자율적 세계와 생활방식에 대한 정죄)과 성취의 성격(땅에 충만하게 되도록 강제로 흩음으로써)을 모두 갖고 있다.

그런데 충만해진다는 것은 시날 사람처럼 획일적이 되는 것을 의미하지 않는다. 그 이유는 우리 모습의 원형인 하나님과 관련이 있다. 하나님은 서로 융합됨이 없이 상호관계를 맺고 있는 삼위일체적 존재다. 이를 그리스어로는 **페리코레시스**(perichoresis)라 부른다. 이는 상호활성화, 상호침투를 의미하며, '한 하나님'의 밋밋한 동질화가 아니라 각자가 타자를, 모두가 전체를 위하는 아버지와 아들과 성령의 풍성한 공동체를 가리킨다. 달라스 윌라드는 이렇게 말한다.

"궁극적 실재는 지나치게 '통일되어' 여럿이 될 수 없고 지나치게 '다양하여' 하나가 될 수 없는 인격 상호간의 연합이다."[26]

하나님은 사람을 이원적으로(남자와 여자) 만드셨다. 여기에는 인간의 삶은 밋밋한 획일성이 아니며, 다양한 문화·생활방식·언어를 창조하여 풍성한 공동의 인류를 만들라는 하나님의 소명이 담겨 있다. 바로 이 사명, '모든 나라를 축복하는 일'을 위해 아브라함을 비롯하여 예수 그리스도를 믿는 모든 아브라함의 자손들이 부름을 받은 것이다. 하나님의 세계 선교에 반하는 것이 바벨탑이다. 세계 선교의 원형은 오순절인데, 바울은 그처럼 다양성을 통한 통일성이 이루어질 것을 비전으로 삼고 사도직을 감당하며 많은 교회와 형제자매들에게 편지를 썼던 것이다. 이 선교가 완성된 모습이 새 예루살렘이다. 온갖 부족·민족·언어·문화를 가진 이질적 성격의 국제적이고 범인종적인 공동체, 하나님과 어린양 예수의 보좌 둘레에서 서로 녹아서 뒤섞여 버리는 융합됨 없이 '삼위일체적으로' 통합된 그 공동체 말이다.

오늘날 우리가 경험하는 세계화는, 모든 이들이 역사상 최초로 지구촌에 살고 있는 시대인데도 아이러니컬하게 더 작은 인종적·민족적 집단에서 정체성을 찾도록 강요하는 동질화의 성격을 띠고 있다. 이와 동시에, 현재 새로 떠오르는 세계 경제 체제 안에서 국가 간에 문화와 특산물이 활발하게 오가며 옛날 교부들이 그리스도의 몸의 지체들—팔·눈·입·다리 등—로 비유했던 다양성을 통한 통일성이 이루어지고 있다. 진심으로 "나에게는 네가 필요하다"고 말할 수 있는 그런 관계 말이다. 마이클 노박은 이렇게 말한다.

"상업은, 가톨릭교회의 여러 동방 교부들—특히 성 크리소스토무스—이 썼듯이, 민족들 간의 물질적 유대 관계로서 인류의 하나 됨을 상징적으로나마 보여 주는 것이다. 혹은 그가 감히 신비적 언어로 표현했듯이, '그리스도의 신비적 몸'을 물질적 상징으로 보여 주는 것이다."[27]

여기에 담긴 한 가지 함의는 세계 무역이 실질적으로 세계 평화에 기여할 수 있다는 점이다. 경제학자 로버트 리처드는 이렇게 말한다.

"오늘 당신이 아무리 기괴하고 터무니없는 생각을 하더라도, 일본이 진주만을 다시 폭격하는 모습을 상상이라도 할 수 있겠는가? 물론 그럴 수 없다. 그런 질문을 던지는 것 자체가 넌센스로 보이는 이유는 단 한 가지다. 그것은 자기네 물건을 가장 잘 사 주는 고객에게 전쟁을 선포하는 셈이기 때문이다. 전형적인 일본 가정의 행복은 미국의 복리와 직결되어 있고 거꾸로도 마찬가지다."[28]

그런데 내가 말한 것처럼, 구약성경과 신약성경에는 부의 창조에 관한 도덕적 교정책이 포함되어 있다.

희년

앞서 언급한 바 있는 폴 윌리엄스는 다음과 같은 확신을 갖고 있다.

"나는 기독교 특유의 경제학이 있다고 생각하는데, 이는 하나님의 관계적 속성과 성경의 계시에 뿌리박은 것으로서, 현대 사회에도 적용될 수 있는 내용이다. 성경에 나타난 것처럼, 시장의 작동을 좌우하는 관계상의 목적들이 사회의 사회경제적 조직에 필요한 기독교적 패러다임을 제공하는데, 이는 현재 나와 있는 자본주의 우파나 좌파의 그것과는 다른 것이다."[29]

이런 기독교적 경제학은 무엇보다 레위기 25장에 나온 구약의 희년 제도, 사회적·경제적 정의를 촉구한 예언자들의 메시지, 누가복음 4:18-19에 나온 예수님의 메시아 취임 설교에서 선포한 희년의 성취, 새 하늘과 새 땅에서 완성될 하나님 나라의 비전(계 21-22장) 등에 기초를 두고 있다. 이 구약 제도 안에서 그리스도가 오심으로 시작될 새 언약 하에서의 삶의 패러다임을 볼 수 있어야 한다. 그래서 크리스 라이트가 주장하듯, "패러다임들은 고대 이스라엘의 관행을 오늘날 그대로 옮길 것을 요구하지 않으면서 우리에게 어떤 목적들을 제공해 준다"[30]고 할 수 있다.

예언자들은 이스라엘이 하나님과의 친밀한 관계를 저버리고 우상과 이방의 신들 혹은 다른 나라들을 신뢰했다고 지적했다. 또 하나님의 법을 좇아 사는 데 실패해 모범적인 나라가 되는 것도 불가능해졌다고 했다. 그것은 구체적으로 불의한 법령, 가난한 자의 억압, 부정부패의 관행으로 드러났다.[31] 예언자들은 다음과 같은 여러 문제를 거론했다.

- 가난한 자의 억압.
- 유통구조의 조작: 이는 '정확한 저울과 계량'에 관한 진술의 진정한 관심사로서 불공정한 가격의 문제가 아니라 믿을 만하고 공정한 유통구조를 가리킨다.
- 타작마당에서 주운 곡식을 파는 행위.
- 소수가 땅을 축적하는 행위(사 5:8, "가옥에 가옥을 이으며 전토에 전토를 더하여").
- 사람에게서 집과 유산을 빼앗는 행위(미 2:2).

에스겔은 희년의 갱신을 그 나라의 영광을 되찾는 한 모습으로 보았다(46:16-18). 특히 레위기 25장의 희년 제도는 교회뿐 아니라 전 세계에 필요한 경제 체제의 패러다임을 제공한다.[32] 그 핵심 규정은 다음과 같다.

- 하나님은 땅을 가정들에게 위탁하되 그들은 땅을 소유하는 게 아니다. 소유주는 하나님이시다. 즉, 경제적 시련이 닥쳐도 그 땅의 소산을 먹을 수 있다.
- 만일 땅을 '팔아야' 할 경우라면, 팔 수 있는 것은 임차권(다음 희년까지 남은 햇수에 의거한)에 한정되며 그것도 결국에는 원래 땅을 소유했던 가정에게 되돌아가야 한다.
- 빚에 빠진 자나 임금 근로자로 전락한 자들도 결국 해방되어 자기 자산을 되찾게 된다.

윌리엄스는 "이런 규정들은 수요와 공급의 법칙을 포기하거나 희년에 땅을 박탈당한 자들에게 경제적 손실을 떠맡기는 것과는 거리가 멀고, 사실상 완전히 투명한 임차권 시장을 조성한다"[33]고 말한다. 그는 이 본문이 수요와 공급의 법칙을 포기하는 것을 의미한다고 주장하는 로날드 사이더를 비판하고 있는 것이다. 그와 달리 윌리엄스는 "동시에 이 본문은, 하나님이 토지의 소유권자이시기 때문에 땅에서의 자유 소유권 시장을 금한다.…근본적으로 희년의 법이 방지하는 것은, 소수의 부자 농부들의 토지 소유권 축적과 이스라엘의 한 가정이라도 영구히 경제적·사회적 기반을 잃어버리는 일이다."[34]

이를 극적으로 보여 주는 예가 슬로브핫의 딸들에게 자기 지파 안에서만 결혼하도록 한 규정이다(민 36:1-12).

이런 규정들의 역할은 무엇인가? 첫째, 이스라엘이 대가족 중심으로 살 수 있도록 보장했다. 둘째, 이자를 금하고 한 가정과 그 땅의 영구적 분리를 방지함으로써 경제적 불공평을 제한했다. 셋째, 이자 금지로 친족 바깥에 빌려 주는 것을 억제했다. 윌리엄스는 말한다.

"잉여 자본을 가진 자는 친족 외에 돈을 빌려 줄 만한 경제적 동기가 없었다. 그 이유는 첫째, 아무런 이익을 기대할 수 없고 둘째, 빚이 탕감되는 해에는 자본금마저 몽땅 잃을 위험이 있었기 때문이다."[35]

반면에 로날드 사이더는 세금 제도를 통해 국가가 재가하는 부의 양도를 옹호하면서, 그런 혜택을 받는 자들은 결국 국가에 의해 강요된 기부금을 받는 셈이라고 한다. 이에 대해 윌리엄스는 그 점이 부자가 일하는 것을 억제하는 결과도 낳을 것이라고 지적한다.[36]

자본주의의 핵심 가정은 선택의 경제학이다. 개인들은 효용을 극대화하기 위해 선택을 최적화한다. 이런 일이 일어나려면 노동과 자본을 사고파는 자유 시장과 자유 무역이 반드시 확보되어야 한다. 이런 자본주의와는 달리, 구약의 경제 규정(이런 면에서 이스라엘은 모든 나라의 모범이 되어야 했다)은 하나님의 궁극적 소유권, 대가족과 생산수단 간의 강한 결속, 빚에 대한 이자 금지를 통한 공동체와 친족관계의 강화(친족 바깥에 빌려 줘도 얻을 게 없다면 그렇게 할 동기가 유발되지 않으므로), 경제적 난관을 겪은 자들에 대한 해방과 새 출발을 보장하는 규정 등에 토대를 두고 있었다. 구약의 경제 규정은 기본적으로 관계 중심적이고 공동체적인 성격을 갖고 있었다.[37]

더 나아가, 윌리엄스는 성경적 경제학이 청지기직에 기초를 두고 있다고 주장한다. 그는 성경적 경제학을 현재 북반구와 서구에 지배적인 자본주의 모델과 대조한다. 경제적 활동은 열매를 맺고 창조세계를 돌보고 하나님 중심의 문화를 지지해야 마땅하다. 그러나 오늘날 서구 자본주의는 부의 극대화를 목표로 삼은 나머지 사회적 비용과 환

경적 비용을 갈수록 높이고 있다.[38]

성경적 경제학은 평화로운 관계를 지향하는데 반해, 자본주의는 개인의 자유를 중시한다. 전자는 전체의 유익을 추구하는데 비해, 후자는 개인의 효용을 중시한 결과 탐욕과 부의 숭배를 정당화한다. 현대 자본주의는 부의 창출을 극대화할 목적으로 자본의 완전한 유동성을 강조하는데 비해, 성경은 특히 사회적 관계와 안정을 극대화하기 위해 자본의 유동성을 제한한다(여기에는 노동의 유동성을 어느 정도 억제하는 것도 포함된다). 더 근본적인 차원에서, 현대 자본주의는 개인의 자유를 공동체의 결속보다 더 우위에 두는데 비해, 성경은 친족의 자유를 확보할 목적으로 개인의 자유(가령 결혼의 대상)와 부의 창출 같은 요소들을 기꺼이 희생하려 한다.[39]

그러면 희년 제도가 지역 경제와 세계 경제에 직접 적용될 수 있는가? 윌리엄스는 세 영역에서 그럴 수 있다고 주장한다. 첫째, 희년은 땅의 소유권에 대해 문제를 제기한다. 그는 "전반적으로 현대의 법률은 가족과 공동체와 장소 사이의 장기적 관계를 약화시키는 경향이 있다.…유산 관련 법의 개혁과 가족 신탁의 실행이 이런 면에서 도움이 될 것이다"[40]라고 말한다. 둘째, 희년이 규정하는 이자 금지도 오늘날 적용될 수 있다. 윌리엄스는 지역 신용조합과 지방 은행이 지역 주민의 저축을 확보해 그 지역 프로젝트에 투자하는 방안을 제안한다. 셋째, 희년은 대가족 중심을 옹호한다. 서구 경제는 대체로 대가족의 역할을 약화시키고 "(복지를 제공하는 자로서) 국가, (경제활동의 맥락으로서) 회사, (충성의 주요 근원으로서) 핵가족, (사회의 기초 단위로서) 개인 등을 선호한다."[41]

그런데 이런 노선을 따라 경제를 운영하고 사업계를 변혁하려는 노력은 지역적 차원이든 세계적 차원이든 저항에 직면할 수밖에 없다.

권세들

성경에 나오는 '권세들'(powers), '정사들'(principalities), '보좌들'(thrones), '주관자들'(authorities)과 같은 용어는 지금 여기에서 우리의 삶에 심대한 영향을 미치는 일련의 실재들을 일컫는 말이다. 이 단어들은 주로 바울의 편지에 등장한다. 거기에는 사회구조, 경제제도(자본주의와 같은), 이데올로기, 사법제도, 정부체제 같은 '가시적인' 것들과 하나님 나라에 저항하는 영적인 세력과 존재—죽음·맘몬·악마·사탄 등—들 같은 '비가시적인' 것들이 모두 포함된다. 놀랍게도 이 세력들은 본래 하나님에 의해 그리고 하나님을 위해 창조되었다. 선한 존재로 또 우리의 유익을 위해 만들어졌다는 말이다(골 1:15-17). 우리는 질서정연한 우주—카오스가 아니라 코스모스—에 살게끔 되어 있었다. 권세들은 혼돈을 억제하는 둑과 같은 것이다. 그런데 그 권세들이 사탄의 식민지가 되었다. 그래서 독자적인 존재가 되었으며, 신과 같은 영향을 미치는 저항세력이 된 것이다.

그러나 골로새서 2:13-15에 따르면, 그리스도께서 십자가에서 죽고 부활했을 때 그 권세들에게 세 가지 조치를 취하셨다. 첫째, 그들을 무장 해제시켰다. 둘째, 그들이 허세를 부리고 있고 그 힘이 하잘 것 없음을 보여 주었다. 셋째, 그들을 누르고 승리하였다. 그들이 우리에게 여전히 영향력을 행사하고 있지만, 본질적으로 호적수를 만나 이미 패배한 상태다. 어떤 저자는 그들을 쇠고랑에 묶인 짐승들이 발버둥치며 죽어 가는 모습으로 그렸다.[42]

자본주의와 세계화는 권세들이다. 이와 더불어, 세상에서 일하는 이들이 마주치는 다른 저항세력들도 있다. 탐욕, 물고 뜯는 경쟁, 불의한 관행, 계통적인 실업 문제, 노동착취, 그리고 때때로 부딪히는 사탄의 세력 등이 그것이다. 맥스 스택하우스는 영혼을 사로잡는 권세의 힘에 관해 이렇게 말한다.

"정말로 강력한 권세들은 비인격적인 역학이나 중력과 같이 도덕적 혹은 영적으로 중립적인 세력이 아니다. 그것들은 사람의 영혼을 사로잡고 대중의 생각을 좌우한다. 또 어떤 풍조를 조성하고 습관과 관습 그리고 사람이나 집단이 상상하거나 진력할 수 있는 어떤 제도들과 인생 계획 등을 형성한다."[43]

그러면 우리는 그것들에 어떻게 대처해야 하는가? 역사적으로 교회는 자체의 형이상학적 설명에 따라 네 가지 방식으로 대처해 왔다. 귀신의 문제로 보일 때에는 중보기도를 하며 귀신을 쫓아내는 것이 필요하다. 사탄에게 점령당한 구조의 문제로 보일 때에는, 재세례파와 메노나이트가 하듯이 무력하게 고난당하는 편을 택하는 것이다. 문제가 깨어지고 타락한 악한 구조일 경우에는, 하나님의 섭정으로 거기에 들어가 정치·사업·경제·정부·미디어 등의 영역에서 변화를 일으켜야 한다. 그런데 그 악한 구조를 고치는 게 도무지 불가능하다고 평가되면(마르크스주의의 자본주의 분석이 그렇듯이), 의로운 혁명을 일으켜 구조 자체를 바꾸어야 할 것이다.

세계화는 하나의 권세여서, 권세들과 싸울 때 동원되는 모든 전략

(기도, 무력하게 고난당함, 변혁적 참여, 구조 교체 등)을 구사해야 구속될 수 있는 것이다. 맥스 스택하우스는 '하나님이 세계화 속에 계시는가?' 라는 질문을 받고 긍정적인 동시에 부정적인 대답을 했다고 한다. 그렇다, 하나님은 세계화 속에 계신다. 만일 그렇지 않다면 서로 으르렁거릴 국가들을 무역과 사업 관계로 서로 묶어 주고 계시니 말이다. 또 하나님은, 어떤 나라들이 부를 증대하고 가난에서 벗어나도록 도와주고 계신다. 맥스 스택하우스는 하나님의 섭리가 세계화 과정에 임하고 있다고, 그리고 세계화의 배후에 있는 사회문화적 세력들이 기독교의 신학적 윤리의 영향을 받은 사회에서 형성되었다고 주장한다. 따라서 기독교에게 대체로 책임이 있다는 것이다![44] 동시에 하나님은 세계화 속에 계시지 않는다고 한다. 세계화는 부유한 북반구와 서구에 대한 의존도와 빚을 증대시키고, 노동착취 공장에서 사람들을 비인간화하며, 지구를 돌보는 청지기가 아니라 지구를 유린하고 있기 때문이다.

세계화는 하나님의 나라인가? 아니다. 하지만 우리가 세계 경제 체제 속에서 하나님 나라의 일꾼으로 일할 수 있는가? 물론이다. 세계화는 새 예루살렘을 바라보며 일하고 전진할 수 있는 하나의 기회인가? 그렇다. 단, 우리가 변혁을 도모하고 서로 교제를 나누고, 예언자적 분별력을 갖고 복음을 선포하면서 일해야만 가능하다. 스택하우스는 말한다.

"그리스도는 하나님의 자비로운 손길로서 하나님의 목적을 위해 이런 정사들과 권세들과 주관자들을 하나님의 법 아래 데려오고 있으며…모든 신자는 하나님의 영광을 위해 화목케 하는 일꾼으로 부름을 받았다."[45]

경제적 세계화는 위험과 약속을 동시에 안고 있다. 그리스도인들은 교회 강단에서 거의 다루어지지 않는 이 현상을 잘 **이해할** 필요가 있다.[46] 그리스도인은 **부의 창조에 대한 신학을 정립해야** 하고, 필요와 욕구를 창출하고 채워 주는 것과 관련해 하나님의 목적과 약속이 무엇인지를 이해해야 한다. 그리스도인은 전심으로 경제 질서에 **참여하는 데서 움츠러들어서는** 안 된다. 다국적 기업에 온갖 문제가 있지만 바로 거기가 '변화를 일으킬 수' 있는 현장이기 때문이다. 근대 초반에 윌리엄 캐리가 복음이 사방으로 전파되는 모습을 비전으로 품었듯이, 오늘날의 그리스도인도 (앞 장에서 보았던 것처럼) 세계 무역의 확장을 통해 **하나님 나라가 놀랄 정도로 확장되는 모습**을 믿음의 눈으로 볼 수 있어야 한다. 끝으로, 그리스도인은 **가난한 자를 돌보는 일에 앞장서야** 한다. 특히 주로 소규모 및 중간 규모의 경제 개발을 통해 그들에게 부를 창조할 수 있는 수단을 제공함으로써 그렇게 해야 한다.[47] 다국적 기업들에서 일한 경력이 있는 스위스의 기업가 랄프 맥콜은 유럽을 '가난한 인종 집단'으로, 다국적 기업을 '미전도 종족'으로 분류해도 무방하다고 한다.

❖ **토론 문제**

톰 캠벨이 당면한 딜레마에 관해 생각해 보라.

1. 톰이 사장의 제안에 대해 곰곰이 생각할 때 무슨 생각과 느낌이 들었겠는가?

2. 그는 무슨 '권세들'과 씨름하고 있는가?
3. 만일 그것을 수락한다면, 그가 적극적으로 펼칠 수 있는 선교로는 어떤 것들이 있겠는가?
4. 어느 쪽이든 그의 결정으로 인해 영향을 받게 될 사람(들)은 누구인가?
5. 그가 결정을 내리는 과정에서 누구로부터 조언과 지원을 받을 수 있겠는가?
6. 흔히들 "실보다 득이 많은 쪽"을 택한다고 하는데, 이런 논리가 톰의 경우에도 그 일을 계속할 충분한 이유가 될 수 있겠는가?
7. 톰이, 자기 회사와 우즈베키스탄의 고객이 모든 면을 고려하는 인도주의적 방향으로 나갈 수 있도록 어떻게 영향을 미칠 수 있겠는가?

❖ 더 읽을 자료

Friedman, Thomas L. *The Lexus and the Olive Tree* (New York: Farrar, Straus, and Giroux, 1999). 『렉서스와 올리브 나무』(창해).

Gay, Craig. *With Liberty and Justice for Whom? The Recent Evangelical Debate over Capitalism* (Grand Rapids: Eerdmans, 1991).

Richards, Robert. *God and Business: Christianity's Case for Capitalism* (Fairfax, Va.: Xulon Press, 2002).

Rifkin, Jeremy. *The End of Work: The Decline of the Global Work-Force and the Dawn of the Post-Market Era* (London: Penguin, 2000).

『노동의 종말』(민음사).

Stackhouse, Max. Tim Dearborn, and Scott Paeth, eds. *The Local Church in a Global Era: Reflections for a New Century* (Grand Rapids: Eerdmans, 2000).

Yoder, John Howard. *The Politics of Jesus* (Grand Rapids: Eerdmans, 1972). 『예수의 정치학』(IVP).

2부 동기

일터 영성을 정립하기 위하여

7.
깊은 데로 가라

사막에 살지 않는 자는 일터에서도 살아낼 능력이 없다.
_흄 대주교

누군가 압바 안토니(동부 수도원운동의 창설자)에게 "하나님을 기쁘시게 하려면 무엇을 해야 합니까?" 하고 물었다. 나이 많은 수도사가 이렇게 대답했다.
"세 가지에 주목하여라. 네가 누구든, 무엇을 하든, 언제나 하나님을 네 눈앞에 모셔라. 그 일을 성경의 증언에 따라 하여라. 네가 어디에 살든, 그곳을 쉽게 떠나지 말아라."
_사막 교부들의 글 모음

이제 신학에서 영성으로, 의미에서 동기로 눈을 돌려 보자. 최근 영성을 많이 거론한다. 그런데 그것은 흔히 내면에 있는 신적인 그 무엇을 추구함을 의미한다. 그래서 우리의 손과 정신과 마음 그리고 영을 사용하도록 고무하는 책과 세미나가 홍수처럼 범람하고 있다. 개인적으로 나는, 일을 하고 있는 인간이 생각하는 기계나 가슴 없는 컴퓨터에 불과한 게 아니라 영을 가진 인격으로 인식되는 현상을 환영한다. 우리가 일하러 갈 때 몸과 정신과 영을 모두 가져가기 때문이다. 이 밖에도 우리가 사업의 영성을 탐구해야 할 더 중요한 이유가 있다.

바쁘지만 깊지 않은 모습

사업은 스트레스가 많은 일이다. 스트레스의 원인은 어렵지 않게 찾을 수 있다. 주로 사업 세계에서 일어나는 변화들 때문이다. 때로는 매주 일어나는 패러다임의 전환, 테크놀로지, 일터와 가정에서 겪는 관계의 문제, 일주일 내내 하루 24시간 일이 계속되는 경우, 정치적으로 바른 노선을 따르게 하고 소송에 걸릴까 노심초사하게 만드는 문화적 변동, 세계 경제의 압력 등. 그러나 무엇보다 가장 치명적인 원인은 우리를 정신없이 바쁘게 만드는 내면의 충동이다. 영어로 사업(business)이란 단어와 바쁨(busy-ness)이란 단어가 비슷한 것도 우연이 아닐 것이다.

'바쁜' 사람의 증상은 너무나 쉽게 눈에 띈다. 그들은 언제나 강박감에 사로잡혀 살아간다. 친구를 위한 시간도 없고, 안식일을 지키는 데 너무 신경을 쓰고, 쉬거나 아무 일도 하지 않고 있으면 죄책감을 느끼고, 일정표에 빈칸이 없을 정도로 꽉 채워 넣는다. 항상 약속이 너무 많다. 전도서에는 그것을 잘 묘사하고 있다.

"온갖 노력과 성취는 바로 사람끼리 갖는 경쟁심에서 비롯되는 것임을 나는 깨달았다"(4:4, 새번역).

이처럼 강박적으로 돈을 좇는 사람에 대해 데렉 키드너는 다음과 같이 말한다.

"그는 단순한 욕망과 끝없이 그 욕망을 채우는 일에 굴복한 사람이다.…그런 사람은 배우자와 자녀가 있어도 그들을 위해 낼 시간이 거의 없을 것이며, 자기 마음은 딴 데—자기 프로젝트—에 있어도 자기는 가족의 유익을 위해 땀 흘리고 있다고 확신한다."[1]

레이싱 스트롤러즈 회사의 공동 창업자요 회장인 메리 배슬러는 "결혼의 죽음"이란 글에서 "내가 결혼 관계보다 사업을 선택한 중요한 순간이 있었다"고 말한다. 또 그녀는 과거를 돌아보며 "강박관념에 사로잡힌 사람이 어떻게 그렇지 않은 사람과 평화롭게 살겠는가?"라고 말한다.[2]

그토록 바쁘게 사는 이유 중 하나는 무언가를 성취해서 남의 인정을 받고 싶기 때문이다. 하지만 본인은 자기 속에 깊이 뿌리박힌 이런 부정적 동기를 인식하지 못하는 경우가 많다. 자기를 잘 모르는 것이다. 사업, 정치, 교회 등 여러 분야에는 자신으로부터 도피하려고 애쓰는 지도자가 많이 있다. 그들은 심리학자 에리히 프롬이 '시장 지향적'이라 부른 성향을 갖고 있다. 그들은 인정의 표시를 사기 위해 스스로를 파는 사람들인 셈이다.

그런 사람은 다음과 같은 질문을 스스로에게 던져 보아야 한다.

왜 나는 비판에 그토록 민감한가? 왜 나는 일정표를 빈칸 없이 꽉 채워야 한다고 생각하는가? 왜 나는 장소, 지위, 사역을 포기하는 것이 무척 어려운가? 왜 나는 그토록 경쟁적인가? 내가 성공하는 것이 왜 그토록 중요한가? 왜 나는 타인의 고통을 경감시켜 줄 수 없는가? 왜 나는 홀로 있는 것을 두려워하고 늘 사람들이 필요한가? 왜 나는 그토록 불만족스러운가? 왜 나는 남을 통제하고픈 마음이 드는가? 왜 나는 그토록 바쁜가? 왜 나는 인간관계를 다 태워 버리는가? 왜 나는 때때로 동기가 유발되지 않는가?

기독교 영성

기독교 영성이 그리스도의 제자들에게는 하나의 생활방식이다. 그것은 하나님의 계시된 말씀에 뿌리박고, 공동체에 근거를 두고, 교회의 풍부한 전통의 조명을 받아 삶에서 하나님을 체험하는 일이다. 그것은 단지 경건과 기도에만 국한되지 않으며 삶의 모든 영역과 관련이 있다. 또 개인과 집단, 교회와 세상, 내면과 외면, 하나님과의 개인적 관계 및 세상에서의 정의와 모두 연계되어 있다. 더 나아가 기독교 영성은 성경적이고 삼위일체적이다.

성경적 영성의 특징은 마치 우리가 코닥 필름의 투명판을 통해 보듯 생활·이슈·상황·장소 등을 **통해** 하나님이 침입하시는 모습을 보는 것이다. 성경을 펼치면 세상에서 일하시는 하나님이 보인다. 아니, 더 나아가 성경이 우리를 '읽는다.' 우리가 누구인지 일러주고, 우리가 하고 있는 일이 무엇인지 밝혀 준다. 유진 피터슨은 이렇게 말한다.

"'성경적'이란 말은 인간의 작고 답답한 '어림짐작'의 세계와 대조되는 하나님의 크고 광대한 계시의 세계를 지향하고 그 속에 푹 잠기는 것을 뜻한다."[3]

온전한 기독교 영성은 또한 삼위일체적이다. 이는 우리의 삶의 체험이 삼위 하나님—아버지·아들·성령—과 관련이 있다는 말이다. 삼위일체적 영성은 다섯 차원을 갖고 있다.

첫째, 삼위일체적 영성은 우리의 교제와 공동체가 다른 구도자와 제자들과만 공유하는 게 아님을 의미한다. 우리는 사실상 아버지와 아들과 성령 사이의 사랑의 교제와 삶 속으로 인도되었다(요일 1:3). 이에 대해 토마스 토렌스가 아주 훌륭하게 설명한다.

"거룩한 삼위일체의 교리는 하나님을 아는 지식의 기본 문법이다.…하나님은 성육신으로 스스로를 열어 보이시되, 우리가 하나님의 내적인 관계들을 통해 그분을 알도록 그리고 아버지와 아들과 성령의 신적인 삶을 통해 그분과 교통할 수 있게끔 자기를 계시하셨다."[4]

둘째, 삼위일체적 영성은 우리가 알고 있는 그 하나님은 멀리 하늘에 계시지 않고 거룩한 장소와 시간뿐 아니라 일상생활의 씨줄과 날줄 속에도 내재하는 분임을 의미한다. 예수를 통한 하나님의 성육신과 성령의 권능에 찬 임재는 가장 사소한 상거래 상황에서도 하나님이 우리와 함께하심을 뜻한다.

셋째, 삶을 통한 하나님 체험은 아버지와 아들과 성령의 융합이 아니라 상호침투와 같은 것이다. 앞에서도 말했듯, 이것을 그리스어로는 **페리코레시스**라 부른다. 우리는 사랑의 관계를 통하여 진정한 우리 자신의 모습을 찾아간다. 그것은 하나님과의 교통이지 바다에 있는 물 한 방울처럼 하나님께로 삼켜지는 것과 다르다. 사도 바울은 그것을 "내가 그리스도 안에" 그리고 "그리스도가 내 안에" 있는 것으로 묘사했다. 바울은 여전히 바울이었으나, 하나님과의 교통 가운데 있던 것이다.

넷째, 우리를 몰입시키는 그 삼위 하나님의 관심사와 목적은 구속과 치유(영혼 구원과 사람을 고치는 일)뿐 아니라, 하나 됨과 창조(사물을 아름답게 만들고 사물과 사람을 하나로 묶어 주는 일)를 이룩하는 데 있다.

그리고 끝으로, 삼위 하나님은 우리의 기도를 돕는다. 기도는 쉬운 게 아니다. 나의 동료 에드윈 휴이는 이렇게 말한다.

바울은 우리의 어려움을 예상하고 우리에게 기도의 삶의 가장 기본적 차원을 상기시켜 주었다. (그리고 기도의 삶 이외의 다른 삶은 존재하지 않는다.) 첫째로 "우리는 마땅히 기도할 바를 알지 못하나 오직 성령이 말할 수 없는 탄식으로 우리를 위하여 친히 간구하신다"(롬 8:26). 둘째로, "그리스도 예수는…하나님의 오른쪽에 계시며 우리를 위하여 대신 간구하여 주신다"(롬 8:34, 새번역). 그러므로 이런 기도의 경험에서, 기도하는 사람은 성령에 의해 '아버지'를 향하여 '아들'의 삶 속으로 편입되는 순간 삼위 하나님의 세 얼굴을 반드시 '체험하게' 된다. 그것은 기도하는 그분 안에서, 그분을 통하여, 하나님을 향해, 하나님과의 대화 속으로 초대되는 경험이다.[5]

"나는 기도할 시간이 없어요"라고 한 바쁜 간부가 말한다. 그런데 간부들만 그런 게 아니다. 최근에 밴쿠버 근처에 있는 베네딕투스 수도원에 이틀간 기도하러 간 적이 있다. 거기서 내가 30년 동안 알고 지내던 방문객 담당 수도사가 이런 말을 했다.

"나도 어떤 수도원에 가서 이틀 동안 조용한 시간을 가질 수 있으면 원이 없겠습니다. 전화는 계속 울리지요, 끝없는 이메일에다가 편지들 그리고 계속 돌아가는 업무에 정신이 다 없네요!"

사업계에 이삼십 년 몸담다 보면 '탈진 상태'에 빠져 이제 여기서 벗어나 무언가 '뜻있는' 일을 해야겠다고 생각하는 이들이 결코 적지 않다. 하지만 문제의 해결책은 그와 다른 방향에 있다. 먼저 하나님이 일터에도 함께하시는 분임을 인식하는 것부터 필요하다. 아이러니한 사실은 이런 메시지가 대체로 교회 바깥에 있는 사람들로부터 온다는 데 있다.

종교 없는 영성

최근에 '새로운 비지니스 영성'(new business spirituality)에 관한 책과 글이 쏟아져 나오고 있는데, 그 중 하나가 존 리네쉬가 편집한 책 『사업계의 새로운 전통들: 21세기를 위한 영성과 리더십』(New Traditions in Business: Spirit and Leadership in the Twenty-First Century)이다.[6] 장래의 사업 모습에 관한 12명의 사상가들의 생각을 담은 이 책은 새로운 사업 개념을 제시한다.

- 회사는 하나의 집합체가 아니라 공동체이고, 생산과 이윤을 위한 시스템에 불과한 게 아니라 인간 존재를 위한 시스템이다.
- 경영인의 새 이미지는 영적인 장로의 그것이다.
- 고용인들은 공동선을 위해 상호 의존적으로 일하는 몸의 지체들이다.
- 사명 선언문, 비전, 목표, 가치와 같은 것들이 계속 회사를 뒤에서 **밀어 주겠지만**, '더 높은 목적'(알코올중독자협회가 유행시킨 '더 높은 힘'이란 말과 유사한 것)이 회사를 앞에서 **끌어당겨 줄** 것이다.
- 회사는 사람들을 구비시키는 (배움의) 조직으로서, 각 구성원들에게 봉사(사역)할 수 있는 환경을 마련해 줌으로써 각 사람이 더욱 인간다워지고, 더욱 창조적이 되고, 더 높은 목적과 더욱 통합되도록 해 준다.

리네쉬를 비롯한 그 사상가들만 그렇게 생각하는 게 아니다. 1997년에 영국의 경제학자 찰스 핸디는 『굶주린 영』(The Hungry Spirit)이란 책에서 사업계에 영성이 회복되어야 한다고 설득력 있게 주창했다. 또

한 하버드 대학에서 매년 개최되는 기업의 리더십과 윤리 포럼은, 캐나다인 심리학자 마티 루트를 비롯한 북미의 주요 기업가들이 참가하는 집회로, 현재 일터에서의 영적 가치관 회복에 관해 연구하고 있다. 캐나다 일간지 「밴쿠버 선」(Vancouver Sun)은 최근 타니스 헬리웰에 관한 기사를 실었는데, 그녀는 캐나다의 뉴에이지 치료사요 기업 자문으로서 "당신의 영혼을 일터로"란 제목의 세미나를 개최하고 있다. 주위를 둘러보면 전통적 종교도 아니고(거기서 상당히 많은 부분을 끌어내긴 하지만) 그렇다고 뉴에이지 영성(이것과 유사성이 있지만)도 아닌 그 어떤 것을 주창하는 작가, 집회, 세미나, 순회강사 들이 상당히 많다.

내가 논문을 지도한 제프 셀러즈는 뉴에이지 영성과 전통 종교 영성의 혼합이 낳은 세 가지 측면을 잘 요약했다.

- 집합적 측면: 더 높은 수익보다 더 높은 목적을 우선시함, 생태학적 민감성.
- 개인적 측면: 자아실현, 자율성, 창의성, 영적인 동기.
- 우주적 측면: 협력, 조화, 영적 진화, 세계적 시너지.[7]

이런 영성 운동에 매료된 사업가들의 언어를 보면 마치 서부 개척 당시의 부흥회 천막으로 되돌아간 느낌을 받는다. 보살핌, 사랑, 영성, 인간의 영, 각성, 뒷걸음질, 신흥 이단, 내적 자원, 내적인 권위, 내적인 지혜, 영혼, 더 깊은 목적의식의 추구, 공동 창조, 무조건적 사랑의 추구, 회개(metanoia), 영적인 장로로서의 기업가, 초월성의 필요, 하나님과의 관계, 경이로움, 영적 각성, 경축, 회사-성당, 더 높은 목적, 교통,

영적 가치관, 훈련, 전통 등. 여기에 전통이란 말도 포함되어 있음을 주목하라. 리네쉬가 편집한 책에 기고한 한 필자는 그 이유를 이렇게 분석한다.

"과학적 유물론의 실증주의적이고 환원주의적인 전제들이 일련의 새로운 신념들로 대치되고 있으며, 후자에는 깊은 직관의 지도를 받는 이성에 대한 더 강한 믿음도 포함되어 있다. 달리 말해서, 오늘날 사회의 '재영성화 작업'(respiritualization)이 진행되고 있는데, 이는 역사상 즐비했던 틀에 잡힌 종교들보다 더 체험 중심적이고 덜 근본주의적인 성격을 가졌다."[8]

이런 면에서 금세기의 패러다임 전환은 종교로의 복귀가 아니라 종교 없는 영성으로 돌아가는 것이라 할 수 있다.

다시 말하건대, 회사는 영혼과 소명을 갖고 있다. 회사의 존재 이유가 이윤에서 비전으로 바뀌고 있다. 회사는 사회에, 아니 세계에 장기적으로 기여하기 위해 존재한다. 오래된 사회 문화, 도시, 이웃, 교회 등이 원자화되었으므로 회사 문화가 새로운 종족, 새로운 이웃이 될 것이다. 회사 자체가 바로 새로운 공동체라는 말이다. 이런 변화를 보여 주는 한 가지 예는 대기업들이 사명 선언문을 고쳐 자신들의 기업이 '주로 이윤을 위해서'가 아니라 '선(善)을 위해서' 존재한다고 천명하는 것이다. 몇몇 기업의 본보기를 들어 보자.

- 듀퐁: "자연과의 새로운 동반자 관계"
- 메리 카이 코스메틱스: "여성에게 무한한 기회를 주기 위하여"
- 머크: "인간의 삶을 보존하고 향상시키기 위하여"

- 소니: "공중의 유익을 위해 기술을 발전시키고 응용하는 기쁨을 누리기 위하여"
- 월마트: "보통 사람들에게 부자가 사는 물건을 살 수 있는 기회를 주기 위하여"
- 월트 디즈니: "사람들을 행복하게 하기 위하여"[9]

이 같은 기업의 재영성화 작업에 필수적 역할을 하는 것은 직관, 더 높은 목적의 추구를 통한 창의성과 소명감의 고취, 그로 인한 의지, 기쁨, 힘, 연민의 발동 등이다. 따라서 우리는 봉급이나 경력만을 위해서가 아니라 영혼을 쏟아 일하도록 도전받는다. 그런데 이러한 더 높은 목적(the Higher Purpose)이란 것은 거의 대부분 그 시스템 바깥에 있는 어떤 존재나 힘으로 간주되지 않는다. 시스템 밖에는 아무것도 없다고 생각하기 때문이다. 사업계의 새로운 영성은 "금세기(20세기) 초반을 지배했던 과학적 유물론에 도전하면서 내적인 지혜, 권위, 그리고 자원들을" 주목한다.[10] 이 사상가들은 사기업이야말로 젊은 세대에 영적 지도력을 제공하고 지리적·문화적·정치적 경계를 가로질러 신제품을 확장할 잠재력을 갖고 있다고 주장한다. 그러니까 지구에서 가장 강력한 기관이 될 소지가 많다는 말이다. 그러므로 막스 베버의 『프로테스탄티즘의 윤리와 자본주의 정신』(The Protestant Ethic and the Spirit of Capitalism, 문예출판사)이 회사-성당(corporate cathedral)으로 재생된 셈이다.

과거 한 세대의 기업가들에게 불을 질렀던 개신교 칼뱅주의가 몇십 년간의 영적 침체기를 거쳐 이제 와서 종교 없는 사업의 영성으로 대치될 줄 누가 알았겠는가? 이 새로운 사업적 영성의 많은 개념은 역사적 기독교 및 유대교와 완전히 조화를 이루는 것들이다. 공동 창조성, 영, 사랑, 봉사(그리스어로 '사역'과 같은 단어), 상호 의존, 공동체, 관계성, 세계적 관심, 생태학적 민감성, 소명 혹은 부르심 등. 새 사업 영성은 한편으로는 인간을 초월하는 어떤 존재, 진정한 공동체, 뜻 깊은 봉사를 향한 인간의 채울 수 없는 갈증을 반영한다. 다른 한편, 이 영성은 전제적 성격을 지닌 몇 가지 질문에 답할 필요가 있다.

예를 들어, 새 사업 영성은 인간의 타락과 죄를 전혀 고려하지 않은 채 인간을 선한 존재로 가정하는데, 사실 인간의 죄성은 이미 경험적으로 검증된 기독교 교리다. 이 운동이 즐겨 사용하는 '인간의 초월성'이란 말은 하나의 어불성설이다. 인간은 결코 자신을 초월할 수 없는 존재다. 이런 식의 시도는 선악을 알게 하는 나무(창 2:17; 3:5)가 21세기로 확장된 것에 불과하다. 또 인간이 자신을 구원하는 것도 불가능하다. 그러니까 새로운 탄생이 없는 새로운 삶, 하나님에게로 돌아가지 않는 회개, 인류 역사의 중요한 목표가 없는 희망, 참 하나님이 없는 신, 초월적인 신이 없는 믿음만 있는 셈이다.[11]

불과 몇 십 년 전에 정신의학자 R. D. 랭은 자기 시대를 앞질러 예언자 아모스가 "양식이 없어 주림이 아니며 물이 없어 갈함이 아니요 여호와의 말씀을 듣지 못한 기갈"(암 8:11)이 있으리라고 예언했던 일을 상기시켰다. 랭이 언급했던 바로 그런 시대가 도래한 것이다.[12] 오늘날 현대인의 영혼은 좁은 종교생활에만 신경 쓰는 교회에 의해 채워지지 않고 있으며 서구의 세속적 휴머니즘으로 인해 더욱 굶주려 있는데, 바로 이 영적 공허함의 문제를 새로운 사업적 영성이 다루고 있는 것이다. 그런데 이와 다른 또 하나의 길이 있다. 그것은 긴 전통을 가진 기독교 신앙에 뿌리내린 길이다.

혼합된 삶

안소니 드 멜로는 『일분 지혜』(*One Minute Wisdom*, 분도출판사)란 책에 다음과 같은 대화를 수록하고 있다.

"그 스승이 사업가에게 이렇게 충고했다. '물고기가 마른 땅에서 죽듯이, 그대도 세상에 얽매이면 죽게 될 것이오. 물고기는 물로 돌아가야 하고, 그대는 고독으로 돌아가야 하오.' 그 말에 사업가가 깜짝 놀랐다. '그러면 사업을 그만두고 수도원으로 들어가란 말씀입니까?' '아니, 아니오. 사업은 계속하되 그대의 마음속으로 들어가시오.'"[13]

기독교 영성의 역사는 이것을 '혼합된 삶'이라 불러왔다. 이는 곧 적극적인 참여와 하나님 및 우리 자신을 알기 위해 뒤로 물러나는 것이 서로 뒤섞인 삶이다. 후자를 일컬어 장 칼뱅은 '이중적 지식'이라 불렀고 그것이 참 종교의 핵심이라고 했다. 이런 삶을 탁월하게 설명한 책은 14세기 아우구스티누스파의 사제였던, 월터 힐튼의 『한 평신도에게 보내는 편지들』(*Letters to a Layman*)이다. 하나님을 더 잘 알기 위해 사업을 그만두려는 한 사업가에게 힐튼은 이렇게 썼다.

활동적인 삶과 관조적인 삶을 서로 뒤섞으면 아주 잘 살게 될 것입니다. 때로 당신은 마르다와 같이 집안을 정돈하고 자녀들, 고용인들, 소작인들 혹은 이웃과의 관계를 돌보아야 할 것입니다. 만일 그들이 잘하고 있으면 그들을 위로하고 도와주어야 합니다. 그들이 잘못하고 있으면, 그들을 가르쳐 바로잡아 주어야 합니다. 그리고 당신의 재산과 세상 재물이 어떻게 관리되고 보존되는지 혹은 고용인들이 그것을 어떻게 지혜롭게 투자하는지를 눈여겨보고 현명하게 파악해서, 늘어난 재산을 나누어 동료 그리스도인들에게 자선을 베푸는 일에 더욱 풍성하게 사용해야 할 것입니다. 또 때로는 마리아와 같이 세상의 일에서 떠나 주님 발 앞에 겸손히 앉아서, 그분이 은혜를 주시는 대로 기도와 거룩한 생각과 그분에 대한 묵상에 몰두해야 합니다. 그러고는 이 활동에서 저 활동으로 옮겨 청지기 직분을 다함으로써 그리스도인의 삶의 양 측면을 모두 수행하는 게 필요합니다. 이렇게 함으로써 자선을 베풀라는 사랑의 계명을 지키게 될 것입니다.[14]

이는 바로 예수님의 삶이었다. 내가 복음서들을 읽고 확신하게 된 것은 예수님은, 어떤 이들이 주장하듯, 모든 것을 일정에 맞춰 실행하는 소위 '균형 잡힌 삶'을 산 게 아니라는 사실이다. 때로는 너무 할 일이 많아 먹을 시간도 없었다. 그러나 그분은 규모 있는 삶을 살았다. 금식할 때, 철야기도를 할 때, 중보기도를 드릴 때(눅 22:32)를 각각 확보했다. 하지만 그분 삶의 가장 두드러진 특징은 개입과 철수가 리듬처럼 순환되는 모습이라 생각된다. 이것이 바로 우리가 혼합된 삶이라 부르는 것이다.

요한복음 6:15은 사람들이 예수님을 억지로 잡아 왕으로 삼으려 했을 때, 그가 혼자 산으로 떠났다고 기록하고 있다. 누가도 "예수는 물러가사 한적한 곳에서 기도하시니라"(눅 5:16)고 들려준다. 마가복음에는 "예수가 무리를 헤쳐 보냈다"(6:45, 새번역)는 의외의 충격적인 표현이 사용되어 있다. 무리가 알아서 떠나지 않았던 것이다. 그래서 예수께서 아버지와 홀로 시간을 보내러 가면서 병든 자, 상처받은 자, 죄책감에 빠진 자, 귀신들린 자에게 "아니오"라고 말했다는 뜻이다. 그리스도인에게는 세상의 필요가 곧 하나님의 부르심은 아니다. 부르심은 하나님에게서 오는 것이고, 우리는 하나님의 음성을 듣기 위해 강박적으로 필요를 채우는 일에서 벗어나 자주 정기적으로 뒤로 물러날 필요가 있다.

혼합된 삶을 사는 데 아주 중요한 요건은, 우리가 하나님의 사랑을 받는 자라는 사실과 하나님이 우리를 기뻐하신다는 사실, 우리가 하나님의 사랑과 인정을 얻기 위해 무언가를 할 필요가 없다는 사실을 아는 것이다. 이에 대해 나의 동료 대럴 존슨은 "예수님은 단 하나의 청중(아버지)을 의식하며 행하였다"고 표현한다. 이런 자세는 바리새인과 아주 대조를 이루었다. 그들을 향해 예수님은 "너희가 서로 영광을 취하고 유일하신 하나님께로부터 오는 영광은 구하지 아니하니 어찌 나를 믿을 수 있느냐?"(요 5:44)고 말씀하셨다.

오늘날 사업계, 정치계, 종교계를 막론하고 내면이 불안한 지도자가 상당히 많다. 또 그런 불안감 때문에 그들은 지도력의 기반을 권력이나 친밀감 혹은 지위를 찾는 데 둔다. 이에 대한 궁극적 해결책은 하나님의 기쁨을 안고 사는 것이다(사 42:1). 우리가 내면 깊숙이 그 기쁨을 경험하려면 묵상과 기도와 하나님의 말씀을 듣는 일이 필수다.

그러면 일을 하는 가운데 그런 것을 할 수 있을까? 정보화 시대 이전에는 일이 '끝나는' 시간도 있었고 '중간 중간' 쉬는 시간도 있었다.

그러나 이제는 핸드폰에다 벨트나 지갑에 부착된 스마트폰 '블랙베리', 또 자동차에도 스피커 전화가 설치되어 조용히 묵상할 시간이 거의 없어지고 말았다. 그래서 우리는 일부러 전화기와 디지털 기기를 끄고 그런 순간을 만들어 내지 않으면 안 된다. 짧은 시간이나마 산책을 하는 등 사람들에게서 좀 벗어날 필요도 있다. 하지만 우리가 하는 대다수의 일은 주의 집중을 요구하는 것들이다. 『하나님의 임재 연습』(The practice of the presence of God)을 쓴 로렌스 수사(Brother Lawrence)가 17세기 수도원 부엌에서 즐겼던 그 반복되는 일과는 성격이 다르다. 일터에서 하는 우리의 기도는 느헤미야가 고도의 압박감을 느끼는 왕궁생활 가운데 드렸던 '화살기도' 같은 것일 가능성이 높다.

"왕이 내게 이르시되 그러면 네가 무엇을 원하느냐 하시기로 내가 곧 하늘의 하나님께 묵도하고 왕에게 아뢰되…"(느 2:4-5).

우리는 또한 "아, 바로 그거야!"라고 무언가 새롭고 대단한 것을 깨닫는 특별한 순간을 경험할 때도 있을 것이다. 그리고 우리가 동료들을 성례전적으로 대할 수 있다. 그들은 하나님의 형상을 입은 자들이니까.

어려운 업무는 기도의 계기가 될 수 있다. 로렌스 형제는 어떤 일을 시작할 때 주님을 향하여 "당신이 저를 돕지 않으면 이 일을 해낼 수 없습니다"라고 기도하곤 했다. 그가 실수를 저질렀을 때에도 그것을 기도의 계기로 삼았다.

"주님, 당신이 저의 잘못된 부분을 고쳐 주시지 않으면 저는 그 실수에서 결코 벗어날 수 없을 것입니다."

이와 더불어 더 긴 시간을 따로 떼어 놓고 기도하고 기뻐하고 우선순위를 정돈하는 일도 필요하다. 하루를 시작할 때나 끝낼 때 일정 시간을 떼 놓고 하거나 때로 하루 종일 조용한 곳에 가서 할 수 있는 훈련을 소개하면 이렇다.[15]

첫째, 하루를 시작할 때나 끝낼 때 기원과 위탁의 기도를 드릴 수 있다. 스티브 브룬은 아침에 침대에서 튀어나오지 말고 "뜸을 들이라"고 권한다.

둘째, **성경 읽기를 습관화할 수 있다**(lectio continua). 성경을 계속 읽음으로 우리의 생각과 마음이 성경으로 흠뻑 젖어 여기저기서 하나님의 임재와 역사를 경험할 수 있다. 우리가 세상에서 영위하는 삶에 비추어 성경을 읽을 때 여러 새로운 점을 발견하게 된다. 성경은 보통 사람들이 일상생활의 맥락에서 하나님을 만나는 이야기를 들려준다. 하나님은 성막과 성전과 교회에서만이 아니라 일터와 삶터에서도 자신을 계시하신다. 성경은 일터에서 정의와 믿음에 입각하여 그리고 지혜롭게 사는 법을 보여 준다. 천막 짓는 일을 했던 바울, 브리스길라와 아굴라의 경우처럼 일터에서 일하는 중에도 사역이 일어날 수 있다. 예수님의 비유들을 보면 일터가 하나님 나라의 은유로 많이 사용되었음을 알 수 있다. 이런 면에서 우리의 비전과 안목이 새로워지기도 한다. 내가 개인적으로 실행하는 성경 읽기 계획은 매일 신구약을 두 장씩 읽어서 일 년에 구약을 한 번, 신약과 시편을 두 번씩 통독하는 것이다.[16]

셋째, **영적인 독서를 연습할 수 있다**(lectio divina). 이는 천천히 묵상하면서 성경을 읽으며 기도를 병행하는 것이다. 여기에는 특정한 본문에 대한 묵상과 몇몇 구절을 암송하는 것도 포함된다.

넷째, **일기를 씀으로써** 하나님 앞에서 자아비판 없이 우리의 느낌, 정서, 갈망, 기도를 문자로 기록할 수 있다. 시편 42:5-6이 좋은 본보기다.

"내 영혼아 네가 어찌하여 낙심하며 어찌하여 내 속에서 불안해하는가. 너는 하나님께 소망을 두라. 그가 나타나 도우심으로 말미암아 내가 여전히 찬송하리로다."

다윗은 자신의 낙담을 그보다 더 큰 무엇에 비추어 하나님께 아뢰고 있는 것이다. 아우구스티누스는 『고백록』에서 "당신을 찾지 못하고 해답을 얻는 것보다, 해답을 얻지 못한 채 당신을 찾는 것이 더 낫습니다"라고 말했다.[17]

다섯째, 금식을 통해 하나님 앞에 잠잠해질 수 있다. 음식과 사물로부터 벗어나 하나님께 통제권을 드릴 수 있고, 사람들로부터 벗어나 하나님 앞에 홀로 설 수 있다.

여섯째, **죄의 고백**을 통해 하나님에게 정직하고 솔직하게 우리의 부적절한 행동과 생각 그리고 하나님과의 껄끄러운 관계에 대해 깨어진 심령으로 아뢸 수 있다(요일 1:9). 아우구스티누스는 하나님 앞에서 "저 자신에 대해 아는 바와 알지 못하는 바를 자백하겠나이다. 저 자신에 대해 아는 바는 당신의 빛이 비침으로 알게 된 것이고, 알지 못하는 바는 제 어둠이 당신의 얼굴 앞에서 대낮과 같이 밝아지기까지 계속 모르게 될 것이기 때문이옵니다"[18]라고 고백했다. 다른 신자에게 하는 죄 고백은 다른 사람 앞에서 하나님에게 정직해지는 일이다(약 5:16). 그에 따른 유익은 양심의 자유, 내적 치유 그리고 때로는 신체적 치유 등이다. 본회퍼는 『신도의 공동생활』(*Life Together*, 대한기독교서회)

이란 고전에서 이에 대해 깊이 성찰하고 있다.

"자신의 죄와 홀로 있는 자는 그야말로 혈혈단신이다.…그럴 경우에는 진정한 교제로의 돌파구가 열리지 않는다. 왜냐하면 그들이 신자요 경건한 자로서 서로 교제하긴 하지만, 경건치 않은 죄인으로서 교제하지는 않기 때문이다.…경건한 체하는 교제는 아무도 죄인이 되는 걸 허락하지 않는다. 그래서 누구나 자신과 형제와의 교제로부터 자기 죄를 숨겨야 한다. 많은 그리스도인은 의인들 중에 진짜 죄인이 갑자기 발견되면 생각할 수 없을 정도로 충격을 받는다. 그래서 우리는 죄가 없이 거짓과 위선 가운데 홀로 남게 된다. 이런 의미에서 우리야말로 진짜 죄인들이다!"[19]

끝으로, **안식**을 연습할 수 있다. '안식'이란 말은 일과 노고를 그만두는 것을 의미하며, 매주 하루 온종일 쉬는 것이 좋다. 우리가 안식일을 '지키는' 것이 아니라 안식일이 우리를 지켜 준다. 우리가 궁극적 실재이신 하나님에게 초점을 맞추도록, 우선순위를 바르게 세우도록, 우리 행위 때문에 하나님이 우리를 받아 주시는 게 아님을 유념하도록 우리를 지켜 준다는 말이다. 내 친구 저스틴 리스는 십계명 가운데 "살인하지 말라"는 계명보다 안식의 계명을 지키지 않아 죽은 사람이 더 많다고 주장하는데, 그 말이 옳다고 생각한다. 스트레스로 죽는 사람, 혼합된 삶을 살지 않아 죽는 사람이 점점 많아지고 있다. 만일 우리가 놀이와 기도, 예배와 묵상을 위해 하루를 떼어 놓지 않고 있다면, 우리 자신을 너무 심각하게 여기기 때문이 아닌가 하고 반성할 필요가 있다. 더 나쁘게는 우리 자신에게 상처를 주고 있는 셈이다. 우리는 본래 매주 경축의 날을 가지도록 창조된 존재들이다. 거기에는 교회 예배도 포함될 것이다. 단, 일요일이 교회 관련 모임들로 분주해서 또 하나의 근무일처럼 되면 안 되지만 말이다.[20]

긴장과 더불어 사는 삶

'깊은 데로' 간다고 긴장이 없어지는 것은 아니다. 자크 엘룰은 "성경은 우리에게, '그리스도인은 이 세상 안에 존재하며 또한 거기에 머물러 있어야 한다'고 일러 준다"라고 말한다.[21] 어떤 이들은 영적인 삶과 물질적인 삶을 따로 떼어 놓으려고 애쓴다. 또 어떤 이들은 일터에서의 삶에다 '윤리적 광택을 입혀' 그것을 도덕화하고 '기독교화'한다고 엘룰이 지적한다. 그럼에도 우리는 그 긴장을 부인할 수 없다. 우리는 죄 많은 세상에 살고 있으며 그것을 바꿀 수 없다. 아니, 적어도 그리 크게 바꿀 수 없다. 동시에 그것을 있는 그대로 수용할 수도 없다.

> 그분은 우리를 세상 속으로 보내셨고, 우리가 죄와 은혜 사이의 긴장 가운데 존재하는 것처럼 이 두 가지 아주 상반된 요구들 사이의 긴장 가운데 머물고 있다. 이는 아주 고통스럽고 거북한 상황이지만, 이것이 그리스도인이 이 세상에서 열매를 맺을 수 있는 유일한 입지이고, 세상에서 우리는—회개하는 심령으로—이 땅에서의 삶이 반드시 '스캔들'의 성격을 지닐 수밖에 없다는 사실을 받아들여야 한다.…솔직히 말해서, 이러한 그리스도인의 긴장 혹은 그리스도인의 삶의 긴장을 하나의 추상적 진리로 받아들여서는 안 된다. 그것은 가능한 한 가장 구체적인 삶의 모습으로서, **실제로** 살아내야 하고, 실현되어야 할 그 무엇이어야 한다.[22]

❖ **토론 문제**

톰 심슨의 뒤편에서 문이 살짝 닫히는 순간, 그의 파트너요 오랜 친구인 브랜든 오멜리는 책상 위를 훑어보며 톰의 '긴급' 요청을 어떻게 처리해야 할지 생각하고 있었다. 전화기는 메시지가 와 있다고 반짝거리고, 컴퓨터 화면에는 응답을 기다리는 이메일이 가득하고, 사무실은 온갖 서류들이 주목해 달라고 '아우성치는' 가운데, 브랜든은 흥분과 불안이 교차되는 묘한 감정을 느꼈다.

톰의 고객인 어떤 수수한 한국 여성(사업가)이 유명한 쇼핑센터의 한 가게를 수리하느라 수천 달러를 쏟아 부었는데, 파렴치한 주인에게 쫓겨날 지경이 되었다. 불의에 대한 분노가 브랜든의 마음속에 솟구쳤고, 이 사례야말로 변호사로서의 전문성과 약자에 대한 우선성을 마음껏 발휘할 수 있는 완벽한 경우임을 알고 있었다. 그런데 마음 깊은 곳에서 하나의 작은 목소리가 애절하게 호소하고 있었다.

올해로 브랜든이 개업한 지 25년째에 접어들었는데, 첫 20년은 콜로라도 주정부의 토지과에서 일했고 지난 5년은 이마고 법률사무소의 일원으로 일하고 있었다. 그 회사는 서로를 세워 주고 훈련하기 위해 열 명의 그리스도인이 세운 변호사 사무소였다. 브랜든은 알코올중독자인 이민 1세 아버지와 아주 의존적인 어머니 사이에서 태어나 평생 자기 실력을 증명하며 살았다. 먼저 어머니와 형제들을 돌보고 그다음에 다른 사람들, 특히 자기의 권리를 위해 싸울 힘이 없는 약자들을 위해 일하려고 애써 왔다. 이런 인생

철학은 예수님을 가난한 자, 노숙자, 억압당하는 자의 옹호자라고 믿었던 그의 신학과 잘 어울렸다. 브랜든은 눈부신 경력을 갖고 있었다. 학창 시절에는 줄곧 수석을 차지했고, 변호사 시절의 경력도 화려했다.

정부기관을 떠나 개업을 하라고 몇 년에 걸쳐 '부드럽게' 종용한 톰의 충고를 받아들여 브랜든은 마침내 이마고 법률 그룹의 창설과 함께 개업을 감행하기로 결심했다. 5년이 흐른 현재, 일거리는 온통 넘쳐나고 있지만 재정적으로는 허덕이고 있었다. 그는 주로 톰의 상거래 고객들(그의 서비스에 대해 보통 상당한 보상을 지불해 왔던)과 인권이 유린된 고객들(다루기 힘들고 수수료를 받을 때가 되면 참으로 골치 아픈)을 상대했다. 바쁘긴 했어도 돈을 버는 게 어려웠던 이유는 그 사업을 잘 운영하는 데 필요한 훈련이 부족했기 때문이다.

생활은 온통 뒤죽박죽이었다. 전화가 와도 응답하지 않기 일쑤였다. 약속된 날짜도 지켜지지 않았다. 청구서도 제때 보내지 않았다. 변호의뢰인도 확보하지 못했다. 동료 변호사들과 직원이 만나자고 할 때마다 응하다 보니 하루 12시간에서 15시간이나 일하고 주말에도 종종 일에 파묻혔다. 브랜든은 같은 회사의 동료든지 어려운 고객이든지 도와 달라고 하면 거절하는 적이 거의 없었다. 그의 아내 앤과 자녀들은 브랜든과 함께 보낼 시간을 거의 포기한 나머지 조금만 시간이 주어져도 감지덕지했다.

그의 목록 밑바닥을 차지하는 것이 묵상과 기도와 휴식을 위한 시간이었다. 한때 하나님과 누렸던 친밀한 관계는 먼 추억이 되어 버렸고, 이제는 아주 간헐적으로밖에 주님의 소명을 느끼지 못했으며, '본향'을 향한 마음속의 깊은 갈망을 인식하는 경우는 더욱 드물었다. 그래서 오늘 또 하나의 사건을 맡아야 할지 여부를 놓고 문제를 제기하는 목소리가, 자정이 넘도록 자신을 사무실에 잡아 놓고서 이미 차고 넘치는 일거리를 들고 곡예를 하도록 강요하고 있다는 사실을 브랜든이 알아차린 것은 참으로 의외의 현상이었다. 이 새로운 소송사건은 그에게 딱 맞는 사례였다. 큰 불의가 연루되어 있어 기소자와 협상가의 전문성을 마음껏 발휘할 수 있는 사건인 데다 힘없는 자를 대변할 수 있는 절호의 기회였다. 그런데 왜 불안감이 드는 것일까? 일종의 소화불량일까? 아니면….

1. 위의 이야기에서 표면에 드러나는 쟁점은 무엇인가?
2. 그보다 더 깊은 쟁점들은 무엇인가?
3. 무슨 요인들이 브랜든의 의사 결정에 영향을 주겠는가?
4. 브랜든의 의사 결정을 돕는 자원으로는 어떤 것들이 있는가?
5. 성경과 기독교 신앙은 정체성, 중요한 의미, 자기 사랑, 경계선 등의 이슈에 대해 무엇이라 말하는가?

❖ **묵상을 위한 질문**
이 장에서 제기된 다음 질문들을 되돌아보라. 그 가운데 어떤 것이 당신의 마음에 와 닿는가?
1. 왜 나는 비판에 그토록 민감한가?

2. 왜 나는 일정표를 빈칸 없이 꽉 채워야 한다고 생각하는가?
3. 왜 나는 장소, 지위, 사역을 포기하는 게 무척 어려운가?
4. 왜 나는 그토록 경쟁적인가?
5. 내가 성공하는 것이 왜 그토록 중요한가?
6. 왜 나는 타인의 고통을 경감시켜 줄 수 없는가?
7. 왜 나는 홀로 있는 것을 두려워하고 늘 사람들이 필요한가?
8. 왜 나는 그토록 불만족스러운가?
9. 왜 나는 남을 통제하고픈 마음이 드는가?
10. 왜 나는 그토록 바쁜가?
11. 왜 나는 인간관계를 다 태워 버리는가?
12. 왜 나는 때때로 동기가 유발되지 않는가?

❖ 더 읽을 자료

Bolman, L., and T. Deal. *Leading with the Soul: An Uncommon Journey of Spirit* (San Francisco: Jossey-Bass, 1995).

Green, Michael, and R. Paul Stevens. *Living the Story: Biblical Spirituality for Everyday Christians* (Grand Rapids: Eerdmans, 2003). 『그분의 말씀 우리의 삶이 되어』(복 있는 사람).

Handy, Charles. *The Hungry Spirit: Beyond Capitalism—A Quest for Purpose in the Modern World* (London: Hutchinson, 1997).

Hilton, Walter. *Toward a Perfect Love*, trans. David Jeffrey (Portland, Ore.: Multnomah Press, 1985).

Stevens, R, Paul. *Seven Days of Faith* (Colorado Springs: NavPress, 2001). 『현대인을 위한 생활영성』(IVP).

8.
진실성을 배양하라

첫째, 진실성을 보고 고용하고 승진시키라. 둘째는 동기, 셋째는 역량, 넷째는 이해력, 다섯째는 지식, 그리고 마지막으로 경험을 보라. 진실성이 없으면 동기가 위험하다. 동기가 없으면 역량이 무용지물이다. 역량이 없으면 이해력이 제한된다. 이해력이 없으면 지식이 무의미하다. 지식이 없으면 경험이 맹목적이다. 경험은 마련하기가 쉽고 다른 자질들을 가진 사람에 의해 금방 활용된다.
_디 호크

사업에 대한 무(無)도덕적 접근은, 다른 모든 인간 활동과 마찬가지로, 실제로 유지될 수는 없는 것이다. 모든 인간 행위는 일련의 도덕적 이해에 의해 좌우되게 마련이며, 설사 그것이 일관성 있게 설명되지 않더라도 그러하다.
_클리브 라이트

사업계에서 도덕이 땅에 떨어지는 바람에 많은 이들은 '기업 윤리'라는 말 자체가 어불성설이라며 냉소적인 태도를 취한다. 재무 보고에 드러난 도덕적 결함이 거의 매주 뉴스에 오르내린다. 그럼에도 거의 모든 분야—정치·사업·종교 등—에서 사람들은 진실성을 갖고 싶어 한다. 제임스 쿠제스와 베리 포스너는 『신뢰성: 지도자는 어떻게 얻고 잃는가, 사람들은 왜 요구하는가』(Credibility: How Leaders Gain and Lose It, Why People Demand It)란 책에서, 신뢰할 만한 지도자들이 있을 때만 혁신의 꽃이 핀다고 주장한다. 이 장에서는 일관된 윤리적 의사 결정을 위한 영적인 동기 유발에 관해 살펴보려 한다. 기업 윤리는 기업 활동이 낳는 실제 서비스와 재화의 도덕적 가치, 사업가와 조직의 행동 방식, 기업 활동이 사회에 미치는 결과 등[1] 세 가지 요소와 관련이 있다.

무엇이 옳고 그른지를 아는 일은 중요하다. 또 어떻게 해야 우리 자신과 하나님에게 진실할 수 있는지 쉽게 판단하기 어려울 때, 옳은 일을 하도록 우리에게 동기를 부여하는 것이 무엇인지를 아는 일도 중요하다. 우리는 날마다 윤리적 결정을 내린다. 그 가운데 몇 가지를 살펴보자.

회색 지대에서 일할 때

뇌물의 문제: 줄리어스

줄리어스의 꿈이 막 실현되려는 순간이었다. 지난 5년 동안 그는 새로운 사업을 준비해 왔다. 어느 아프리카 국가에서 최초의 소음기 및 브레이크 즉석 수리 공장을 여는 것이었다. 그는 가능한 빨리 공사에 착수하려고 필요한 모든 허가와 면허를 따내고 있는 중이었다. 그런데 온갖 종류의 장애물을 거쳐 이제 새로운 문제에 봉착하게 되었다. 고압 전력 공급선을 승인해 줘야 할 정부 관리가 줄리어스에게 일정을 맞춰 주는 대가로 뇌물 상납을 요구한 것이다.

줄리어스가 이제까지 상대한 기관은, 그 나라 중소기업인들이 소규모 사업을 창업하고 성장하는 일을 도와 주변 공동체의 경제적·사회적·영적 변혁에 기여하게 하는 조직이었다. 그는 그들의 비전을 좋아했고 바로 이 기관이 자기를 밀어 주어 새로운 사업 계획을 작성하고 소음기 및 브레이크 수리 공장을 지을 수 있게 된 것이다. 그 과정에서 많은 장애물을 극복했다. 이전의 투자자 한 사람이 발을 빼는 바람에 새로운 투자자들을 찾아야 했다. 공장 부지를 빌리려는 협상이 잘 진행되다가 수포로 돌아가서 그 도시 건너편에 있는 다른 땅을 사야 했다.

이런저런 문제들에도 불구하고 '초고속 카센터'란 새 회사가 마침내 삼자 합동으로 그 형태가 갖추어졌다. 줄리어스와 개발 기관과 영국 출신의 그리스도인 사업가 그룹이 그들이다. 새로운 사업을 시작하는 데 들어간 총 투자액은 미화 23만 달러쯤 되었다. 줄리어스의 그 계획은 몇 년 동안 희망과 환멸이 교차하는 시련을 겪다가 뜻밖에 전국적인 경쟁을 거쳐 '올해 최고의 사업 계획' 상을 받게 되어 큰 격려를 받았다. 그 상을 받는 바람에 그 나라의 가장 큰 은행에서 굉장히 좋은 조건으로 투자 금융을 대출받게 되었다. 그 은행은 줄리어스의 프로젝트가 가능한 빨리 착수되길 고대했다. 다른 투자자들도 무언가 손으로 만질 수 있는 결과를 보고 싶어 했으며, 특히 거액을 투자해 상당한 수익을 기대하고 있던 영국인들이 그랬다.

줄리어스는 몰롤로라는 그리스도인 친구와 함께 일하고 있는데, 몰롤로는 엔지니어링과 기획을 함께 하는 조그마한 회사 CLG를 경영하고 있는 건축가다. 현재 CLG가 건설 프로젝트에 필요한 승인과 허가 관련 업무를 도맡아 하고 있다. 전력 공급 회사 EPS는 CLG에서 온 직원들에게 그 새 건물이 길 아래 400미터 지점에 있는 고압 전원에 연결될 것이라고 일러 주었다. CLG 기술자들은 연결 지점이 그렇게 멀리 떨어진 것이 이상하다고 생각했다. 그래서 조사해 보니 고압선이 건축 부지 바로 옆에 있다는 걸 알게 되었다. 즉시 CLG는 그 프로젝트를 담당하고 있는 EPS 간부에게 더 가까운 고압선과의 연결을 제안한다. 그러자 그는 그에 상응하는 보상을 요구해 왔다. 더 가까운 고압선을 사용하되 그로부터 절감된 비용 중 10퍼센트를 상납하라는 것이다. 몰롤로가 더 조사해 보니 더 먼 선으로 연결하려면 지하 케이블이 다른 이들이 소유한 세 필지의 땅을 가로질러야 하기에 또 다른 승인과 관공서 출입이 필요하다는 것을 알게 되었다. 땅 속에 또 다른 문제가 도사리고 있을 가능성—가령 다른 시설물들을 옮겨야 하는 문제 등—까지 고려하면 가까운 전압선으로 연결할 경우 적어도 반 정도 비용을 절감할 수 있을 것 같았다. 그래서 몰롤로는 EPS 간부에게 1,000달러를 주되 그 비용이 공식 청구서에 포함되는 것을 조건부로 삼자고 줄리어스에게 말했다.

줄리어스는 이 모호한 상황에 대해 생각해 봤다. 분명히 부정부패로 지목할 수 있는 경우는, 공적인 권력을 이용해서 사적인 이득을 챙길 때, 아무것도 하지 않고 무언가를 받을 때, 해서는 안 될 그 무엇을 할 때, 법을 악용할 때 등이라는 생각이 들었다. 그런데 많은 개발도상국의 경우처럼 사업에 불리한 상황에서 부정부패가 사업을 촉진하는 역할을 할 때, 옳고 그름 사이에 어떻게 선을 그을 수 있을까?[2]

줄리어스로서는 어떻게 해야 할지 몰랐고 그 개발 기관에 속한 친구들도 난처해하고 있었다. 게다가 영국인 투자자들은 내주 초까지 건축 일정을 통보해 달라고 요구하고 있다. 그는 조만간에 결정을 내리지 않으면 안 될 상황이다.

재정 상황의 조작: 안젤라의 경우

소프트웨어 개발 회사의 재무이사로 일하는 안젤라는 하나의 딜레마에 직면했다. 주식공개 이전에 하는 3단계 기금 마련 과정에서 그 팀은 향후 5년간의 재무 예측을 포함하는 여덟 페이지의 최종 사업 계획서를 마무리하고 있었다. 첫 두 해 동안의 예상 총수입이 이전의 회계연도 수치보다 낮게 나왔다. 차액이 발생한 이유 중 하나는, 무엇을 총수입에 포함시키느냐 하는 문제 때문이었다.

소프트웨어 분야와 관련된 미국의 법에 따르면, 소프트웨어 회사는 고객이 구매하기로 한 소프트웨어 가운데 그것이 "완전히 장착되어 실제로 작동하는" 경우만 총수입에 포함할 수 있다고 되어 있었다. 안젤라가 일하는 회사의 경우 소프트웨어 세팅 및 작동이 보통 6개월에서 14개월 정도 걸렸지만, 판매팀이 패키지를 팔 때는 3개월에서 6개월 정도로 잡았다.

밤늦게까지 사업 계획서에 포함할 수치를 최종 마무리하는 과정에서, 두 명의 이사들과 최고경영자가 지난 분기의 수치(아직 공식적으로 마감되지 않은 상태)와 첫 두 해의 수치를 왕창 올리도록 요구했다. 그러고는 "여러분이 유념할 것은 이것들은 어디까지나 예측에 불과하지 실제 수치가 아니라는 점과, 사적인 재무 처리에서는 실제 수치가 감사를 받지 않는 것이 관례라는 점입니다"라고 말했다. 안젤라로서는 어떻게 해야 할지 몰랐다.

윤리적 문제에 관한 접근 방식

앞의 두 사례에 사업에서 흔히 부딪히는 윤리적인 문제들을 덧붙여 보라. 거짓 광고, 성적인 차별, 차별철폐 조처, 불공정한 보상, 친인척 특혜, 시간 도용, 물건 도둑질, 명예 훼손, 가격 조작, 산업 스파이, 거짓말, 유해한 물건이나 서비스, 간부의 연봉, 내부 거래, 사업체 부풀리기 등.

이 가운데 사업체 부풀리기는 수년 전 알버트 카가 쓴 글을 통해 영예롭게도 공적인 체면을 세우게 되었다. 성문법이 한 사람에게 대박을 터뜨릴 수 있는 기회를 줄 때 그것을 이용하지 않는다면 그는 바보가 되고 말 것이라고 그가 주장했다. 그 사람이 하지 않으면 다른 누군가가 하게 될 것이다. 카는 그 경우를, 포커를 하는 사람이 노골적인 속임수를 쓰지 않되 게임을 이기기 위해 자기 패를 부풀리는 등 모든 기회를 이용하는 경우에 비유했다. 그는 말한다.

"그리고 아무도 그때문에 당신을 나쁘게 생각하지 않을 것이다.…마찬가지로 사업에서의 게임도, 옳고 그름의 기준이 일반 사회에서 통용되는 도덕과 다르다고 해서 그것을 나쁘게 생각할 사람은 없을 것이다."[3]

사업은 난관이 많은 일이다. 이런 면에서는 교회 지도자와 부모의 역할도 마찬가지이고, 세상에서 진실성을 유지하는 것 자체도 결코 만만한 일이 아니다. '서구'의 도덕은 이제 중구난방의 상태에 빠졌다. 북반구와 서구는 대체로 기독교 이후 세계에 살고 있다. 얼핏 보면 가치가 부재하는 사회처럼 보이지만 사실은 선택, 자기만족, 상대주의 등 새로운 가치관이 지배하는 사회다. 그리고 우리가 몸담은 세계적 일터는 다양한 윤리적 기준들이 충돌하는 곳이다. 이 일터에서 어떻게 도덕적 결정을 내려야 하고, 무엇이 그런 결정을 하도록 동기를 유발시켜 줄 것인가? 이런 질문은 일터 영성과 관련된 것이다. 이는 개인적으로 또 공동체적으로 일상생활의 맥락에서 하나님을 삶으로 체험하는 문제라는 말이다.

전통적으로 윤리에 대한 접근 방식은 다음 셋 중 하나였다.

- **명령적** 접근: 전문 용어로 의무론적 관점이라 불리는 이 접근은, 십계명 같은 것을 무조건 수행해야 할 정언명령으로 삼는 견해다.
- **결과론적** 접근: 과거에는 목적론적(teleological, '목적'을 뜻하는 그리스어 telos에서 유래함) 관점이라 불렀다. 이 공리주의적 접근은 '최대 다수를 위한 최상의 결과는 무엇인가?'라고 묻는다.
- **성품** 혹은 **미덕** 중심의 접근: 이는 윤리적 행위란 덕스러운 성품에서 흘러나온다고 주장하는 견해다.[4] 미덕은 찬양할 만한 혹은 바람직한 인격적 자질과 지성을 가리킨다.

이제 살펴보겠지만, 이 세 가지 접근 방식 모두 성경의 지지를 받고 있다.[5] 하지만 윤리적 도전에 직면할 때 이것이 바로 성경적이고 기독교적인 대처 방식이라고 말할 수 있는 단 하나의 해답은 존재하지 않는다.[6]

명령 – 정언명령

클리브 라이트는 사업을 하는 이들이 보통 절대명제를 불편해 하기 때문에, '옳다'거나 '그르다'고 말하기보다 '좋다'거나 '나쁘다'고 말하는 것을 더 선호한다고 지적한다.[7] 우리 사회의 다수가 절대명제는 케케묵은 것이라고 말할 테지만, 우리는 여전히 우리가 어떻게 살아야 할지를 분명히 말씀하신 도덕적인 하나님의 부르심 아래 살고 있다. 십계명이 하나의 본보기다. 그것을 일터에 적용해 이렇게 표현할 수 있다.

1. 하나님을 최우선에 두고 다른 신들을 우리 앞에 두지 말 것. 우리는 진정 궁극적인 존재이신 그분 말고는 그 어떤 것—소비주의나 우리의 경력 등—도 궁극적인 것으로 생각해서는 안 된다.
2. 우상숭배자가 되지 말 것. 우리 마음대로 하나님의 형상들을 만들어 [『돈 섹스 권력』(두란노)을 읽어 보라] 그것을 궁극적 관심사로 삼아서는 안 된다. 그것들을 숭배하지 말라는 말이다.
3. 하나님의 이름을 남용하지 말 것. 하나님을 조종함으로 그 이름을 헛되게 만드는 일, 자신이 원하는 것을 얻거나 사람들을 조작하기 위해 하나님의 팔을 비트는 행위, 우리 사회의 대표적인 교회나 교단을 들먹여 선거에서 표를 얻거나 물건을 판매함으로 하나님의 이름을 남용하는 일 등을 해서는 안 된다.
4. 안식일을 지키는 것. 일주일 내내 일에 파묻혀, 일에서 우리의 정체성을 찾아서는 안 된다.
5. 노인을 공경하고 가족에 대한 존경과 사랑의 관계를 계속 유지하는 것. 이것은 사실 우리가 하나님에게 받은 소명의 일부다. 그리고 나이 많은 직원을 임금이 싸다는 이유로 젊은이로 교체하지 말라.
6. 사람들을 제거하거나 그들이 가진 하나님의 형상을 부정함으로써 혹은 어떤 상품과 서비스로 그들을 해롭게 함으로써 직간접적으로 살인하지 말라.
7. 순결을 지키고 성적으로 배우자에게 충실함으로 간음을 저지르지 않

는 것. 상품이나 서비스를 팔려고 선정적 이미지와 공상을 사용하지 말라.

8. 도둑질하지 말 것. 타인에게 속한 것을 취하지 말고, 직원에게 임금을 지불하지 않거나 채권자에게 빚을 떼먹지 말라.

9. 광고와 판매 시 거짓 증거를 대지 말고 진실을 말하는 것. 경쟁력을 높일 요량으로 똑같은 내용물에 '신제품'이니 '개량상품'이니 하는 딱지만 붙이지 말라.

10. 탐하지 말 것―십계명 가운데 내면을 가장 강하게 건드리는 계명. 하나님을 사랑하되 우리의 모습과 소유에 자족하는 것. 광고 선전을 통해 과도하고 불건전한 욕구를 자극하지 말라.

그러면 오늘날 십계명을 좇아야 하는가?[8] 루이스 스미디즈는 그것들을 "인간 공동체를 위한 생존 지침"이라고 주장한다.[9] 존 라치는 「크리스천 센추리」(*The Christian Century*)에 기고한 글에서 "어떤 규약―가령 십계명 같은―을 따른다는 것이 매번 바른 행동을 보증하지는 않는다. 그러나 그 규약에 따라 단호히 행하는 경우는 자신의 본능이나 사적인 감흥에 따라 행동하는 경우보다 바른 일을 할 확률이 훨씬 더 높다"[10]라고 말한다.

신약성경(마 22:37-39)을 보면 예수님이 율법 전체를 두 개의 큰 계명으로 요약하고 있음을 알 수 있다.

"네 마음을 다하고 목숨을 다하고 뜻을 다하여 주 너의 하나님을 사랑하라 하셨으니 이것이 크고 첫째 되는 계명이요 둘째도 그와 같으니 네 이웃을 네 자신같이 사랑하라."[11]

8. 진실성을 배양하라

또 예수님은 "율법이나 예언자를 폐하러 온 줄로 생각하지 말라 폐하러 온 것이 아니요 완전하게 하려 함이라"(마 5:17)고 하셨다. 윤리에 대한 의무론적/명령적 접근은 여전히 매우 설득력이 있다. 더 나아가 예수님은, "그러므로 무엇이든지 남에게 대접을 받고자 하는 대로 너희도 남을 대접하라 이것이 율법이요 예언자니라"(마 7:12)고 말씀하셨다. 예수님이 우리의 동기를 강조함으로써 이런 계명들을 내면화하도록 가르치셨다는 점은 주지해야 하는 사실이다. 음욕을 품고 쳐다보지 말 것, 약속을 반드시 지킬 것, 미워하지 말 것 등.[12]

그런데 사랑만 있으면 충분한가? 두 가지 정언명령인가, 하나의 명령인가? 사랑인가, 사랑과 정의인가?[13] 사랑이란 남을 사심 없이 섬기는 것이다.[14] 정의란 공평함과 공정함, 바른 일을 행하는 것과 관련이 있다.[15] 루이스 스미디즈는 『순전한 윤리』(Mere Morality)에서, 자신의 윤리적 성찰을 십계명 가운데 이른바 '도덕적' 계명에 해당하는 반쪽에 초점을 맞추고, 사랑과 정의 둘 다 필요하다는 논점을 편다.

정의와 사랑은 두 개의 도덕적 절대 계명들이다. 그것들은 우리가 생각할 수 있는 모든 인간 상황을 망라한다. 우리가 함께 영위하는 삶 가운데 정의와 사랑의 요구를 무시해도 좋은 구석이나 틈은 존재하지 않는다. 우리가 하는 모든 일은 공정해야 한다. 만일 공정하지 않으면 옳은 일이 아니다. 그리고 우리가 하는 모든 일은 유익해야 한다. 아니, 적어도 상처를 주면 안 된다. 만일 우리가 남을 돕는 게 아니라 해치려고 어떤 일을 한다면, 그것은 옳은 일이 아니다.

스미디즈는 이렇게 말을 잇는다.

정의는 우리에게 규율을 지키도록, 특히 "너희는…을 하지 말라"는 명령들을 지키라고 촉구하는 경향이 있다. 사랑은 부정적 계명들을 긍정적 초대로 바꿔 유익을 창조하라고 한다. 정의와 사랑은 다른 계명들이 가리키고 있는 삶의 절대 원리인 것이다.[16]

그런데 왜 정언명령에 순종해야 하는가? 무엇이 그렇게 하도록 우리의 동기를 유발하는가? 폴 램지는 "종교가 윤리에 덧붙이는 것이 초자연적으로 집행되는 형벌의 위협밖에 없다고 생각하는 사람이 있다면, 그는 성경을 한 번도 읽어 보지 않은 사람"[17]이라고 말한다. 신구약을 통틀어 순종의 동기가 되는 것은 우리와 하나님의 관계다. 이는 영성의 문제다. 우리는 하나님에게 책무가 있으며, 하나님을 힘입어 하나님 안에 있는 그 도에 우리의 삶과 행동을 맞추게 되어 있다.[18] 하나님은 "내가 거룩하니 너희도 몸을 구별하여 거룩하게 하라"(레 11:44)고 말씀하신다. 이것은 구약성경 아래서도 우리를 짓누르는 그런 요구가 아니다. 예레미야는 하나님이 그분의 법을 우리 마음 판에 기록하리라고 혹은 그 법이 우리의 동인이 되게 할 것이라고 예언했고(렘 31:33), 에스겔은 하나님이 그분의 영을 우리 속에 두어 "너희로 내(하나님의) 율례를 행하게 하리니 너희가 내 규례를 지켜 행할지라"라고 예언했다(겔 36:27).

명령적 접근은 오랜 세월 동안 시험을 거쳐 입증된 길잡이라는 데 그 강점이 있다. 명령은 안정성과 항구성을 제공한다. 이 접근의 약점은 어떤 때에는 서로 상충된 규율들을 제공한다는 점이다.

이 밖에도 윤리적 결정에 이르는 또 하나의 접근이 있다.

결과—목표 혹은 결말

때로 '공리주의적'이라 불리기도 하는 목적론적 접근에서는 결과—보통은 최대의 선(善)—가 도덕적 정당성을 좌우한다. 신구약성경에는 사람들이 결말에 비추어 윤리적 결정을 내리는 장면이 종종 나온다. 아브라함을 예로 들어 보자.

하나님은 아브라함에게 아들을 데리고 모리아산으로 가서 이방인의 풍습처럼 아들 이삭을 제물로 바치라고 명했다. 아브라함은 두 가지 상충된 계명에 직면했다. 살인하지 말라는 것과 자기 아들을 제물로 바치라는 것. 문제를 더 복잡하게 만든 것은 자기 아들 이삭이야말로 많은 후손을 이루게 해 주겠다는 하나님의 약속이 성취될 수 있는 유일한 가시적 수단이었다는 사실이다. 그런데도 아브라함은 순종했다. 그가 산에 올라가면서 뒤에 남아 있는 사환들에게 "'우리'가 저기 가서 경배하고 '우리'가 너희에게로 돌아오리라"고 말한 것을 보면, 신약성경에 명시되어 있는 것처럼 하나님이 능히 죽은 자 가운데서 다시 살리실 줄로 혹은 돌들을 일으켜 아브라함의 자손이 되게 하실 것으로 기대하는 등(창 22:5; 히 11:19) 그 결말을 내다보며 순종했음을 알 수 있다.

그리고 여리고의 창녀 라합을 보라. 그녀는 히브리인 스파이들의 행방에 대해 자기 왕과 그 신하들에게 거짓말을 한 사람이다. 그녀가 그들을 자기 집 지붕에 숨겨 준 것은 이스라엘의 도래에서 하나님의 역사와 임재를 보았기 때문이다. 그녀의 행동은 다가오는 그 나라에 의해 주도되었던 것이다. 이 때문에 그녀는 히브리서 11장에 나오는 믿음의 영웅들 반열에 포함되었다.

야곱은 두 아내를 맞이하는 대가로 장인인 라반을 위해 노예처럼 14년을 노역한 다음, 자기 가족에게 필요한 것을 얻기 위해 장인을 대상으로 음모를 꾸몄다. 야곱은 라반으로부터 '아무것'도 받지 않되(창 30:31), 영리한 번식법과 하나님이 주신 꿈을 통해 장인의 양 떼와 수양 가운데 자기에게 필요한 것을 취할 수 있도록(31:10-13) 교활한 계획을 세웠다. 그의 행동은 라반이 알아챈 것처럼(31:30), 그리고 그 이야기가 보여 주듯, 야곱이 감지하고 있던 운명에 의해 좌우된 것이었다. 즉 하나님이 약속하신 그 땅으로 돌아가고픈 소원 때문이었다. 그것을 거룩한 교활함(holy shrewdness)이라 볼 수 있을까? 이와 비슷하게, 그 아버지의 에서에 대한 병적인 편애에도 불구하고 야곱의 어머니인 리브가가 음모를 꾸며 야곱이 아버지로부터 축복을 받게 한 것도 거룩한 교활함이라 할 수 있을까? 특히 그 결말에 비추어 볼 때(창 27장) 어떠한가?[19]

그리고 신약성경으로 넘어오면 누가복음 16장에는 예수님이 들려 준 의외의 비유가 나온다. 그것은 주인이 자기 수하의 불의한 관리자가 장차 쫓겨날 것을 대비해 교활한 계획을 세운 일을 칭찬하는 이야기다(눅 16:8). 예수님이 "뱀같이 지혜롭고(shrewd) 비둘기같이 순결하라"(마 10:16)고 권면했는데, 이 말씀은 무슨 뜻일까?

신약성경은 우리에게 어떤 행동을 할 때 그 결말을 고려하라고 분명히 말한다. 그 결말이 하나님의 통치가 뚫고 들어오는 데 기여하는 것인가? 하나님의 목적을 반영하는가? 사회에 정의를 가져오는가?(골 4:1-2; 벧전 1:15)

이 결과론적 접근 방식과 관련하여, 이글 커뮤니케이션 회사의 사장인 피터 차오는 개인적 결과들을 바탕으로 도덕적 행위를 시험할 수 있는 몇 가지 기준을 제시한다.

- 수면 테스트: 내가 이 일을 하면 밤에 잠을 잘 수 있을까?
- 신문 테스트: 만일 이 일이 조간신문의 전면을 장식한다면, 내가 하겠는가?
- 거울 테스트: 내가 이 일을 하면, 거울 앞에 섰을 때 나 자신에 대해 거리끼지 않을까?
- 어린이 테스트: 내가 이 일을 하면, 거리낌 없이 10대 자녀에게 얘기해 줄 수 있을까?[20]

궁극적으로 우리 행동의 최상의 '결말' 혹은 목적은 사랑을 표현하는 데 있다. 라틴어 카리타스(caritas)나 그리스어 아가페(agape)는 단순한 육체적 열정이나 감정적 애정이 아니다. 그것은 무조건적 배려요 남을 위해 최상의 것을 베푸는 행위다. 클리브 라이트가 도덕적 탐구와 관련해 기독교 신앙이 내놓을 수 있는 긍정적 요소로 사랑을 추천하는 이유는, 사랑이야말로 사람들을 하나로 묶어 주는 인간 특유의 원리인 동시에 기독교 공동체 바깥에도 호소력이 있는 개념이기 때문이다.[21]

결과론적 접근은 현실을 있는 그대로 다루고, 책임감을 강조하며, 인간의 행복과 복리를 증진시키려 한다는 데 강점이 있다. 이 접근 방식의 약점은 우리가 취하는 행동이 어떤 결과를 낳을지 확실하게 계산할 수 없을 때가 종종 있다는 점에 있다.

성품-덕의 윤리

윤리에 대한 세 번째 접근은 덕 혹은 성품을 중심으로 다가가는 것이다. 이 접근을 따르는 사람은 바른 행동이란 의롭고 덕스러운 성품에서 나온다고 생각한다. 이제는 대다수 기업체가 가치관에 대해 얘기한다. 자기네 가치관을 눈에 잘 보이는 장소에 걸어 놓고 동기 유발용 지침으로 삼기도 한다. 하지만 가치관은 대응물이 별로 없다.

"나는 내 가치관을 갖고 있고, 당신은 당신의 것을 가지고 있어요. 그건 결국 당신에게 무엇이 중요한가 하는 문제지요."

이와 달리 미덕은 대응물이 있다. 악덕이 그것이다. 덕이란 선을 행하려는 습성이다. 그것은 상대적이지 않고 절대적이다. 알 부사드가 말하듯이, "덕은 죄의 실재를 무시하진 않지만, 변화의 가능성을 비웃는 냉소주의에는 승복하지 않는다."[22] 그리고 덕은 규율이 아니라 성품에 초점을 맞춘다.

고대 철학자 아리스토텔레스는 아홉 가지 지적인 덕―전문기술, 과학 지식, 신중함, 지력, 지혜, 풍부한 자원, 이해력, 판단력, 영리함―과 열두 가지 도덕적인 덕―용기, 절제, 관대함, 장엄함, 아량, 타당한 야망, 인내, 진실, 기지, 우정, 중용, 의로운 분노―을 열거했다.[23] 교회의 전통은 오랫동안 고전적인 그리스의 덕 가운데 네 가지—정의, 신중함, 중용, 용기—를 강조해 왔고, 거기에 믿음, 소망, 사랑 같은 '신학적 덕'을 추가했다. 이에 관해서는 나중에 살펴보도록 하자.

정의는 공평함과 관련이 있다. 그것은 권리와 자격을 달아 보고 사람과 조직을 존엄하게 대우하는 것을 목적으로 삼는다. 클리브 라이트는 말한다.

"사업의 맥락에서, 정의의 덕은 정신적으로 그리고 문자적으로 법에 순복하는 것을 하나의 원칙으로 단언한다. 하지만 정의는 이런 공식적 의미에서의 합법성 획득을 훨씬 넘어선다. 그것은 '서로 상충된 이해관계들을 올바로 가늠해 볼 것'을 요구하기도 한다."[24]

신중함은 과거로부터 배우는 일을 습관화하는 것이다. 라이트는 신중함이란 "당장의 만족을 차후로 미룰 수 있는 능력과…어떤 행위의 즉각적 결과를 뛰어넘어 생각할 수 있는 역량"이라고 말한다.[25] 그리고 그는 "신중함은 사업의 가장 기본적인 요건들—신뢰·충실·성실—의 뿌리에 해당한다고 할 수 있을 것이다. 이런 자질들 혹은 미덕들은 정직의 개념으로 요약될 수 있다"[26]라고 덧붙인다.

중용 혹은 절제는 과도한 자기 탐닉과 탐욕을 피하고 우리가 완성할 수 없는 프로젝트를 맡지 않으면서, 하나님이 우리에게 부여한 제약 조건 안에서 사는 것을 의미한다. 라이트는 "부의 창조 행위가 유한한 자연 자원의 소비와 관련이 있을 때, 중용은 자원의 착취를 절제하고 자원 사용으로 이룩될 선과 소비되는 자원 사이에 올바른 균형을 맞출 것을 요구한다"[27]고 언급하면서, 덕을 사업에 적용하는 것이 중요하다고 한다.

용기 혹은 인내는 기꺼이 위험을 감수하려는 성품으로서 불의를 폭로하는 데 필요한 덕이다.[28] 라이트의 말을 들어보자.

"용기란 학대, 조롱 혹은 오해의 압력에도 불구하고 유혹에 잘 버티는 능력을 의미한다. 달리 말하면, 원칙에 충실하려는 태도다. 사업의 맥락에서 용기는…피할 수 없는 불확실성과 위험부담으로 인한 불안감을 올바른 관점에서 볼 수 있게 해 준다."[29]

믿음은 우리의 계획 수립에 하나님을 포함시키고 사람들이 바뀔 수 있다고 믿는 태도다. 소망은 하나님의 축복을 고대하면서 냉소주의에 빠지지 않는 것을 의미한다. 사랑은 사람들과 조직체에 충성심을 보여 주는 일이다. 사랑은 사람들에게 당신을 한 번 더 상처 입힐 기회를 주는 것이며 하나님의 눈으로 그들을 바라보는 것이다.[30] 여러 면에서 사랑이라는 신학적 덕은, 다른 모든 덕을 하나로 묶어 주고 그것들을 구체적으로 구현한다. 그리고 사랑은 모든 덕의 배후에 있는 궁극적 동인인데 비해, 진실성은 덕스러운 삶이 표출된 모습이다. 진실성은 단순한 정직이 아니고 도덕적 부패에서 자유로운 한 사람의 건전성, 온전함, 통합성을 가리킨다.

성경은 우리에게 덕의 목록을 제시하거나 덕스럽게 되는 열 단계 따위를 제공하진 않지만, 하나님과 비슷한 의로움을 하나의 포괄적인 성품으로 가리키고 있다.[31] 우리가 믿는 하나님은 사랑이 많고 거룩하신 분이요 우리를 자기 성품에 맞춰 빚어 가시는 분인 만큼, 그 자녀 된 우리는 그로부터 덕스럽게 자라야겠다는 영적인 동기를 발견하게 된다.

구약성경의 예언자적 전통을 보면 이 점이 뚜렷하게 나타난다. 사람들은 하나님이 정의로운 분이기에, "정의를 행하며 인자(仁慈)를 사랑하며 겸손하게 네 하나님과 함께 행하"(미 6:8)라는 부름을 받았다. 호세아의 경우에는, 하나님의 자기희생적 사랑이 그 예언자로 하여금 불충실한 아내를 구속하도록 동기를 부여한다. 바로 하나님의 가슴에 있는 언약적 사랑(hesed) 때문이다. 즉 구약성경의 경우 의로운 삶과 행위는 하나님께 대한 감사와 하나님이 가진 사랑과 정의의 성품을 본받는 데 그 뿌리를 두고 있다.[32]

신약성경으로 넘어오면, 예수님이 사람들에게 아주 특별한 윤리적 삶을 살라고 요청하시는 장면을 접하게 된다. 팔복(마 5:3-12)은 예수님이 선포하고 몸소 구현한 그 나라 안에서 사는 삶이 어떤 모습인지를 천명한 것이다.

"심령이 가난한 자는 복이 있나니 천국이 그들의 것임이요."

팔복을 사업에 적용하면 다음과 같이 표현할 수 있다.

- 심령이 가난한 자는 복이 있나니: 하나님과 타인에 대해 많이 생각하고 자신에 대해 조금만 생각하는 사람.
- 애통하는 자는 복이 있나니: 자기의 잘못을 시인하고 사람들과 조직이 지닌 죄에 대해 슬퍼하는 사람.
- 남이 잘되는 걸 위해 자기 권리를 포기하는 자는 복이 있나니: 온유한 자는 땅을 기업으로 받을 것이요.
- 일이 바르게 성사되기를 뜨겁게 갈구하는 자는 복이 있나니: 의에 주리고 목말라 하는 사람.
- 긍휼히 여기는 자는 복이 있나니: 타인이 자기를 낙심시킬 때 오히려

친절과 은혜를 베푸는 사람.
- 마음이 청결한 자는 복이 있나니: 오로지 '일편단심'으로 삶 전체를 하나님과 그 나라에 맞추는 사람.
- 화평케 하는 자는 복이 있나니: 여러 파당과 사람들을 하나로 묶어 주고, 서로 껄끄러워 하는 사람들 가운데 공동체를 세우는 사람.
- 올바른 일을 하다가 고통당하는 자는 복이 있나니: 의를 위하여 핍박을 받은 사람.

그런데 우리는 예수의 가르침을 따라 살 수 있을까? 그분은 우리에게 운신의 폭을 별로 주지 않는다. 또 그분은 자기가 다시 올 때만 적용할 수 있는 그런 성품만이 아니라 이 땅에 그분의 나라를 세우는 데 필요한 성품을 천명하고 있음을 분명히 밝힌다. 바로 지금 그것이 필요하다는 말이다. 그분의 말을 듣고 행하는 자는 그 집을 반석 위에 지은 사람이다(마 7:24). 아울러 거기에는 약속도 달려 있다. 세상적인 재물과 유명세를 이루는 것이 아니라, 그 나라의 삶에 완전히 참여하고, 하나님을 바라보고, 궁극적으로 땅을 기업으로 받는 것이다.

이것은 파격적인 윤리임에 틀림없다. 이를 삶으로 실천할 수 있을까? 이 윤리는 너무 감당하기 어려운 것이라서 철학자 알프레드 화이트헤드는 "현재 사회가 구성되어 있는 모습으로 볼 때, 복음서들 여기저기에 흩어져 있는 도덕적 교훈을 문자적으로 순종하면 순식간에 죽음이 도래할 것"[33]이라고 했다. 만일 우리 모두가 온유해져서 다른 뺨을 돌려대고, 악에 대항하지 않고, 손해를 보면서까지 진실을 말하고, 우리 자신을 부인한다면 어떻게 될까? 이야말로 기독교의 여러 측면 가운데, 테스트를 거쳐 부족하다고 판명된 것이 아니라 너무 어려워서 아직 테스트되지 않은 또 하나의 측면임에 틀림없다.[34]

성품 중심의 접근 방식은 강점을 갖고 있다. 클리브 라이트는 덕 윤리를 다룬 탁월한 책 『덕의 사업』(The Business of Virtue)에서, 덕 윤리는 도덕적 삶에서 지식, 의지, 열정이 차지하는 자리를 성찰할 수 있도록 하나의 틀을 제공한다고 말한다.[35] 그런데 성품의 구성 요소에 해당하는 그 약점들을 보완하는 일은 평생 지속되는 작업이고, 도덕적 결정이란 개인의 덕에서 비롯될 뿐 아니라 개인의 덕을 형성하는 데도 기여한다.

참 교육은 아우구스티누스의 말처럼 무엇을 열망할 것인지를 배우는 일이다. 이것은 하나님과 우리 사이에 은혜로운 협력이 요구되는 일이다.[36] 덕을 배양하는 도덕 교육은 그 과정의 일부다. 도덕적 발달은 습관의 영향을 받고, 습관은 선택에 의해 형성된다. 그래서 성경도 "이것들을 생각하라"(빌 4:8)든가, 욕설과 같은 악덕을 버리라든가(엡 4:31), "너희가 더욱 힘써 너희 믿음에 덕을"(벧후 1:5) 더하라고 권면한다. 그러나 누구든 자력으로 애쓴다고 덕스러운 사람이 되는 것은 아니다. 하나님은 그분 자신이 요구하는 것을 주시는 분이요, 그리스도 안에서 새로운 피조물이 되게 하는 그 은혜는 우리가 인간적인 노력으로 결코 이룩할 수 없는 것을 성취해 준다. 그래서 베드로도 이렇게 말한다.

"우리가 그[하나님]를 앎으로 말미암아 생명과 경건에 이르게 하는 모든 것을, 그의 권능으로 우리에게 주셨습니다. 하나님은 우리를 부르셔서 그의 영광과 덕을 누리게 해 주신 분이십니다"(벧후 1:3, 새번역).

아테네가 요구하는 그것을 그리스도는 신적인 능력으로 가능케 해 준다는 말이다. 이 얼마나 고상한 소명인가! 그 목표가 너무 높다고 생각되는가? 불가능하게 보이는가?

타협은 불가피한가?

쇠렌 키에르케고르는 사람이 언제나 가장 고상한 기독교적 개념들을 따라서만 살 수 없는 것은, 마치 성만찬으로만 살 수 없는 것과 마찬가지라고 말했다. 리처드 롱네커도 그와 비슷한 말을 한다.

"대다수 그리스도인이 가진 좌우명은 이런 것이다. 신약의 개인 윤리는 환경이 허락하는 한 실천하되, 우리가 현재 비도덕적 사회에 살고 있다는 것과 따라서 인간사의 영역에서 어느 정도 타협이 불가피하다는 것을 알라는 것이다."[37]

더욱이 장 칼뱅 또한 하나님의 법을 지키는 문제와 관련해 "적어도 우리가 감당할 수 있는 것보다 더 많은 것을 요구하고 있다"[38]고 시인했다.

우리는 기도하는 가운데 타협하고 그 후에 회개하는가?[39] 아니면 단연코 타협하지 않으며, 십자가를 지고, 어쩌면 이 세상에서 생명을 잃기까지 하는가? 혹은 개인 윤리 면에서는 타협하지 않되 사회생활은 그와 달라야 한다고 인식하여 일종의 수륙 양용 기능을 발휘하는가? 이 마지막 입장이 루터의 견해였고, 현재 리처드 롱네커가 옹호하는 입장이기도 하다.

광고 담당 임원인 에밀리 그리핀은 윤리적 의사 결정의 영성에 관해 이렇게 성찰하고 있다.

> 성찰하는 임원은…일상적 경험을 회심에의 부르심으로 이해하는 사람이다. 그는 하나님과 대화하는 가운데 살아가며, 남을 위해 중보하는 자요, 사업상 결정을 내릴 때 '타협적 거래'라는 참을 수 없는 소리와 함께 끊임없는 타협의 필요성을 고려하는 자요, 하나님이 함께하시면 모든 것이 가능하다는 것을 실제로 알면서 움직이는 자요, 날마다 사회에서 발생하는 있을 법하지 않은 조정 현상을 오래도록 열심히, 예언자적 눈으로, 비전을 품고 바라보는 자요, 가능한 대로 편견과 선입견, 오랜 적대감과 분쟁을 제쳐 놓는 자요, 화해와 연대감과 자매 관계와 형제 관계를—그리고 무엇보다 공손한 태도를—갈망하는 자다.[40]

윤리적 의사 결정의 영성은 네 가지 차원을 갖고 있다.

첫째, 하나님이 주신 정언명령, 곧 십계명과 함께 사랑과 정의라는 쌍둥이 법을 귀하게 여기고 가슴에 품는다. 둘째, 우리가 부름 받은 목적을 생각하고, 어떻게 하면 우리가 취할 행동이 그 목적에 걸맞은 결과를 낳을지 고려한다. 예를 들면, 많은 이들이 직원을 해고하는 일—해고하는 자나 당하는 자 모두에게 힘겨운 일—이 장기적으로 보아 그들 자신에게 최선의 길임을 발견했다. 셋째, 하나님과 동행하고, 하나님의 영으로 숨을 쉬며, 그 영이 우리 속에 덕스러운 삶을 빚어내도록 허락하는 동시에, 도덕적 행위를 습관화하는 노력이 필요하다. 토론토의 한 의사는 "나는 도덕 신학에 관한 책을 모두 갖다 버렸습니다. 이제는 성경을 읽고 성령의 인도를 위해 기도하며, 나의 직관을 신뢰합니다"라고 말했다. 끝으로, 은혜와 용서에 힘입어 살아간다. 우리는 때로 실수를 할 터이고, 타협도 하며, 때로는 선보다 악을 더 행할 때도 있을 것이다. 그러나 루터가 말한 것처럼, "담대하게 죄를 짓되 예수를 그보다 더 담대하게 믿으라."[41]

그러면 사업에서 윤리적인 리더십을 발휘하면 그만한 보상이 따를까? 종종 그렇다. 왜냐하면 하나님이 우주를 특정한 방식으로 설계했기 때문이다. 신뢰가 존재하지 않으면 하나님이 만든 체계는 무너지고 만다. 윤리적인 기업 경영은 언제나 그만한 보상을 얻는가? 늘 그렇지는 않다. 적어도 단기적으로 보면 그렇지 못하다.

❖ **토론 문제**

1. 직원을 고용할 때 무엇보다 진실성을 보라는, 이 장 맨 앞에 인용한 디 호크의 말을 다시 읽어 보라. 고용 담당 매니저는 어떻게 지원자의 진실성을 평가할 수 있을까?
2. 이번 장의 앞부분에 나온 두 사례 가운데 하나를 택하라. 그리고 다음 질문에 답하라.
   (1) 당면한 윤리적 쟁점들은 무엇인가?
   (2) 당사자는 이런 상황에서 어떤 느낌이 들겠는가?
   (3) 그런 느낌이 이 경우 (의무론적) 정언명령, (목적론적) 결과, 혹은 성품의 문제가 개입되어 있는지를 분별하는 데 어떤 도움을 주는가?

⑷ 당신이라면 어떻게 반응하겠는가? 왜 그렇게 반응하겠는가?

⑸ 또 어떻게 기도하겠는가?

3. 다음의 지침을 사용하여 당신이 속한 조직체의 윤리 감사를 시도해 보라.

⑴ 조직체가 창설되었을 때, 그 분야에서 어떤 중요한 사건들이 일어나고 있었는가? 그때 이후 일어난 변화들 가운데 조직의 윤리에 영향을 준 것은 무엇인가?

⑵ 당신이 속한 조직의 역사에서 중요한 전환점이 되었던 것들은 어떤 것이 있는가? 그것들이 조직의 가치관에 어떤 영향을 미쳤는가?

⑶ 조직을 지배하고 있는 원칙들의 실제 근원—글로 명시된 것과 다를 수도 있는—은 무엇인가? 당신의 조직에서는 어떤 행동 방식을 높이 평가하는가?

⑷ 조직의 핵심 가치관을 잘 구현해 온 모범적인 사람들은 누구인가? 그들이 보여 준 특징적 모습과 덕은 무엇인가?

⑸ 회사의 관행, 행사, 의례 가운데 조직이 흠모하는 가치를 잘 보여 주는 것은 무엇인가?

⑹ 만일 당신이 바꾸고 싶은 조직의 가치관이 있다면 그것은 무엇인가? 그런 변화가 일어나려면 어떤 상징, 행동 방식, 저변에 깔린 신념들이 변경될 필요가 있는가?

⑺ 조직의 '투자자들'이 각각 갖고 있는 가치관은 무엇인가? 당신은 참모진, 동료, 고객, 주변 공동체에 대해 어떤 윤리를 실

행하기로 다짐하고 있는가? 각 투자자에게 기대하는 윤리의식은 어떤 것인가?

(8) 당신의 조직은 돈을 버는 것 이상의 목적을 갖고 있는가? 만일 있다면 그것은 무엇인가? 당신의 조직이 존재하기 때문에 세상은 득을 보고 있는가? 당신의 직원들은 거기서 일하기 때문에 더 나은 삶을 살고 있는가?[42]

❖ 더 읽을 자료

Adeney, Bernard. *Strange Virtues: Ethics in a Multicultural World* (Downers Grove, Ill.: InterVarsity Press, 1995).

Donaldson, Thomas, and Patricia H., Werhane. eds. *Ethical Issues in Business: A Philosophical Approach* (Upper Saddle River, N.J.: Prentice Hall, 1996).

Gill, David W. *Doing Right: Practicing Ethical Principles* (Downers Grove, Ill.: InterVarsity Press, 2004).

Hauerwas, Stanley. *Vision and Virtue: Essays in Christian Ethical Reflection* (Notre Dame, Ind.: University of Notre Dame Press, 1974).

Hill, Alexander. *Just Business: Christian Ethics for the Marketplace* (Downers Grove, Ill.: InterVarsity Press, 1997).

Kouzes, James M., and Barry Z. Posner. *Credibility: How Leaders Gain and Lose It, Why People Demand It* (San Francisco: Jossey-Bass, 1993).

MacIntyre, Alasdair. *After Virtue* (Notre Dame, Ind.: University of Notre Dame Press, 1981/1984). 『덕의 상실』(문예출판사).

Wright, Clive. *The Business of Virtue* (London: SPCK, 2004).

9.
창조적이 되라

일이라는 것은 생산적이어야 함과 동시에 보상·의미·성숙·풍성한 삶·보람·치유·기쁨 등을 줘야 하며, 또 실제로 그럴 수 있다. 일은 우리가 가진 가장 큰 특권 중의 하나다. 일은 심지어 시적(詩的)인 성격을 지닐 수도 있다.
_맥스 드프리

기업가 계층이 없으면 자본주의 발달이 있을 수 없고, 도덕적 강령이 없으면 기업가 계층이 있을 수 없으며, 종교적 전제가 없으면 도덕적 강령이 있을 수 없다.
_지안프랑코 포기

영화 〈월 스트리트〉(Wall Street)에서 고든 게코(마이클 더글라스)는 전형적인 기업가로 등장한다. 그는 버드 폭스(찰리 쉰)에게 이렇게 충고한다.

"사업을 할 때 명심할 것은, 주식으로 인해 감정이 오락가락하면 안 된다는 거야. 그럴 경우 판단이 흐려지게 마련이지."

게코는 쉴 새 없이 전화기에다 입을 대고, "다른 놈의 합병 시도를 봉쇄해", "크리스마스는 끝났어, 사업은 어디까지나 사업이야", "몸의 땀구멍이 온통 빨갛게 되도록 뛰란 말이야" 등의 상투어를 계속 쏟아낸다. 게코는 탐욕을 다음과 같이 재정의한다.

"탐욕은 좋은 것이야. 옳은 것이며 실효성이 있어. 탐욕은 진화론적 정신의 본질을 명료히 밝히고 관통하고 포착하지."

이 영화는 수십 년간 서구 세계를 지배했던 세속적 휴머니즘을 표상하는 영화인데, 게코가 '정신'(spirit)이란 단어를 쓰는 것이 흥미롭다. 하지만 서구 문화에서 일어나는 변화를 감안하면 영적인 기반을 찾는 문제가 긴급하진 않더라도 적절하다고 할 수 있다. 사실 최근의 연구 조사는 돈이 기업의 유일한 원동력이 아니라는 점을 밝혀냈다. 오히려 자기 영혼의 주인이 되려는 욕구와 무언가 새로운 것을 만들려는 욕구, 어떤 변화를 일으키려는 욕구가 중요한 역할을 한다.

그래서 이번 장에서는 기업가 정신의 본질을 탐구하고자 한다. 막스 베버의 『프로테스탄티즘의 윤리와 자본주의 정신』을 다시 거론하고, 영성이 기업·사업·조직에서의 창의성과 어떤 관련이 있는지 살펴볼 것이다.

기업가 정신과 창의성 추구

헤더 퀸의 머릿속에 어떤 아이디어가 떠올랐다. 그녀는 양재사였는데 교통사고를 당해 그 일을 계속할 수 없게 되었다. 장애인이 된 그녀는 다른 장애인들이 자기에게 맞는 옷을 찾지 못해 심히 좌절하고 있는 모습이 눈에 들어왔다. 그래서 장애인을 위한 옷을 고안하기 시작하여 그것을 하나의 사업으로 발전시켰다. 그녀의 그런 창의적인 아이디어와 이를 실행하겠다는 의지는 과연 어디서 온 것일까?[1]

4장의 사례 연구에서 만났던 밥이란 인물은 중고차를 사는 것이 공장 직송의 새 모델을 사는 것만큼 만족스런 경험이 되게 하는 것을 비전으로 삼았다. 그런 아이디어에 살을 붙이는 작업은 수개월에 걸친 고된 노력과 희생을 요구했다. 하지만 이런 요소들—창의성·비전·용기·끈기—은 기업가 정신의 일부일 뿐이다.

로저 우드는 건축가다. 그는 단지 건물을 설계하는 데 그치지 않는다. 그의 비전은 건설 및 개발 회사들을 만들어 세상을 더 나은 곳으로 만들고, 특히 소외된 자들에게 일거리를 주는 것이다. 그런데 그런 일을 생각만 하는 게 아니라 실제로 실현되도록 노력한다. 이게 바로 기업가들이 하는 일이기 때문이다.

이 세 사람은 새로운 사업을 시작하거나 기존 사업을 개혁하는 데 앞장서는 인물들이다. 다른 한편, 기업가 정신은 오랜 회사 내에서 새로운 상품과 서비스를 개발하거나, 서비스를 제공하는 새롭고 더 나은 방법을 개발하는 일에도 발휘된다.

조직의 꼭대기 계층뿐 아니라 그보다 '낮은 계층'에 속한 이들도 얼마든지 기업가 정신을 발휘할 수 있다. 요즈음에는 좋은 아이디어를 창안하면 직원들에게도 적절한 보상을 주는 회사가 여럿 있다. 오늘날 우리가 몸담고 있는 세계는 '탈직무화'(de-jobbing, 많은 전통적인 직무들이 사라지고 있는 현상—옮긴이)라는 용어가 시사하듯 평생 고용이 더 이상 보장되지 않는 세계다.[2] 급격히 변하는 세계와 세계 경제 체계 하에서는 우리 자신을 계속해서 새롭게 변신시키지 않으면 안 된다. 사람들뿐 아니라 조직, 교회, 학문 기관, 정치 체계 등도 기업의 성격을 덧입을 필요가 있다. "혁신하지 못하면 죽는다"는 것이 오늘의 실상이다. 그런데 이런 창의성은 어디서 오는가?

한 가지 분명한 점은 기업 활동은 신앙을 필요로 한다는 것이다. 신앙이 안에서부터 오는 '압력'—충족되지 않은 인간의 욕구에서 나오는 원동력—이든, 밖에서 오는 '견인력'—중요한 타자(significant Other)

로부터 오는 소명—이든 상관없이 말이다.

그런데 대다수의 현대 이론가들은 이 점을 고려하지 않는다. 이론가들이 제시하는 요인들은 보통 첫째로 성격, 즉 위험 감수, 독립심, 내면의 통제소, 자신감과 같은 자질이고,[3] 둘째로 환경 혹은 '시세'(the times), 셋째로 배울 수 있는 기술의 소유[4] 등이다. 그 가운데 가장 개연성이 높은 이론은 조직계통론으로서 서구 자본주의의 번영을 낳은 기업의 필수요건을 창출하는 데 복수의 상호 의존적 요인들이 작동했다는 견해다. 많은 논란거리가 되어 왔던 1904-1905년에 쓴 막스 베버의 글을 제외하면, 기업가 정신의 영적·종교적 근원에 관한 연구나 문헌은 놀랄 정도로 적다. 바로 이 원인에 관해 이번 장에서 살펴보고자 한다.

기업가 정신은 세 얼굴을 갖고 있다. 내다보기, 창안하기(창의성), 실행하기가 그것이다. 이 세 요소 가운데 하나만 결여되어도 온전한 기업 활동이라고 볼 수 없다. 기업가(entrepreneur)란 용어는 재미있는 내력을 갖고 있다. 이 말은 본래 프랑스어[앙트르프르뇌르]로서, "사업이나 기업을 조직하고 경영하고 그 위험부담을 떠맡는 사람"(웹스터 사전)이란 뜻이다. 중세에는 성당이나 성 같은 대규모 건축 사업을 맡은 성직자를 일컬었는데, 한 사람의 몸에 발명가, 기획자, 건축가, 경영인, 고용주, 감독 등의 기능이 모두 결집되어 있었다. 나중에 18세기에 와서야 그 용어가 경제적 활동을 가리키는 것으로 사용되었다.[5] 앞서 말한 세 가지 자질들—내다보기·창안하기·실행하기—은 기업가 정신과 불가분의 관계에 있는 것 같다. 그 가운데 어느 하나만이 아니라 셋이 합쳐져야 기업가의 개념을 이룬다는 말이다. 로버트 허버트와 알버트

링크는 기업가의 정의를 내리는 것이 복잡한 일이라고 시인하면서, 그 개념을 A. A. 밀른의 영화 〈위니 더 푸〉(Winnie-the-Pooh)에 나오는 코끼리 괴물 헤팔럼프(Heffalump)에 비유했다.

"그를 보았다고 주장하는 사람들은 모두 한결같이 거대한 몸체라고는 말하지만, 그 세부사항에 관해서는 의견이 일치하지 않는다."[6]

그런데 이러한 기업가를 움직이는 원동력은 무엇인가?

베버의 "부분적이고 복잡하며 아주 중요한" 논제

개신교 노동 윤리는 여러 면에서 여가를 반대하는(anti-leisure) 태도를 가졌다고 비난받아 왔다. 이른바 "노동만이 선하다는 칼뱅주의적 정서"[7] 때문이다. 1822년에 한 상인이 직원용 게시판에 써 놓은 글이 이 점을 잘 보여 준다.

1. 반드시 동틀녘에 가게를 열 것. 절대 엄수. 여름과 겨울에는 아침 6시에 열고, 일 년 내내 저녁 8시 30분이나 9시에 닫을 것.
2. 가게를 깨끗이 청소할 것. 문과 창문을 열 것. 램프의 기름을 채우고 깨끗이 손질할 것. 굴뚝을 청소할 것. 카운터, 꽃병의 받침대, 진열장의 먼지를 털어 낼 것. 펜을 만들 것. 시간이 허락되면 아침식사 전에 석탄을 갖다 놓을 것. 방문하는 모든 손님들에게 정성껏 시중들 것.
3. 안식일에는 가게를 열지 말 것. 단, 절대로 필요한 경우에는 몇 분 동안만 열 것.
4. 일요일에 가게를 열 경우에는 점원이 홀로 들어가서 손님이 찾는 담배

를 갖다줄 것.

5. 점원 가운데 상습적으로 스페인 담배를 피우고, 이발소에서 면도하고, 춤 파티를 비롯한 오락 시설에 드나들고, 밤늦게까지 외출하는 자는 자신의 진실성과 정직성에 대한 고용주의 의심에 대해 합당한 이유를 확실히 밝힐 것.
6. 점원은 싸구려 여송연을 입에 물고 여자에게 시중들지 않는 한, 가게에서 흡연이 허용됨.
7. 각 점원은 매년 적어도 5달러를 교회에 바치고 주일학교에 규칙적으로 출석할 것.
8. 남자 점원은 연애를 위해 일주일에 하루 저녁 쉴 수 있고, 기도회에 갈 경우에는 이틀 저녁을 쉴 수 있음.
9. 가게에서 14시간 일한 다음에 따라오는 여가 시간은 대부분 독서로 보내도록 할 것.[8]

보편적으로 알고 있는 개신교 노동 윤리는 다음과 같은 신념들을 포함한다. 게으름은 죄 된 것, 근면함은 종교적 이상(ideal), 낭비는 악한 것, 검소는 미덕, 여가는 일로 획득하는 것이자 일에 대한 준비, 안일함과 실패는 금지된 것, 야망과 성공은 하나님의 총애의 확실한 징표, 부(wealth)는 하나님의 총애의 특별한 징표 등.[9]

이 가운데 일부는 개신교 종교개혁에서 직접 나온 것들이다. 행정관과 같았던 종교개혁자들—루터와 칼뱅—은 사람들이 하나님께 용납되었음을 알게 되는 방식을 '개혁'했을 뿐 아니라, 특히 세상과 노동에 대한 태도까지 개혁했다. 루터주의는 일꾼들에게 자신의 경제활동을 하나의 소명(*Beruf*)으로 생각하라고 명했다. 하지만 막스 베버에 따르면, 세상에서의 소명 혹은 신분에 대한 루터교의 신념에는 그것을 열심히 섭렵하고 합리화하고 혁신하는 것이 포함되어 있지 않았다.[10] 그래서 베버의 견해처럼, 신자가 기업가 정신을 갖도록 그 열정을 끌어올리려면 무언가 다른 것이 필요했다. 지안프랑코 포기는 그것을 이렇게 표현한다.

"세상의 현실을 실험의 장(場)으로 바꾸고, 개인을 그 장에서 역동적인 계획을 세우며 끊임없이 일하는 '온통 긴장된 존재'로 변모시키는 종교적 비전만이, 유일하게 그런 감화력을 제공했다고 말하는 것이 무난할 것이다."[11]

베버에 따르면, 칼뱅주의가 그런 역할을 했다는 것이다. 마이클 노박은 막스 베버가 지성사에서 불멸의 자리를 획득한 이유가 적어도 두 가지 있다고 말한다.

첫째, "그는 경제사에서 무언가 새로운 것을 발견했으며…경제의 도덕적·종교적 차원을 어렴풋이 알아챘다. 둘째, 마르크스주의가 설명 이론으로서 또 낙원의 비전을 제시하는 면에서 결국 실패할 수밖에 없다는 것을 시대에 앞서 암시했다. 그 철저한 유물론은 인간의 정신(영)을 배제시켰기 때문이다."[12]

베버의 논제는 이렇게 요약될 수 있다. 자본주의가 부흥하려면 격렬한 활동과 구원의 명령이 모두 필요하다. 이 두 가지 정신의 발흥은 칼뱅주의로 거슬러 올라갈 수 있다.

전자와 관련하여, 수도원의 문이 닫혀 하나님 앞에서 자기 공로를 입증할 수 있는 길이 막히자 열렬한 신자는 세상에서 소명으로 받은 일을 격렬하게 수행해 스스로를 입증하라는 명을 받았다. 후자와 관련하여 칼뱅주의는 자기부인과 자기희생, 곧 자본을 축적하는 데 필수적인 이른바 욕구 충족의 연기(延期)를 가르쳤다. 베버에 따르면, 이에 필요한 신학적 토대는 하나님의 초월성과 예정론이라는 칼뱅주의의 쌍둥이 교리가 제공해 주었다. 이 교리들은 신자에게 세상에서 하나님의 도구로 활동하고 그 과정에서 선택받은 자라는 확신을 갖게 해 주었다는 것이다. 첫째 교리는 "긴장을 끌어올리고", 둘째 교리는 "신자에게 세상에 대해 열린 자세를 갖게" 만든다.[13]

자기의 소명을 꼭 붙들라는 사도들의 권면이, 힘겨운 일상생활 가운데…'자신의 선택과 칭의에 대한 확신에 도달하라'는 일종의 의무로 해석되었다.…그와 같은 자기 확신에 이르기 위해 격렬한 세상 활동이 가장 적절한 수단으로 추천되었다. 오직 그것만이 신앙적 회의를 없애 주고 은혜에 대한 확신을 가져다준다.[14]

포기는 "그래서 칼뱅주의 신자의 모든 윤리적 달걀들은 자기 소명이란 바구니에 담겨졌다"라고 주장한다.[15] 한편 베버는 이렇게 말하고 있다.

소명 안에서 노동의 열매로 부를 성취하는 것은 하나님의 축복의 징표였다. 그보다 더 중요한 것은 이것이다. 세상적 소명 안에서 쉴 새 없이 계속해서 체계적으로 일하는 것을, 가장 고도의 금욕주의의 수단으로 여기는 동시에 중생과 참 신앙의 가장 확실한 증거로 여기는 종교적인 가치 부여는, 여기서 자본주의 정신이라 부르는 삶의 태도를 확장하는 가장 강력한 지렛대 역할을 했다는 것이다.[16]

베버가 연구한 칼뱅주의는 잠재적으로 유용한, '돈과 시간의 청지기 직분'이란 개념을 함축하고 있었으며, 거기에는 시간 사용을 극대화하기 위해 환경을 조정하는 방법론적 접근이 내포되어 있었다. 이와 대조적으로, 가톨릭주의는 성(聖)과 속(俗)의 폭넓은 상호침투를 주장함으로써 "신자가 후자[속(俗)]에 대해 예전적 의미가 없는 종교적 중립지대로 간주해, 자기 마음대로 '실습해 볼 수' 있는 영역으로 생각하지 못하게" 했다. 다른 한편, 칼뱅주의는 신자들이 윤리적인 자세를 취하도록 지도했다. 즉 세상에서 하는 집중적인 '실습'의 맥락에서, 세상의 내적 금욕주의를 실천하는 것으로 생각하게 한 것이다.[17] 그러므로 소명 안에서 노동의 열매이자 하나님의 축복의 징표로 얻는 부의 획득(취득 활동)과 소비의 제한(저축)을 합치면 당연히 자본의 축적으로 귀결될 수밖에 없다.[18] 이런 태도를 전형적으로 보여 주는 것이 감리교 운동의 창설자인 존 웨슬리의 설교에 나오는 돈의 사용에 관한 유명한 대목이다.

"벌 수 있는 모든 것을 버십시오(기업가 정신에 대한 촉구). 저축할 수 있는 모든 것을 저축하십시오(자본주의에 대한 촉구). 줄 수 있는 모든 것을 베푸십시오."[19]

지안프랑코 포기는 "베버의 논제는 (커다란 역사적 현상 중 하나의 두드러진 부분만 다룬다는 면에서) '부분적'이고, ("서로 별개인 많은 논점들을 내포하고 있고 그만큼 많은 단계들 혹은 전이과정을 통해 서로 묶어 주고 있다"는 면에서) '복잡하며', '그리고 아주 중요한' 것이다"[20]라고 적절히 결론 내린다.

베버의 논제는 경험적으로 검증하긴 어렵지만 영국의 경제학자 브라이언 그리피스가 말하듯, "개신교 윤리는 그보다 훨씬 더 보편적인 논제의 구체적인 예라고 할 수 있다. 그 논제는 바로 경제적인 과정이 중요한 방식으로 문화적이고 종교적인 가치들과 연관되어 있다"는 것이다.[21]

종교개혁적 소명을 회복하는 일

보편적으로 알고 있는 베버의 개신교 노동 윤리는 '후기 개신교의 노동 윤리'라 부르는 것이 더 정확할 것이다. 베버는 칼뱅을 거의 인용하지 않는다. 그는 자본주의가 가톨릭 국가들보다 개신교 국가들에서 더 크게 부흥했다는 자신의 관찰에 크게 의존하고 있다. 물론 자본주의의 부흥을 데이비드 란데스는 다르게 설명하고 있지만 말이다.[22] 베버는 또한 리처드 박스터 같은 후대의 청교도들, 잉글랜드와 네덜란드의 경건주의자들, 감리교도들, 그리고 벤자민 프랭클린 같은 이신론자들에 크게 의존하고 있다.[23]

명목상 신자였던 후기 개신교도들 가운데는 구원에 있어 그리스도 사역의 충분성을 더 이상 의지하지 않고, 산업혁명이 진행되는 동안 일을 자기에 대한 하나님의 용납을 입증하는 수단으로 보게 되었다. 즉, 종교적으로 중요한 의미를 일에 부여했다는 말이다. 다른 한편, 안식의 소명—칼뱅과 초기 청교도들이 옳게 강조했던—은 그 어간에 잃어버리고 말았다.[24] 베버가 바로 본 것은, 결국 개혁교회와 그 분파들이 엮어 낸 것이 믿음을 통해 은혜로 의롭게 되는 것이 아니라 "행위에 의한 구원 교리로의 복귀"였다는 점이다. 즉 "하나님은 스스로 돕는 자를 돕는다"는 교리 말이다.[25] 다른 한편, 베버의 잘못은 루터주의가 "은혜의 교리로 인하여, 삶의 방법론적 합리화에 필요한 조직적 행동을 하도록 심리적으로 재가하지 못했다"고 결론을 내린 것이다.[26]

루터와 칼뱅은 공히 사람들에게 기독교 신앙의 기초 문헌(성경)과 복음적 경험을 상기시켰다. 그래서 우선적인 영적 자세—세상에서 사는 데 필요한 심리적 능력을 제공하는—는 실존적 불안감(하나님의 승인을 받지 못할까 두려워하는 마음)도, 자기정당화도 아니라고 주장했다. 참된 영성은 오히려 하나님에 대한 감사와 이웃 사랑의 조합이라고 했다. 이것이야말로 사람들을 '움직이는' 원동력이 되어야 한다. 이런 영적 동인들은 '긴장된' 사람을 창조하진 않지만, 열정적이고 창의적인 작업을 하도록 강력한 동기를 불러일으킨다. 이런 동기는, 나중에 이야기하겠지만 무한정 지속될 수 있는 동기다. 이에 대해 루터는 결혼 비유를 사용하여 다음과 같이 아름답게 묘사했다(이 비유는 칼뱅도 사용한 바 있다).[27]

남편과 아내가 정말 서로를 사랑하고 서로 기뻐하고 사랑에 대한 철저한 믿음을 갖고 있다면, 누가 그들에게 어떻게 서로를 대해야 하고, 무슨 일을 해야 할지 혹은 해서는 안 될지, 무슨 말을 할지 혹은 하면 안 될지, 무슨 생각을 해야 할지를 가르칠 수 있으랴? 든든한 믿음만이 이 모든 것을 가르칠 수 있고, 심지어 필요 이상으로 그렇게 할 수 있다. 그런 사람에게는 일의 차별성이 존재하지 않는다. 그는 작고 하찮은 일도 크고 중요한 일을 할 때만큼 기쁜 마음으로 하고, 거꾸로도 마찬가지다. 더군다나 그는 이 모든 것을 기쁘고 평화롭고 든든한 심정으로 하고, 그 여인에게도 단연코 기꺼운 동반자가 될 것이다.

그러나 추호의 의심이라도 들면 어떻게 하는 게 최선인지를 알려고 자기 내면을 살필 것이다. 그 때야 비로소 상대방의 호감을 얻기 위해 자기가 하는 일에 차별성을 두게 된다. 하지만 그런 과정에서 그는 무거운 마음과 정말 내키지 않는 심정을 억누를 수가 없다. 그는 마치 죄수인 양 반 이상을 절망에 빠져 있고 종종 자신을 바보로 만들기도 한다. 그러므로 하나님을 향해 든든한 믿음을 품고 사는 그리스도인 남성은 모든 것을 알고, 모든 것을 할 수 있으며, 해야 할 일이면 무엇이든 감행하되 기쁘고 즐거운 마음으로 한다. 어떤 공로와 선행을 쌓기 위해서가 아니라 그런 일을 함으로 하나님을 기쁘시게 하는 것이 자기에게도 기쁨이 되기 때문이다.

그는 하나님을 섬기되 어떤 보상을 바라지 않고 하나님을 기쁘시게 하는 것으로 만족한다. 다른 한편, 하나님과 하나가 되지 못한 자나 의심을 품고 있는 사람은 어떻게 해야 충분한지 그리고 어떻게 해야 선행으로 하나님을 감화시킬 수 있을지 노심초사하고 그 방도를 찾기 시작한다[베버가 말하는 '긴장된' 사람].[28]

루터와 칼뱅 같은 종교개혁자의 시대와 베버가 연구한 후기 개신교 시대가 지난 후, 서구 세계는 수십 년 동안 세속적 휴머니즘의 시대를 경험했다. 이런 시대에 대해 케인즈는 "현대 자본주의는 단연코 비종교적이고, 내적 합일성이 없고, 공공 정신도 별로 없으며, 항상 그런 건 아니지만 종종 소유자들과 추격자들의 덩어리에 불과한 경우가 많다"29고 바르게 지적한다. 인간의 영과 하나님의 영이 모두 소멸되어 버린 것이다. 사업은 어디까지나 사업이다. 탐욕은 좋은 것이다. 자기 이익이 기업 경영의 일차적 동인인 경우가 너무 흔하다. 교회/종교와 사업 간의 불행한 이혼이 사업을 저 홀로 내버려두었고, 그리스도인들(및 다른 종교인들)은 정신분열적 삶을 살게 되었다. 일요일에는 하나님, 월요일에는 맘몬을 섬기는 인생으로 말이다. 회사는 오직 이윤을 창출하는 기계로 전락했다. 200년 전 조지 3세의 대법관이었던 바론 서로우는 "어떻게 회사가 양심을 갖도록 기대할 수 있겠는가? 회사는 정죄당할 영혼도, 걷어차일 몸도 없는데 말이다"라고 말했다.30

그런데 부분적으로 포스트모더니즘(이를 어떻게 정의하든 간에) 덕분에 현재 문화적 패러다임이 바뀌고 있는 중이다. 포스트모더니즘의 철학적 토대와 관련해 토마스 오든은 "동서를 막론하고 포스트모더니티는 후기 근대성이 곤두박질치기 전에 사회의 기반을 이루었던 그 영원한 진리들로 돌아갈 길을 찾게 될 것"이라고 말한다.31 우리가 이미 살펴본 것처럼, 일의 혼을 되찾는 일에 관심이 커지는 현상이 이를 잘 반증한다.

기독교적 기업 정신의 영성을 세우기 위하여

기업 정신의 영성은 동기의 문제와 기업 정신의 근원에 관해 다루어야 한다. 지금까지 이미, 사람이 하나님의 형상으로 창조된 것과 만물을 변혁하고자 하시는 하나님의 원대한 계획에 참여하는 것이 우리 인간에게 독창성과 창의성과 진취성을 부여한다는 점을 살펴보았다.

창조세계의 제사장

흔히들 '창조명령'에 대한 유대-기독교적 견해가 조작과 통제를 허락하는 면허증 역할을 한다고 주장한다. 이 주제에 관해 린 화이트가 1967년에 쓴 고전적인 글이 아직도 읽히고 있다. 화이트는 현재의 위기를 "자연에 대한 정통 기독교의 거만한 태도" 탓으로 돌리고, 창조세계에 대한 인간의 무한한 지배 개념을 모든 피조물의 동등한 관계 개념으로 대치한 아시시의 프란체스코로 돌아가야 한다고 주장한다. 화이트는 그럼에도 문제의 본질은 영적인 데 있다고 지적한다.

"우리가 당하는 곤경의 뿌리가 대체로 종교적인 것이기 때문에, 해결책도 본질적으로 종교적인—그것을 종교라고 부르든 부르지 않든—데서 찾아야 한다."[32]

하나님이 의도하신 바는 창조세계를 있는 그대로 보존하는 것이 아니라 그것이 꽃을 피우도록 하는 것이다. 이런 면에서 인간은 모두 기업가의 사명을 위탁받은 셈이다. 즉, 공공선과 하나님의 영광을 위해 창조세계를 개발하는 청지기가 되도록 부름 받은 것이다. 그런데 이 소명은 청지기가 되는 데 그치지 않는다.

아담과 하와는 창조세계 최초의 제사장들이었다. 아담과 하와는 먹기, 관계 맺기, 삶을 하나님께 드리기, 삶의 모든 영역에 걸쳐 하나님과 교통하기 등 모든 면에서 하나님을 송축하도록 동산에 놓인 것이다. 알렉산더 슈머만은 이 중요한 관점을 다음과 같이 발전시킨다.

성경의 창조 이야기에는 사람이…배고픈 존재로…그리고 온 세계가 그의 양식으로 그려지고 있다. '원죄'는 일차적으로 사람이 하나님을 불순종한 데 있지 않다. 그 죄는 그가 오직 그분만을 향한 배고픔을 더 이상 느끼지 않고, 자신의 삶 전체가 온 세계—하나님과 나누는 성찬으로서의—에 달려 있음을 더 이상 보지 못한 데 있다. 죄는 인간이 자신의 종교적 의무를 무시한 데 있지 않다. 오히려 하나님을 종교의 견지에서 생각한 데 있다. 즉, 그분과 삶을 서로 대립시킨 잘못이다. 인간의 유일한 타락은 비성찬적인(noneucharistic) 세계에서 비성찬적[감사 없는] 삶을 사는 것이다.³³

일과 창조성은 따라서 하나님을 향한 우리 사랑의 일부분이다. 그것은 하나님을 송축하고 창조세계를 축복하는 길이라는 뜻이다. 기업가들은 하나님의 제사장이다. 노박의 말처럼, 우리는 "아주 원대한 프로젝트에 동참하는 공동 창조자가 되어 창조주의 일이 본래의 의도대로 성취되도록 하는 존재다."³⁴ 우리는 창조 활동을 하는 피조물이다. 이런 창조성을 강조하는 것은 곧 물질의 중요성을 천명하는 것이다. 창조세계를 이루는 '물질'은 악한 것도 무의미한 것도 아니다. 기독교와 유대교를 모든 종교 가운데 가장 물질주의적 종교라고 불러 온 것은 놀랄 일이 아니다. 그런데 우리의 동기와 관련해 다루어야 할 또 하나의 이슈가 있다.

타당한 이기심을 키우는 일

수익이나 이윤을 기대하는 것은 분명 가장 복잡한 문제 중 하나다. 애덤 스미스와 더불어 현대의 많은 저자들은 기업가의 활동이 본의 아니게 사회 복리를 증진시킬 순 있지만, 일차적인 목표는 어디까지나 이윤 창출이라고 주장한다.

그런데 이윤 추구 자체가 윤리적으로 잘못된 것은 아니지만 타당한 목표가 될 수는 없다.[35] 돈 플로우라는 사업가는 인간의 몸에 있는 피를 비유로 든다. 우리가 살려면 피가 필요하지만 피를 위해 사는 것은 아니다. 사업이 생존하려면 이윤이 필요하지만, 사업은 단순히 생존을 위해 존재하는 게 아니다. 사업은 인간의 경험을 지탱해 주고 증진시켜 주는 재화와 서비스를 생산하기 위해 존재한다.[36]

성경은, 자기 사랑은 정죄하지만 자기 긍정은 인정한다. 전자는 일종의 우상숭배로서 자기 자신에게만 몰입하고 이기적인 야망을 추구하는 등 육신의 일을 도모하는 것이다(갈 5장). 또 사람의 가치를 그가 이룬 업적으로 평가하는 태도다. 후자는 스스로의 가치, 존엄성, 재능, 역량을 있는 그대로 인정하는 것이다.

성경은 또한 수익성 여부에 대해서도 관심을 갖고 있다. 성경은 한 사람의 인생과 투자가 가치 있는 목표를 향해 가고 있는지 물어 본다(마 16:26). 찰스 핸디는 이를 가리켜 '타당한 이기심'(proper selfishness)이라 부른다.[37] 우리는 하나님이 인간에게 부여하신 가치와 존엄성을 생각할 때 깊은 감동을 받는다. 또 하나님의 영에 의해 감화를 받기도 한다.

성령의 능력으로

그리스도인은 흔히 '하나님이 교회 사역을 하라고 성령과 영적 은사를 주신다'고 믿는다. 그러나 영적 은사는 신자들의 덕을 세우는 일만

하는 게 아니다. 그런 은사들은 세상을 위한 것이기도 하다. 하나님이 하시는 아름다운 일, 곧 창조세계와 문화, 공동체와 사람들을 변혁하는 그 일에 동참하라고 주신 것이다.

성령은 우리에게 선하고 아름다운 일을 하도록 능력을 주신다. 이 주제를 탐구하기 위해 구약성경에서 유일하게 '성령으로 충만했던' 인물에게 눈을 돌릴 필요가 있다. 그의 이름은 브살렐로 내가 수호성인처럼 여기는 인물이다. 그는 목수, 장인, 예술가, 선생의 직업을 동시에 가진 인물이었다(출 31:1-11; 35:10-19; 35:30-36:5). 우리의 주목을 끄는 이 놀라운 대목은, 우리 모두가 성령의 부으심을 받은 오늘, 어떤 존재가 되어야 하고 세상에서 무슨 일을 해야 할지를 보여 주는 예언자적 그림이다.

출애굽기 31장과 35장은 하나님이 브살렐에게 자기의 영을 채워 주어 지혜와 총명과 온갖 기술을 갖추게 하셔서, 금과 은과 놋과 보석과 나무를 갖고 여러 일을 할 수 있게 했다고 소개한다. 그 모든 것은 하나님과 만나는 신성한 장소를 짓는 데 사용되었으며, 그 회막 혹은 성막을 통해 사람들은 하나님이 일상생활에 함께하심을 알 수 있었다.[38] 지혜란 실질적인 지능과 안목으로서 어떤 일을 하는 법을 통찰하고, 고안하고, 생각해 내는 것이다. 총명이란 문제 해결책을 명석하게 파악하는 자질이다. 기술은 손과 마음을 하나로 묶어 문제를 해결하는 실질적 능력이다. 이것은 하나님이 일터에서 자기 백성에게 주시는 성령의 은사로서, 옛 언약 아래에서는 소수만 하나님의 영과 직접 교통할 수 있었으므로, 그들에게만 일시적으로 주어진 것이었다. 그러나 예수님 안에서 맺어진 새 언약 아래에서는 그 성령이 개개인에게 보편적이고 영구적으로 주어졌다.

출애굽기 36:2에서는 또 다른 이야기를 들려준다. 하나님이 브살렐과 그의 조력자인 오홀리압뿐 아니라 "마음이 지혜로운 사람 곧 그 마음에 여호와께로부터 지혜를 얻고 와서 그 일을 하려고 마음에 원하는 모든 자를" 부르셨다고 한다. 히브리어로 보면, 그 일에 참여하고 싶은 마음이 들도록 기운을 북돋우었다고 되어 있다. 하나님이 우리에게 주신 일을 하고 싶어 하도록 성령이 우리 내면에 역사하신다는 말이다. 프레드릭 뷰크너의 말을 들어 보자.

> 당신을 아주 다양한 종류의 일로 부르는 다양한 목소리들이 있다. 문제는 그 가운데서 사회나 초자아(super-ego) 혹은 이기심의 목소리가 아닌 하나님의 목소리를 분별하는 것이다. 대체로 그것을 분별하는 하나의 규칙을 소개하면 이렇다. 하나님이 당신을 불러 시키는 일은 대체로 당신이 그 필요성을 가장 많이 느끼는 일인 동시에, 세상이 가장 필요로 하는 일이다.…(수요가 별로 없는) 셔츠나 침대를 만드는 일은 거기에 속하지 않을 것이다. 하나님이 당신을 부르는 그곳은 당신의 기꺼운 마음과 세상의 속 깊은 굶주림이 만나는 장소다.[39]

하나님은 이미 우리 생애에 자신의 뜻을 새겨 넣었는데, 우리는 그 뜻을 알려고 물음을 던진다. 당신의 생애에 귀를 기울여 보라(이것이 다음 장의 주제다). 우리는 각각 무언가 멋진 것을 만들 수 있는 능력을 받은 자들이다.

내가 목수로 일할 때 한번은 나의 동료 그레이엄 스미스에게 몰래

다가간 적이 있는데, 그는 아주 복잡한 구슬 선을 갖고 굽은 아치 모양에 맞추느라 끙끙대고 있었다. 구슬 선을 붙였다가 떼고는 또다시 맞추어 보더니, 그는 한 발짝 뒤로 물러나서 자기 곁에 누가 있는 줄도 모른 채 "멋있어"라고 한마디 던졌다. 이런 멋은 음악이나 시각예술에만 있는 게 아니다. 음식이나 거래, 목소리나 청구서, 수술이나 상호 협력, 공동체 건설이나 면역 조성, 실험이나 탐구, 청결한 마루나 용서의 마음, 미술작품이나 컴퓨터 프로그램, 놀이기구나 작업 도구, 장난감이나 연장 등 곳곳에서 발견할 수 있다. 내가 개설한 '일상생활의 영성' 수업 첫 시간에 학생들이 서로를 소개하는 중에 한 여성이 "저는 한갓 미용사에 불과합니다"라고 자기를 소개했다. 나중에 그 강좌가 끝날 즈음에는 그녀가 "나는 사람들을 멋지게 꾸미는 일을 하고 있으며 상담도 많이 하고 있습니다"라고 말하는 것을 들었다.

기업가 예수를 좇아서

예수님은 인간 역사의 무대로 성큼 들어오셨다. 예수님을 기업가의 모범으로 생각할 수 있는 이유는, 하나님 나라를 위한 삼 년간의 공생애가 내다보기·창안하기·실행하기의 세 요소를 갖추었을 뿐 아니라, 보통 '목수'로 번역되는 그리스어 테크톤(teckton)이란 직업이 보트나 집을 설계하고 건축하는 정도의 프로젝트를 수행하는 일이었기 때문이다. 브루스 바톤이 1924년에 쓴 『예수의 인간경영과 마케팅 전략』(*The Man Nobody Knows*, 해누리)은 자주 비판거리가 되긴 했어도 어느 정도의 진리를 담고 있는 책이다. 그는 복음서가 예수님을 소규모 기업을 경영하는 인물이자 권세들과 싸우는 인물로, 잔치를 즐기는 인물이자 소외된 자의 친구로, 그리고 역사의 흐름을 바꾸는 인물로 그리고 있다고 주장한다.

예수님은 자금과 기계 설비를 갖고 있지 않았다. 그의 조직은 교육받지 않은 남자들로 구성된 자그마한 그룹이었고, 그 가운데 한 명은 이미 그 대의에 실망을 느낀 채 적에게로 도망쳤다. 그는 한 나라(하나님 나라)를 선포하면서 왔다가 십자가에서 종말을 맞이했다. 그런데도 감히 모든 창조세계를 정복하는 문제를 논했다.[40]

그러면 예수님이 '기업가로 성공한' 비결은 무엇이었는가? 바톤은 그분을 현대 기업의 창시자라고 주장하면서 배후에 있는 여러 원리를 복음서에서 끌어낸다. 누구든 위대한 자가 되고 싶으면 가장 낮은 종이 되어야 한다, 누구든 꼭대기에 올라가고 싶은 자는 밑바닥에서 자기를 희생할 각오가 되어 있어야 한다, 오 리를 가자고 요청받았을 때 그와 함께 십 리를 가는 자는 큰 상을 받을 것이다 등.[41] 최근에 이 주제를 발전시킨 책이 『최고경영자 예수』(*Jesus Ceo*, 한언)와 『기업가 예수』(*Jesus Entrepreneur*)다.[42]

현대 세계는 과거에 베버가 분석했던 청교도주의 시대와는 많이 다른 게 사실이다. 당시는 사람들이 어떤 초월적 존재를 믿으며 자신의 삶에서 하나님의 소명을 좇아 책임 있게 살아가던 문화였는데 비해, 현대는 반이성적이고 인본주의적인 문화요 종종 허무주의를 그 특징으로 삼는 문화다. 세속적 휴머니즘이 이제 그 수명을 다한 것 같기도 하다.

최근 서구에서는 영 혹은 영혼에 대한 관심이 되살아나고 있다. 그 움직임은 상당히 모호하고 복합적인 성격을 갖고 있다. 어떤 이들은 그것을, 관리자들이 맥 빠진 일꾼들에게 동기를 유발하려고 꾸며 낸 또 하나의 방안일 뿐이라며 냉소적으로 말한다. 본유적 가치가 있는 게 아니라 도구적 가치밖에 없다는 말이다. 참된 영성은 본질상 값없이 주어지는 성격을 갖고 있다. 그런데 새로운 사업적 영성은 기업가 정신에 불을 붙였던 여러 종교인들─유대교, 초기 기독교, 가톨릭, 개신교, 여타 다른 종교들─의 위대한 진리와 영적인 주제들을 회복하라고 촉구한다. 창조세계의 제사장직, 타당한 이기심, 성경의 감화와 은사, 예수의 모범 등이 거기에 포함된다.

현재 제3세계에서는 전통적인 기독교가 부흥기를 맞이하고 있는데 비해 나머지 모든 지역에서 우리는 종교 없는 영성을 통한 기업가 정신의 부활을 목도하고 있다. 종교가 없다는 말은 기업가 정신을 뒷받침해 줄 초월적이고 보편적인 토대가 없다는 뜻이다. 이런 새로운 형태의 휴머니즘이 초월적 중심 없이도 충분히 지탱될 수 있을까? 아니면 무언가 더 필요한 게 아닐까? 지안프랑코 포기는 이렇게 결론을 내린다.

"기업가 계층이 없으면 자본주의의 발달이 있을 수 없고, 도덕적 강령이 없으면 기업가 계층이 있을 수 없으며, 종교적 전제가 없으면 도덕적 강령이 있을 수 없다."[43]

❖ 토론 문제

짐 락스톤은 시계의 큰 바늘이 또 한 바퀴 도는 것을 바라보았다. 때는 새벽 2시 17분. 벌써 잠 못 이루는 밤이 며칠째 계속되고 있는지 모른다. 그의 몸은 휴식을 갈망하고 있었으나 그의 정신은 고뇌를 떨쳐 버릴 수 없었다. 무언가 해결책이 있어야 했다. 하나님은 무슨 말씀을 하고 있을까? 결정을 내려야 할 시간이 점점 다가오고 있었다. 마흔두 살의 이 기업가는 자기가 지금 이런 상황에 빠지게 된 경로를 수없이 생각해 보았다.

짐이 조지를 만나 친구로 사귀게 된 곳은 기독교 계통의 대학원이었다. 당시 조지는 그리스도인 투자자들과 경영팀으로 구성된 벤처 자본 회사의 설립을 꿈꾸던 시간제 학생이었다. 졸업 후 짐은 자기가 과거 15년간 매니저로 일하던 대규모 보험회사로 돌아가야겠다는 일종의 소명감을 느꼈다. 그런데 그는 조지가 설립한 새로운 벤처 회사에 합류하여 금방 그 회사의 첫 번째 투자 사업을 맡은 매니저가 되었다. 그 사업(어반 인테리어)은 이미 특허를 받은 벽면 조립 시스템들을 제작하고 배포하는 것이었다. 짐의 책임은 이 새로운 시스템들을 판매할 시장을 개척하는 일과, 일관성 있고 효율적인 제조 과정을 설립하는 것을 돕는 일이었다. 그 일에 책정된 예산은 그리 많지 않았고, 그 예산을 마련하는 일은 조지가 운영하는 벤처 자본 회사의 몫이었다.

그로부터 2년이 흘렀다. 어반 인테리어는 조금씩 성장하고 있었으며, 지불 계좌도 서서히 커지고 있었다. 그런데 투자액이 그것을 따라잡지 못했다. 그 결과 심각한 자본 부족 현상이 일어났다. 그래서 벤처 회사의 이사회가 열리게 되었다. 짐은 자기 입장을 정리해서 이사회에 보고하고 추가 자금을 투입해 줄 것을 요청했다. 자금만 더 투자된다면 얼마 안 가서 손익분기점을 지나 흑자로 돌아설 것을 확신하고 있었다.

상당한 토론과 심의를 거친 다음 이사회는 더 이상 투자를 늘리지 않기로 결정했다. 그들은 더 이상 자금을 투자하지 않으면 어반 인테리어가 생존할 수 없고 이제까지의 투자액을 모두 날려 버릴 것임을 알았다. 그래서 짐에게 그 회사를 1달러에 인수하여 그 사업이 생존할 경우 수익의 일정 퍼센트를 나누자고 제안했다.

그러나 지난 5개월 동안 짐은 봉급을 받지 못해 저축한 돈으로 먹고살았다. 만일 그가 회사를 인수한다면 앞으로 적어도 1년 동안은 봉급을 못 받을 확률이 높았다. 1년을 더 버틸 만큼의 돈은 있었지만 가족이 짊어질 위험부담이 몹시 마음에 걸렸다. 짐의 아내 로레인은 그가 어느 쪽으로 결정하든 그를 밀어 줄 것이다. 그런 태도가 어떤 때는 이중의 축복처럼 느껴졌다.

한 가지 중요한 고려사항은 그 회사에서 일하는 열한 명의 직원이었다. 그들은 탄탄한 팀으로 똘똘 뭉쳐 있었고, 짐은 그들 대다수와 긴밀한 관계를 맺고 있었다. 그들은 짐에게 리더십과 추진력을 기대했다. 짐은 어반 인테리어가 생산한 상품에 대해서도 매우 흡족했다. 상품의 품질이 뛰어났고 고객들도 아주 만족스러워 했다. 문제는 시장 개척이 무척 힘들고 홍보에 많은 돈이 들어간다는 점이었다.

변호사 친구인 폴에게 자문을 구했더니 몇 가지 대안을 얘기해 주었다. 하나는 그 제안을 수용해서 사업을 꾸려 나가는 것이다. 그럴 경우 상당한 개인적인 희생과 위험을 감수하지 않으면 안 된다. 또 다른 하나는 포기하고 다른 직업을 찾는 것이다. 혹은 사업 파산을 선고하고 수탁자로부터 자산을 살 수 있을 가능성을 모색하는 것이다. 이것도 위험부담이 많은데, 그 수탁자가 짐에게 자산을 팔 것이라는 보장이 없으며, 어쨌든 자산을 사려면 저축한 돈 대부분을 쓰지 않으면 안 될 것이기 때문이다. 그뿐 아니라 새로운 공급처도 모색해야 할 것이다. 그런 과정에서 중추 역할을 하는 직원 몇 명을 놓칠지도 모를 일이다. 그렇게 되면 공급자와 고용인들 모두 손해를 입을 것이다.

이사회는 짐에게 금요일까지 답변을 해 달라고 요청했다. 모레가 그날이다. 아직도 짐은 어떻게 해야 할지 모르고 있다. 그의 마음은 사업 운영이 주는 도전과 자유로 벅차올랐다. 그러나 그 비용이 얼마나 들지는 도무지 알 길이 없었다.

때는 새벽 2시 23분. 결정해야 할 시간이 얼마 남지 않았다!

1. 당신이 알고 있는 기업가(들)를 떠올려 보라. 그들이 가진 긍정적인 특성은 무엇인가? 그들의 약점은 무엇인가?
2. 아래 질문을 가지고 함께 이야기해 보라.
   (1) 위 사례에 나오는 사람들이 각각 당면한 문제는 무엇인가?

사람별로 정리해 보라[조지(벤처 자본 회사의 대표), 짐(어반 인테리어 프로젝트의 매니저), 폴(변호사)].

(2) 조지와 짐은 마음속으로 어떤 감정을 느끼겠는가?

(3) 벤처 자본 회사가 취할 수 있는 실제 대안과 짐에게 주어진 실제 대안은 무엇이겠는가?

(4) 그 이상의 위험을 감수할 만한 이유로는 어떤 것들이 있는가?

(5) 그 사업을 계속함으로 얻을 수 있는 유익은 무엇인가?(금전적 수익 제외)

(6) 그 사업에서 손을 떼기에 알맞은 때는 언제라고 생각하는가?

(7) 이 사례와 관련해 기독교 신학이 줄 수 있는 통찰력은 무엇인가?

❖ 더 읽을 자료

Drucker, Peter F. *Innovation and Entrepreneurship: Practice and Principles* (New York: Haper&Row, 1985). 『미래사회를 이끌어 가는 기업가 정신』(한국경제신문).

Handy, Charles. *The Hungry Spirit: Beyond Capitalism—A Quest for Purpose in the Modern World* (London: Hutchinson, 1997).

Schmemann, Alexander. *For the Life of the World* (Crestwood, N.Y.: St. Vladimirs's Seminary Press, 1988). 『세상에 생명을 주는 예배』(복 있는 사람).

Silvoso, Ed. *Anointed for Business: How Christians Can Use Their*

Influence in the Marketplace to Change the World (Ventura, Calif.: Regal, 2002). 『사업을 위한 기름부으심』(순전한 나드).

10.
삶이 말하게 하라

그러나 생명에 이르는 문은 보통 우리 뒤에서 열리고, 거기서 손이 나와 우리를 뒤로 잡아당긴다. 이제까지 본 적 없는 날개가 떠다니는 모습, 본 적 없는 장미가 풍기는 향기, '들은 적 없는 곡조들'이 주는 미묘한 감흥 등이 자주 떠오르는 남자나 소년이 있다면, 그에게 유일한 묘책은 바로 일이다. 만일 그가 그런 모습이나 향기, 감흥 들 가운데 하나를 좇아가면 그것이 사라지고 말 것이다. 반면에 그가 일을 한다면, 그런 것들은 저절로 찾아올 것이다.
_조지 맥도날드

일터 영성은 우리가 일상생활 중에 하는 경건의 훈련—기도, 성경 읽기, 묵상 같은 것들—하고만 관련이 있는 게 아니며, 삶과 일 자체가 하나님과 우리 자신에 관해 가르쳐 주는 일종의 영적 훈련이므로 삶의 현실과도 깊은 관련이 있다. 이에 관해 살펴보기 위해 구약성경 가운데 모호한 책으로 꼽히는 전도서를 열어 볼까 한다. 그 책은 어느 '성공한' 사업가가 쓴 것으로 보인다. 설사 사업가는 아니더라도 해당 공동체의 다른 지도자일 가능성이 높다. 전도서로 번역된 히브리어 코헬렛(*Qobeleth*, 그리스어로는 *Ecclesiastes*)은 총회의 저명한 인물, 화려한 경력을 가진 교수나 선생을 가리키는 단어이기 때문이다.

전도서는 질문에 대한 답변보다 질문을 더 많이 던지는 수수께끼 같은 책이다. 하지만 하나님에게 직접 질문을 던지는 욥기와 달리, 처음에는 저자가 스스로에게 자문하는 어조로 시작된다. 우리는 마치 잠결에 홀로 중얼거리는 사람의 잠꼬대를 듣거나 식당 옆자리에서 서로 나누는 이야기를 엿듣는 것처럼 그 질문들을 듣게 된다. 그런데 전도서의 저자는 사실 우리가 그 내용을 엿듣기를 바라고 있다. 왜냐하면 그것이 모든 것을 "해 아래서"—전도서에 서른 번이나 등장하는 코드 언어—보는 세속주의자, 곧 인간만을 믿는 그런 자의 관점에서 쓰였을 가능성이 있기 때문이다.

"해 아래"라는 말은 최고의 초월적 존재를 인정하지 않는 것, 즉 인간 정신이나 도구로 파악할 수 없는 관계는 부인하는 것을 의미한다. 따라서 이 책은 저자인 그 교수가 스스로 질문을 던지는 것—나는 그렇다고 생각한다—이거나, 변증의 의도를 품고 세속주의자의 출발점—해 아래 사는 삶—에서 시작하는 것이거나 둘 중 하나다.

그의 눈에 비치는 것은 이렇다.

"다윗의 아들 예루살렘 왕 전도자[가르치는 자—NIV]의 말씀이라 전도자가 이르되 헛되고 헛되며 헛되고 헛되니 모든 것이 헛되도다!"(전 1:1-2).

이 저자가 솔로몬이든 솔로몬 역을 맡은 자이든, 그는 쌓고 획득하고 탐구하고 즐기는 일을 모두 해 본 다음, 한 가지 어려운 질문 '인생의 의미는 무엇인가?'를 던지고 있다.

"사람이 세상에서 아무리 수고한들, 무슨 보람이 있는가?"(1:3, 새번역)

당신이 새로운 컴퓨터 프로그램을 고안한다고 하자. 전자 기구를 만드는 데 일생을 투자한다고 하자. 새로운 사업을 창업한다고 하자. 그래서 정말로 얻는 게 무엇인가?

하나님이 우리의 일상생활에서 자신을 계시하는 방식은 "주께서 가라사대"라고 외쳤던 예언자들처럼 대포 소리나 핵탄두가 장착된 미사일 같은 위력으로서가 아니라, 암시의 힘을 사용할 때가 더 많다. '주께서 암시하시되!'라는 식으로. 우리의 가슴속을 들여다보면 이 세상에는 끝없는 활동과 경험의 흐름, 그 이상의 무엇이 있다는 어렴풋한 암시를 발견하게 된다. 이는 곧 최고의 인격적인 존재인 하나님을 가리키는 암시다. 이 책의 결론 부분에서 그분이 바로 우리가 사랑의 행위와 윤리적 삶으로 경외심을 표해야 할 대상임을 밝힐 것이다.

어느 만화에 물고기 두 마리가 어항에서 대화하는 장면이 나온다. 한 마리가 상대방에게 "나는 드디어 삶의 의미를 깨달았어! 바로 물이야!"라고 말한다. 이 만화는 전도서가 가리키는 것과 똑같은 방향을 가리키고 있다. 하나님이 인생에 주신 최대의 선물은 바로 인생 그 자체라는 사실 말이다. 우리는 하나님을 인생의 바깥, 즉 어항에서 뛰쳐나온다고 발견할 수 있는 게 아니라 인생 **안에서** 발견하게 된다. 그러나 당신이 그 여정을 모두 밟아 보지 않고서는 그런 결론에 도달할 수 없다. 그 모두가 무엇을 위한 것인지, 내가 정말로 얻는 게 무엇인지, 내가 죽은 후에는 어떻게 될지, 선이란 존재하는지 등과 같은 질문들을 묻지 않고는 도달할 수 없다는 말이다.

그러면 어디서 의미를 얻는가? 바로 답하자면 "해 아래서"가 아니라 하나님에게서 얻는다고 할 수 있다. 그런데 이 대답은 마치 주일학교 학생이 "나무에서 도토리를 먹으며 사는 갈색의 털 많은 것이 무엇인가?"라는 질문을 받았을 때 내놓는 대답과 비슷하다. 아홉 살 된 아이는 "정답이 예수님이어야 한다는 것은 알지만, 내가 생각하기엔

다람쥐인 것 같아요"라고 답한다. 전도서의 교수는 우리에게 서둘러 답하라고 재촉하지 않는다. 해답을 찾아가는 과정이 많은 것을 보여 주기 때문이다. 이 책에서 하나님은 창조자요 현실로 등장한다. 우리를 둘러싸고 있는 물은 우리가 전적으로 좌우할 수 없는 딱딱한 현실이다. 그것은 딱딱할뿐더러 신비로운 것이기도 하다. 전도서의 교수가 11:5에서 하는 말을 들어보라.

"바람의 길이 어떠함과 아이 밴 자의 태에서 뼈가 어떻게 자라는지를 네가 알지 못함같이 만사를 성취하시는 하나님의 일을 네가 알지 못하느니라."

다른 한편으로 하나님은 주권적인 분이시기도 하다. 하나님은 인생을 고생스럽게 만드셨다. 전도서는 로마서 8장에 나오는 바울의 말—"피조물이 허무한 데 굴복하는 것은…오직 굴복하게 하시는 이로 말미암음이라"—을 설명한 구약판 해설서와 같다. 창조세계는 신음하고 있는 중이다(롬 8:20-22). 전도서의 강조점이 '삶이 말하게 하라'는 것인 만큼, 이제 시간, 돈, 성공 등 세 가지 주제와 관련해 삶이 말하게 해 보자.

우리 인생의 시간

"뭐가 그리 급하니?"

어머니는 내가 청년이었을 때 이 질문을 거듭해서 던지곤 하셨다. 당시 내가 급하게 군 것은 아마도 시간이 충분치 않다고 생각해서 그랬을지 모르겠다. 혹은 시간이 전혀 없다고 생각해서일 수도 있다. 아니면 시간이 닳아 없어지고 있다고 생각해서! 히포의 아우구스티누스는 "시간은 절대로 시간을 떼먹지 않는다"고 말한 것으로 알려져 있다.[1]

이와 대조적으로, 전도서는 모든 일에는 "다 때가 있다"(3:1-11)고 말한다. 물론 이 말은 "모든 것을 **할 만한** 시간이 있다"는 뜻은 아니다. 이 구절에 대해 곰곰이 생각할 필요가 있는 것은, 북반구와 서구 그리고 아시아의 상당한 지역에 사는 우리는, 시간을 관리해야 할 자원으로, 생선 요리의 레몬즙을 최후의 한 방울까지 짜내듯 가능한 최대로 짜내야 할 어떤 것으로 보게끔 교육받았기 때문이다. 지구의 동구와 남반구는 미래 지향적이 아닌 사건 지향적인 문화를 갖고 있어서, 결혼과 장례 같은 일을 치를 때에는 그 의미를 충분히 만끽할 때까지 한동안 지속하는 것을 볼 수 있다.

시간이란 주제에 대해 연역적으로 접근하고픈 유혹이 많다. 신학적인 주제들을 가져다가 시간에 적용하는 식으로 예를 들어, '하나님이 시간을 창조하셨다'라든가 '시간은 창조질서의 일부다'라고 선언하는 것 말이다. 그분은 시간을 선하게 창조하셨다. 사실 성경에 맨 처음 언급되는 '거룩'이란 말은 시간을 가리켜 사용한 말이다.

"하나님이 일곱째 날을 복되게 하사 거룩하게 하셨으니"(창 2:3).

시간은 인간에게 창조세계의 다른 것들과 나란히 위탁된 것이므로, 인간은 하나님의 부섭정(副攝政)으로서 시간의 소유주가 아닌 청지기인 셈이다. 아울러 시간은 다른 모든 것과 나란히 타락에 의해 죄로 비뚤어졌다. 즉, 시간도 저주의 영향을 받았기 때문에 그리스도의 사역을 통해 이생에서도 구속을 맛볼 수는 있지만, 새 하늘과 새 땅이 임하여 이 세계가 변형되기까지 시간과 관련된 우리의 경험은 모호한 상태를 벗어날 수 없다.

신약성경을 원어로 연구해 보면 '시간'을 가리키는 그리스어가 두 가지임을 알게 된다. 하나는 **크로노스**(*chronos*), 곧 시계가 가리키는 시간으로서 관리, 해부, 수치화, 처리 등은 가능하나 확장될 수는 없는 것이다. 또 하나는 **카이로스**(*kairos*)로 때로 시계상의 시간을 가리킬 때도 있지만 대부분의 경우 호기(好機), 영원의 차원으로 충만한 시기, 심판 혹은 구원의 때를 의미한다. 이는 바울이 에베소서 5:16과 골로새서 4:5에서 '기회를 선용하라'는 의미로 말할 때 가리키는 그 '적시'(適時)에 해당한다.[2] 이 두 구절은 시간 관리를 자문하는 그리스도인들에 의해 상당히 왜곡되어, '당신이 가진 제한된 자원에서 가능한 최대로 짜내라'는 의미로 변질되었다. 그러나 진정한 의미는 적절한 순간이 오면 하나님 나라의 침입을 꽉 붙들라는 뜻이다.

이처럼 연역적으로 접근하는 방식도 어느 정도 가치는 있을 것이나 전도서의 저자는 그와 다르게 접근한다. 그는 신학이 아니라 경험을 파헤치고 있고, 그 경험 속에서 하나님을 가리키는 풍성한 암시를 발견한다. 달리 말하면, 그는 루터와 닮은 귀납적인 신학자라는 뜻이다. 루터는 신학자가 되는 길은 논리적 추론과 사색 작업이 아니라 사는 것과 죽는 것, 정죄받는 것과 구원받는 경험에 의해 이루어진다고 말한 바 있다.

시간을 경험한다는 것

첫째, 전도서의 교수는 우리가 시절에 따라 시간을 경험한다고 말한다. 여기서 그는 대조법을 사용해 여러 시절을 열거한다. 태어날 때, 심을 때, 살릴 때, 세울 때, 웃을 때, 춤출 때, 돌을 모을 때, 껴안을 때, 찾아 나설 때, 간직할 때, 꿰맬 때, 말할 때, 사랑할 때, 평화를 누릴 때 등등. 옳다. 인생에 이런 시절들이 있다는 것은 알고 있다. 그런데 죽을 때, 뽑을 때, 죽일 때, 허물 때, 울 때, 통곡할 때, 돌을 흩어 버릴 때, 껴안는 것을 삼갈 때, 포기할 때, 버릴 때, 찢을 때, 말하지 않을 때, 미워할 때, 전쟁을 치를 때(3:1-8)는 또 무슨 말인가? 사실 이것이 이런저런 시절이 있다는 의미에서 우리가 경험하는 인생이다. 평화를 사랑하는 국가라도 전쟁을 치를 때가 있으며, 열정적인 연인이라도 껴안는 것을 삼갈 때가 있게 마련이며, 사업이 문을 닫고, 개그맨이 눈물을 흘릴 때도 있는 법이며, 또 결국 우리는 죽음의 때에도 이르게 될 것이다.

둘째, 시간을 경험한다는 것은 내적 일관성이나 의미가 없는, 끝없는 순환 혹은 밀물과 썰물 같은 것이 아니다. 물론 인간은 시간의 조수에 떠다니는 부표 같은 존재이긴 하다. 그럼에도 시간은 줄을 당기더라도 아름다운 소리를 내는 바이올린과 같은 것이지, 하나님이 인간에게 부과한 '짐'이 아니다. 전도서의 교수는 "하나님이 모든 것을 지으시되 때를 따라 아름답게 하셨고"(3:11)라고 말한다. 이것이 신약성경이 말하는 **카이로스** 혹은 '뜻 깊은 시간'에 가장 가까운 대목이다. 이는 우리가 무언가를 할 수 있는 전략적으로 중요한 순간을 의미할 뿐 아니라 무언가 아름다운 일이 일어나는 순간이라고 그는 말한다. 아름다운 예술, 신체적인 아름다움, 수학적 공리나 컴퓨터 프로그램의 아름다움이 있는 것처럼 아름다운 시간도 존재한다는 뜻이다. 절묘하게 아름다운 그 무엇, 우리에게 "아하!" "오!"라는 감탄사를 연발하게 하는 그 무엇, 현재와 함께함으로 경험하게 되는 '거룩한' 그 무엇이 있다는 말이다.

그런데 아름다운 순간에 대한 이런 암시는 슬프게도 그와 반대되는 측면을 가리키는 것이기도 하다. 현재와 함께하지 않는 것, 현재의 아름다움을 간파하지 못한 채 현재를 지나쳐 버리는 것, 너무나 미래 지향적이 되는 것, 다음에 할 일에 너무 신경 쓰는 것 등 당신이 정말 현재에 충실하지 않는 모습이 그것이다. 이는 사업의 영역에서나 개인적 계획에서 모두 일어날 수 있는 것으로서 내가 개인적으로 씨름해 온 문제이기도 하다.

셋째, 전도서의 교수는 시간은 전도자와 같아서 현재를 넘어 우리가 하나님의 추적을 당하고 있음을 인식하게 해 준다고 말한다. 11절 후반부는 하나님이 "사람들에게는 영원을 사모하는 마음을 주셨느니라. 그러나 하나님이 하시는 일의 시종을 사람으로 측량할 수 없게 하셨도다"라고 말하고 있다. 여기서 '영원'이란 단어는 대충 번역한 결과인데, 이 문맥에서는 오히려 '천국', '이 시대를 넘어 지속될 시대', '하나님의 나라' 등에 가까운 단어다.

시간과 관련된 우리의 경험 속에는 하나님을 가리키는 암시가 있긴 하지만, 그것은 무척 미묘한 성격을 갖고 있다. 자크 엘륄은 이를 다음과 같이 표현한다.

우리는 우리가 성취한 업적으로 결코 만족하지 못한다. 다시 시작하고 또다시 시작한다. 심은 것이 만족스럽지 않아서 심은 것을 뽑아야 한다. 허무는 일이 마음에 들지 않아서 씨를 뿌려야 한다. 이런 식으로 계속

나간다. 이처럼 지칠 줄 모르는 활동은 다른 무언가를 향한 우리의 욕구에서 유래한다. 마침내 안정된 것으로 판명될 그 무엇을 향한 욕구.…모든 것이 우리의 손가락 사이로 빠져나간다.…우리는 사랑이 영원히 지속되기를 계속해서 요구한다. 우리는 우리 인생이 의미를 갖게 되기를 소원한다.[3]

그러나 우리로서는 하나님이 하신 일을 처음부터 끝까지 다 깨달을 수 없다. 데렉 키드너는 이 사실에 대해 "인간은 마치 거대한 융단이나 프레스코를 전체적으로 파악하려고 1인치씩 재는 지극히 근시안적인 존재와 같다. 우리에게 그 재질을 어느 정도 인식할 수 있는 능력은 있어도, 그 거대한 디자인은 도무지 파악할 길이 없다. 우리는 창조주처럼 처음부터 끝까지, 전체를 볼 수 있을 만큼 뒤로 물러설 수가 없기 때문이다"[4]라고 말한다. 이 점이 해 아래에 있는 사려 깊은 세속주의자에게는 좌절감을 주겠지만 믿음을 가진 신자에게는 큰 격려가 된다고 키드너는 지적한다.

그러면 이것이 의미하는 바는 무엇일까?

시간의 영성

첫째, 시간은 하나님의 선물이다. 시간은 우리가 관리하고 다루어야 할 자원에 불과한 게 아니다. 우리에게 언제나 좌절감을 주고 우리에게 필요한 것들을 가로막는 우리의 대적, 우리의 적수가 아니라는 말이다. 만일 그것이 하나님의 선물이라면, 그것을 주신 자의 바람에 따라 사용해야 할 일이다.

둘째, 우리는 시간의 소유주가 아니라 그것을 위탁받은 청지기이므로 하나님 앞에서 책임을 져야 한다. 우리는 우리에게 주어진 기회들, 현재의 '아름다움'과 절기의 멋을 분별할 능력을 갖고 있는가? 혹은 우리가 현재 하고 있는 일이나 전혀 하고 있지 않음[無爲]의 아름다움을 인식하는가? 여기서 무위란 그저 공백 상태를 경험하는 게 아니라 실은 무언가를 하는 것이라 볼 수 있다. 물론 시간 계획을 세우고 중요한 일과 긴급한 일을 서로 구별하는 것도 필요하다. 스티븐 코비는 그의 글에서 대다수 사람이 긴급한 일을 하느라 중요한 일을 놓치고 있고, 그가 '유능한 사람'이라 부르는 이들은 긴급한 일(하지만 중요하지 않은 일)보다 중요한 일에 시간을 투자한다는 점을 잘 보여 주었다.

자크 엘룰은, 우리가 어떤 것, 어느 순간, 절기, 일 혹은 경험이 얼마나 아름다운지를 보고 싶다면, "우리의 선택이 어떻든 우리 마음대로 때를 정해 일하지 말고 분별력을 길러야 한다"고 말한다.[5] 존 웨슬리는 언젠가 "나는 언제나 바쁘게 다니지만 결코 서두르는 법은 없다. 내가 잠잠한 심령으로 할 수 있는 일보다 더 많은 일을 떠맡지 않기 때문"[6]이라고 했다.

셋째, 우리에게는 충분한 시간이 있다. 레몬즙을 최후의 한 방울까지 짜지 않고도, 서두르지 않고도, 시계에 좌우우지되지 않고도 하나님이 우리에게 주신 모든 일을 할 만큼 충분한 시간이 있다는 말이다. 로버트 슐러는 바쁘게 사는 것을 자기 인생철학으로 삼은 사람이다. 그는 이렇게 말한다.

"평생 나는 사업을 착수할 때 내가 하고 싶은 일을 모두 성취할 만큼 오래 살지 못할 것이라는 생각을 품고 시작했다. 내 생애에 보람 있는 일을 하려면 무척 서둘러야 한다고 여겼다. 그때 이후로 나는 언제나 서두르며 살아왔다."[7]

마이클 퀘스트는 이러한 시간의 영성에 관하여 기도문으로 통찰력 있게 표현했다.

> 주님, 저에게는 시간이 있습니다,
> 많은 시간이 있습니다.
> 당신이 저에게 주시는 그 모든 시간들,
> 제 생애의 많은 햇수,
> 그 햇수의 많은 나날들,
> 그 나날의 많은 시간들,
> 그 모든 시간이 제 것입니다.
> 고요하게, 잠잠하게 채워야 할 제 시간들입니다,
> 동시에 완전히, 가장자리까지 꽉 채워야 할 시간들입니다,
> 그리고 싱거운 물 같은 그것을 당신에게 드리면,
> 당신이 언젠가 갈릴리 가나에서 하신 것처럼
> 그것을 훌륭한 포도주로 바꾸시겠지요.[8]

이처럼 시간은 우리를 내면 속으로, 하나님을 향하게 만든다. 그러나 우리는 '시간은 돈이다'라는 기만적인 경구에 온통 세뇌당해 있다.

돈이 최종 결론이라고?

자크 엘륄은 전도서의 메시지 전체를 조르주 베르나노스의 말 한마디로 요약할 수 있다고 말한다.

"(우리를) 속이지 않는 것에 희망을 두려면, 먼저 우리를 속이는 모든 것에 대한 희망을 버리지 않으면 안 된다."[9]

어쩌면 외형상의 안전과 돈의 위력만큼 우리를 속이는 것은 없을 것이다. 이는 전도서 5장과 6장이 주로 탐구하는 주제요 그 책 여기저기에서 간간히 언급하는 주제이기도 하다.

돈이란 말을 들으면 어떤 생각이 떠오르는가? 늘 충분하지 않다는 생각? 손가락 사이로 빠져나가는 것? 그렇다면 어디로 빠져나갈까? 조금만 더 있으면 좋겠다는 바람? 결국 최종 결론은 돈에 달려 있다는 생각?

한편으로 전도서의 교수는 "돈은 만사를 해결한다"(10:19, 새번역)고 말한다. 다른 한편으로는 "돈 좋아하는 사람은, 돈이 아무리 많아도 만족하지 못하고"(5:10, 새번역)라고 말한다.

첫 번째 진술에 대해 좀더 생각해 보자. 제이콥 니들맨은 지갑의 문제와 영의 문제 사이에 놓인 중간지대를 찾기 위해 쓴 『돈과 삶의 의미』(Money and the Meaning of Life)라는 흥미진진한 책에서, 인생의 문제 가운데 일정한 돈을 주입해서 풀 수 없는 문제는 거의 없다고, 아니 "충격적일 정도로 극소수"라고 주장한다. 그 이유는 돈으로 우리가 원하는 것을 거의 대부분 살 수 있기 때문이라는 것이다. 그가 지적하듯, 진짜 문제는 "우리가 원하는 것이 돈으로 살 수 있는 것들에

국한될 경우가 많다"는 점에 있다.[10]

이어서 두 번째 진술, 곧 "돈 좋아하는 사람은, 돈이 아무리 많아도 만족하지 못하고"라는 말로 넘어가자. 켐퍼 풀러톤은 "결론적으로, 경제학자의 눈이 아무리 어두워도 형이상학적 신념만이 인생을 지배하는 절대적 힘을 갖고 있는 게 엄연한 사실이다. 경제적인 이유들은 오늘날 서구 문명에서 돈을 벌겠다는 동기가 발휘하는 엄청난 위력을 제대로 설명할 수 없다"[11]라고 말한다. 돈에 대한 사랑이 하나님에 대한 사랑이 차지할 자리를 빼앗고 말았는가?

전도서의 교수가 돈 자체를 부정하면서 할 수만 있으면 돈 없이 살아야 한다고 주장하는 것은 아니다. 그는 돈이 많은 문제들을 해결할 수 있다는 상식을 긍정하고 있을 뿐이다. 하지만 그가 오늘날 많은 신학자처럼 돈을 중립적인 것으로 취급하지는 않는다. 즉, 선이나 악을 위해 사용될 수 있는 교환 매체에 불과하다는 식으로 보지는 않는다. 돈은 환상을 조장하는 힘을 갖고 있다. 또 허세도 부린다. 우리 마음을 사로잡는 힘도 있다. 그래서 예수님이 "네 보물 있는 그곳에는 네 마음도 있느니라"(마 6:21)고 말씀하신 것이다.

전도서의 교수는 현대 소비주의 사회를 훤히 내다보듯 "재산이 많아지면 먹는 자들도 많아지나니"(5:11)라고 말한다. 우리는 계속 사들이기 위해 더 많이 벌고 있으며, 돈을 향한 우리의 욕망은 도무지 채워질 길이 없다. 내일의 욕구는 오늘의 필요를 능가한다. 그래서 많이 가지면 가질수록 문제도 많아지고 삶이 복잡해지는 것이다.

"노동자는 먹는 것이 많든지 적든지 잠을 달게 자거니와 부자는 그 부요함 때문에 자지 못하느니라"(12절). 염려가 많든지 과식해서 그렇다는 말이다. 전자의 문제라면 수면제를 복용하고, 후자의 문제라면 운동 기구를 사는 데 돈을 쓸 것이다.

전도서의 교수는 장차 그리스도가 오셔서 십자가 위에서 "통치자들과 권세들을 무력화하여 드러내어 구경거리로 삼으시고 십자가로 그들을 이기"(골 2:15)실 그 위대한 사역을 고대하고 있다. 그분의 죽음과 부활로써 그들의 환상적 힘을 밝히 폭로하고 그들을 무찌르게 될 그 때를. 전도서의 교수는 돈을 텅 빈 것이요 헛된 것이라고, 또 한 줄기의 연기라고 말함으로써 돈의 권력을 무장해제한다. 돈은 사람의 목숨을 포함해 무엇이든 살 수 있다(계 18:13). 그것은 예수님이 남몰래 가던 동산의 위치까지 파악해서 그를 체포하는 일도 매수할 수 있었다. 그런데도 결국 돈은 아무것도 아니다. 왜 그럴까?

돈을 제자리에 놓으려면 다음 세 가지 진리를 명심해야 한다.

첫째, 돈 자체를 추구하면 결코 만족감을 얻지 못한다. 아무리 많아도 만족할 수 없다. 처음에는 고급 승용차, 다음에는 시골 별장, 이런 식으로 줄줄이 이어진다. 재산보다 소비의 마차가 늘 앞서 달리기 마련이고, 재산은 다만 그 소유자에게 눈요기에 불과할 뿐이다(전 5:11). 키드너는 "돈이 몰고 오는 중독보다 더 나쁜 것이 있다면, 돈이 남겨 주는 공허함이다. 가슴에 영원을 품은 사람은 이보다 더 나은 영양분을 필요로 한다"[12]라고 말한다.

이 점에 대해 니들맨은 다음과 같이 멋지게 표현한다.

"하나님이 아닌 것을 하나님으로 착각하지 말라. 이를 여러 방식으로 표현할 수 있지만 이런 의미로 이해할 수 있다. 권력, 안전, 기쁨, 섬김, 사랑, 의미 등을 찾고자 할 때, 온 우주에 그런 것을 가져오는 진정한 근원을 벗어나 다른 곳에서 그것을 찾아서는 안 된다는 뜻이다."[13]

니들맨은 현대 문화가 안고 있는 삶의 모든 문제가 예수님의 다음 한마디로 요약될 수 있다고 생각한다.[14]

"가이사의 것은 가이사에게, 하나님의 것은 하나님께 바치라."

둘째, 돈을 안전 보장의 근거로 신뢰하면 그것이 속 빈 강정과 같은 것임이 드러날 것이다. 맘몬(*Mammon*)이라는 아람어 단어는 아멘(*Amen*)과 같은 어근을 갖고 있다. 무언가 확실하고 안전을 제공하는 것처럼 보이는 어떤 것이란 뜻이다. 당신이 돈을 안전 보장의 근거로 신뢰할 때, 그것이 한 줄기 연기처럼 사라지는 것을 목도하게 될 것이다. "너희는 하나님과 재물을 겸하여 섬길 수 없느니라"(눅 16:13)고 예수님이 말했다. 전도서의 교수는 5:13-14에서 다음과 같이 표현한다.

"나는 세상에서 한 가지 비참한 일을 보았다. 아끼던 재산이, 그 임자에게 오히려 해를 끼치는 경우가 있다. 어떤 사람은 재난을 만나서, 재산을 다 잃는다. 자식을 낳지만, 그 자식에게 아무것도 남겨 줄 것이 없다."

엘룰은 우리가 돈을 남에게 나눠줌으로써 그것을 탈신격화하게 된다고 말한다. 누가복음 16장 예수님의 비유에 나오는, 자기 대문 앞에 있던 거지 나사로에게 인색했던 부자의 모습과는 달리 사람들에게 베풀어야 한다는 말이다.[15]

셋째, 당신은 돈을 품고 떠날 수 없다. 물건을 잔뜩 실은 짐차가 영구차를 따라 무덤으로 가는 모습은 한 번도 본 적이 없다. 전도서의 교수는 "어머니 태에서 맨몸으로 나와서, 돌아갈 때에도 맨몸으로 간다"(5:15, 새번역)고 말한다. 오늘날 유행하는 건강과 부의 복음(health-

and-wealth gospel)은 기독교의 복음이 가장 왜곡된 모습 중 하나다. 그런데 이러한 관념이 새로운 것은 아니며, 부를 하나님의 기쁨의 징표라고 말했던 고대의 현인들에게까지 그 뿌리가 거슬러 올라간다. 그런데 종교를 팔아먹는 많은 장사꾼들이 오늘날에도 하나님을 사랑하고 섬기면 물질적인 축복을 받을 것이라고 선전한다. 전도서의 교수마저 하나님이 부와 재산과 명예를 주신다고 말한다(6:2). 이는 우리가 가진 모든 것이 하나님으로부터 온다는 말이다. 그러나 신앙과 부 사이에 직접적인 인과관계가 있는 것은 아니다. 사실 하나님은 의인들과 불의한 자들 모두에게 부를 주시는 분이다. 하지만 그 어느 쪽도 거기서 안전을 찾을 수는 없다.

이와 관련해 윌리엄 딜은 『월요일을 기다리는 사람들』(Thanks God It's Monday, IVP)이란 탁월한 책에서 '충분성의 신학'에 관해 한 장을 할애하고 있다. 그는 누구나 승진의 사다리를 타고 올라갈 때 더 고급스런 차와 집을 계속 구입하고픈 유혹을 느낀다고 한다. 그러나 우리는 그런 '최상급' 생활을 포기하고 '충분한' 수준에서 자족하며 살아야 한다고 주장한다.

"우리가 충분성의 신학을 좇는다면, 우리의 신분이 어떠하든 무척 소박한 생활을 하게 될 것이다. 우리는 우리의 사명을 효과적으로 수행할 수 있을 만큼의 부와 권력만 수용하고 사용하게 될 것이다. 부와 권력은 제사장 역할을 수행하는 데 필요한 정도로만 사용될 것이며, 결코 자기만을 위해 사용되는 일이 없을 것이다."[16]

다시 한 번 우리는 돈에다 희망을 걸어선 안 된다는 교훈을 배운다. 전도서의 교수가 우리에게 상기시켜 주고 싶은 바는, 해 아래 있는 것 가운데 그 어느 것—일·경력·결혼·프로젝트·재산 등—도 그 자체만을 추구할 경우 하나님이 우리 가슴에 심어 놓은 그 빈 공간을 채워 줄 수 없다는 사실이다. 하나님 말고는 그 무엇도 우리를 만족시킬 수 없다. 그렇다면 '성공이란 과연 무엇인가' 하는 의문이 생긴다.

성공의 역설

거의 대다수의 사업은 '과연 성공했는가?'라는 질문에 의해 평가받는다. 물론 상장회사의 주주들은 특별한 세금 혜택이 없는 한 망하는 회사에 투자하길 원치 않는다. 그러면 사업가들은 어떤가? 그들도 성공해야만 하는가? 그들이 성공한다는 것은 무엇을 뜻하는가?

성공은 하나의 역설이다. 그 이유는 다음과 같다.

- 진정으로 성공한 사람이 실은 실패자일지도 모르기 때문이다. 신화에 나오는 미다스 왕은 손에 닿는 모든 것을 황금으로 변하게 했다. 그런데 결국에는 자기 딸과 심지어 음식마저 황금으로 변형시켜 버려 그만 굶어 죽고 말았다.
- 실패가 곧 성공일지도 모르기 때문이다. 찰스 콜슨은 정치가로서 성공한 인물이었지만 자기 영혼을 닉슨 대통령의 백악관에 팔아 버렸다. 죄를 짓고 감옥에 갇히는 실패 가운데, 그는 교도소 사역[교도소 선교회]을 창립하는 일에 성공했다.
- 믿음에 바탕을 둔 성공은 신비로운 성격을 갖고 있기 때문이다. 그것은 통제하거나 창출하거나 혹은 미리 계획하는 것이 불가능하다.

- 성공을 손에 거머쥐면 곧 잃게 되기 때문이다. 젊은 시절에는 성공을, 인생의 후반기에는 중요한 의미를 추구하라는 충고가 별 도움이 되지 않을 수도 있다. 그것은 "하나님이 내 생애 후반부를 위해 멋진 계획을 갖고 계신다!"고 말하는 데 지나지 않는다. 예수님이 젊고 부유한 관원에게 한 응답은 "가서 무언가 의미 있는 일을 하라"가 아니라 "나를 따르라"는 것이었다.
- 성공을 추구하는 것이 진정한 실패로 직통하는 길이기 때문이다. 성공의 가도를 달릴 때는 도착하는 것을 조심해야 한다. 이미 도착한 사람이 보이는 증상은 질문의 능력을 상실하는 것이다. 도착 즉시 사망 선고를 받는 것과 다름없다.[17]

스티븐 코비는 성공 관련 문헌에 나오는 다양한 주제를 연구한 끝에, 일부 사람들이 '인물 중심 윤리'—공적인 이미지와 테크닉—를 강조한다는 점을 알아냈다. 그리고 이것이 현재 지배적인 견해로 군림하고 있다고 한다. 하지만 그가 주장하는 최상의 접근은 '성품 중심 윤리'다. 그는 다음과 같이 말한다.

"성공적인 삶의 기본 원리들이 있는데…이런 원리들을 배워 자신의 성품에 융합할 때에만 진정한 성공과 영구적인 행복을 경험할 수 있다. 진실성, 겸손, 용기, 정의, 인내, 근면, 단순성, 소박함, 황금률 등이 성공적인 삶의 기본 원리들이다."[18]

성공의 정의

자크 엘룰은 "무용지물에 관하여"(Essay on Inutility)란 글에서 성공에 관한 기독교적 성찰을 시도한다. 그는 그리스도께서 이룩한 업적에 비추어 볼 때 우리가 성취한 것을 자랑할 여지는 거의 없다고 주장한다.

우리가 단번에 배우는 바는 예수 그리스도 안에서 구원받게 되었다는 것, 우리가 아무 일도 하기 전에 하나님이 우리를 사랑하셨다는 것, 모든 것이 은혜—자비로운 선물, 거저 주는 선물—라는 것이다. 생명과 구원, 부활과 믿음 그 자체, 영광과 덕 등 그 모든 게 은혜이고, 모든 게 이미 달성되었으며, 모든 게 이미 완성되었고, 심지어는 굉장한 공을 들여 이룩하려는 선행마저도 우리가 그렇게 하도록 미리 준비되었던 것이다. 그 모든 게 이미 끝났는데…그런 선행이 무슨 소용이 있을까?…그럼에도 선행을 베풀라는 요구를 받는다. 그것이 하나님의 명령이긴 하지만 무용지물과 같은 것이다.…우리가 정말 무가치한 혹은 쓸모없는(동시에 바쁘게 열심히 일하는) 종이 될 마음자세를 갖고 있다면, 우리의 일이 우리를 먼저 사랑하신 그분의 영광을 진정 드높일 수 있다. 하나님이 우리를 사랑하신 것은 그분이 사랑이시기 때문이지 어떤 결과를 얻기 위해서가 아니었다.[19]

성공에 대한 전도서의 성찰
전도서의 교수는 기업가형 지도자였던 것이 분명하다.

나는 여러 가지 큰일을 성취하였다. 궁전도 지어 보고, 여러 곳에 포도원도 만들어 보았다. 나는 정원과 과수원을 만들고,…저수지도 만들어 보았다. 남녀 종들을 사들이기도 하고,…많은 소와 양 같은 가축 떼를 가져 보았다. 은과 금, 임금들이 가지고 있던 여러 나라의 보물도 모아 보았으며, 남녀 가수들도 거느려 보았고,…처첩도 많이 거느려 보았다.…그러나 내 손으로 성취한 모든 일과 이루려고 애쓴 나의 수고를 돌이켜 보니, 참으로 세상 모든 것이 헛되고, 바람을 잡으려는 것과 같고, 아무런 보람도 없는 것이었다."(2:4-11, 새번역)

그 교수는 놀랍게도 다음과 같은 결론에 도달했던 것이다.

첫째, 우리가 일하는 것은 쓸모 있는 존재가 되거나 자기 정체성을 입증하기 위함이 아니라 그것이 하나님의 선물이기 때문이다.

"사람에게는 먹는 것과 마시는 것, 자기가 하는 수고에서 스스로 보람을 느끼는 것, 이보다 더 좋은 것은 없다. 알고 보니, 이것도 하나님이 주시는 것, 그분께서 주시지 않고서야, 누가 먹을 수 있으며, 누가 즐길 수 있겠는가? 하나님이, 마음에 드는 사람에게는 슬기와 지식과 기쁨을 주시고,…사람이 먹을 수 있고, 마실 수 있고, 하는 일에 만족을 누릴 수 있다면, 이것이야말로 하나님이 주신 은총이다"(2:24-26; 3:13, 새번역).

둘째, 인생은 물질적인 성공 이상의 것이고 물질적 성공은 우리에게 언제나 실망을 안겨 준다.

"은을 사랑하는 자는 은으로 만족하지 못하고 풍요를 사랑하는 자는 소득으로 만족하지 아니하나니 이것도 헛되도다"(5:10).

셋째, 우리의 모든 계획과 우리 몸이 무덤에 들어갈지라도 우리는 "생명의 문으로 들어가야" 한다.

"네가 어떤 일을 하든지, 네 힘을 다해서 하여라. 네가 들어갈 무덤

속에는, 일도, 계획도, 지식도, 지혜도 없다"(9:10, 새번역).

넷째, 투자의 위험을 감수해야지 가만히 앉아서 완벽한 상황을 기다려서는 안 된다. 그렇지만 '모든 달걀을 한 바구니'에 넣어선 안 되고 위험부담을 분산시켜야 한다.

"너는 네 떡을 물 위에 던져라 여러 날 후에 도로 찾으리라"(11:1).

이 구절은 고대 세계의 곡물 무역을 가리키고 있는 듯하다(그래서 새번역은 "돈이 있으면, 무역에 투자하여라. 여러 날 뒤에 너는 이윤을 남길 것이다"로 적고 있다—옮긴이). 그러니까 네가 알렉산드리아에 있는 곡물 창고에 모든 걸 보관해 놓으면, 곡물 시장에서 돈을 벌 수 없을 것이라고 말하는 셈이다. 사람들에게 관대하고 마음껏 베풀어라. 옹색한 삶을 살지 말라. 그러면 도로 얻으리라. 어쩌면 되를 누르고 흔들어서 넘치도록 후하게 받을지도 모른다.

"일곱에게나 여덟에게 나눠 줄지어다 무슨 재앙이 땅에 임할는지 네가 알지 못함이니라 구름에 비가 가득하면 땅에 쏟아지며 나무가 남으로나 북으로나 쓰러지면 그 쓰러진 곳에 그냥 있으리라 풍세를 살펴보는[완벽한 날씨를 기다리는] 자는 파종하지 못할 것이요 구름만 바라보는 자는 거두지 못하리라"(11:2-4).

6절에서도 동일한 주제를 다루는 것 같다.

"너는 아침에 씨를 뿌리고 저녁에도 손을 놓지 말라 이것이 잘될는지, 저것이 잘 될는지, 혹 둘이 다 잘될는지 알지 못함이니라."

다섯째, 일은 우리를 하나님에게 데려가는 전도자와 같고, 그분만이 우리 영혼의 빈 공간을 채울 수 있다. 우리의 일은 한시적인 것이며, 정당한 평가도 받지 못한다. 또 어리석은 자의 손에 넘어갈 것이다.

우리는 불의를 맛보게 될 것이고, 일 자체도 아주 고된 것이다(2:18, 19, 21, 22). 그런데 우리의 일이 '무용지물'인 게 하나님의 뜻이다. 만일 이 전도서 교수의 말이 옳다면, 우리는 하나님을 믿는 믿음을 통해 우리의 일에서 만족감을 얻지 못할 것이다(이는 소위 '기독교' 사역과 관련된 이단적 견해다). 그 대신 우리가 하는 일의 경험을 통해 하나님 안에서 만족감을 얻을 것이다. 이 둘은 아주 미묘하고도 뚜렷한 차이가 있다.

여섯째, 우리는 '지금 여기에서' 영원한 삶을 위해 투자하고 있다. 우리 자신을 위해 하늘에 보물을 쌓고 있다는 말이다.

"하나님은 모든 것이 제때에 알맞게 일어나도록 만드셨다. 더욱이, 하나님은 사람들에게 과거와 미래를 생각하는 감각을 주셨다.…이제 나는 알았다. 하나님이 하시는 모든 일은 언제나 한결같다(하나님의 행하시는 것은 영원히 있을 것이라―개역성경). 거기에다가는 보탤 수도 없고 뺄 수도 없다. 하나님이 이렇게 하시니 사람은 그를 두려워할 수밖에 없다"(3:11, 14, 새번역).

전도서를 넘어서

이제까지 살펴본 것은 구약성경의 한 구도자가 내린 결론이다. 신약성경에 귀를 기울이면 무슨 메시지를 더 들을 수 있을까?

신약성경에는 '성공'이란 단어가 등장하지 않고 단지 그와 같거나 비슷한 두 여인의 이름만 나올 뿐이다. 유오디아('성공'이란 뜻)와 순두게('행운아'란 뜻)가 그들이다(빌 4:2). 신구약에 나오는 또 다른 유사어로는 '복이 있다'라는 말이 있는데(신 11:26-28; 마 5:3-12), 이는 "하나님의 성품에 부합한 개인적 성품이 지닌 내적인 풍요함"[20]을 뜻하는 말이다.

성경에서 말하는 인간의 궁극적 목표는 의로움으로서, 이는 하나님과 이웃과 창조세계와 바른 관계를 맺는 것을 의미한다. 예수님은 "너희는 먼저 그[하나님]의 나라와 그[하나님]의 의를 구하라"고 말씀하셨다(마 6:33).

성공에 대한 하나님의 평가는 인간의 가치관과 정반대다. 과부와 두 렙돈(막 12:42)의 일화, 그리고 세리의 기도(눅 18:14)에 관한 가르침을 생각해 보라. 예수님이 겸손을 참 영성의 표지―온통 하나님에게 몰입하여 자의식이 없는 상태―로 여기는 만큼, 우리가 설사 성공적이라 하더라도 그것을 인식조차 할 수 없을 것이다! 우리가 믿는 하나님은 하향성의 길을 가는 겸손한 분이시다(빌 2:6-11). 예수께서는 우리에게 "오직 너희를 위하여 보물을 하늘에 쌓아 두라"(마 6:20)고 권고한다. 우리가 이생에서 내생으로 가져갈 수 있는 유일한 보물은 그리스도를 통해 우리가 맺은 관계들뿐이다(눅 16:9). 우리에게 충격을 주는 것은, 인간의 눈에 성공한 사람으로 보이는 자를 실패자요 어리석은 자로 말씀하시는 예수님의 가르침이다(눅 12:20). 로버트 지라드는 "세상의 성공(바벨론) 이야기가 하나님에 의해 궁극적 실패로 밝혀지면서 그 막을 내린다"(계 18장)고 결론짓는다.[21]

지혜로운 사람들에게 어떻게 지혜를 얻게 되었냐고 물어 보면 대다수가 실수를 통해 배웠다고 한다. 실패는 훌륭한 인품을 만들어 낸다. 그리고 실패를 통해 우리는 자만하는 태도에서 깨어진 심령으로 옮겨갈 수 있다(눅 22:54-62).[22] 소위 성공한 사람이 장차 겪게 될 최대의 실패는, 마지막 날 하나님과 얼굴을 맞대고 만날 때 예수님으로부터 "나는 너를 도무지 알지 못한다"는 말을 듣는 일일 것이다(마 7:23; 25:12). 그리고 궁극적 성공은 "주인의 즐거움에 참여"(마 25:21)하는 자리에 앉아 "잘하였도다 착하고 충성된 종아!"(마 25:23)라는 소리를 듣는 일일 것이라.

시간과 돈과 성공의 문제 배후에는 통제력에 대한 욕구가 있다. 전도서의 교수는 11장에서 우리에게 전적인 통제권이 없다고 말한다. 이세상에서 무슨 재난을 만날지 모르고(2절), 나무가 남쪽이나 북쪽으로 쓰러지면 거기에 그냥 있을 것이며(3절), 바람이나 어머니의 뱃속에서 아기가 자라는 것을 통제할 수도 없고(5절), 선택한 사업 중에 어느 것이 성공할지도 모른다(6절).

기독교 정신의학자 폴 투르니에는 『모험으로 사는 인생』(*The Adventure of Living*, IVP)에서 실패와 성공의 두려움이 어떻게 사람들을 좌우하는지 잘 보여 준다. 바로 그런 두려움 뒤에 통제력에 대한 욕구가 있는 것이다. 그리고 통제의 욕구는 본질적으로 하나님의 역할을 하려는 욕구다. 자율성과 절대 통제권에 대한 요구는 에덴동산에서의 원죄에 그 뿌리를 두고 있다. 이것이 "해 아래서" 사는 삶이다.

전도서의 교수는 이따금씩이나마 마치 힌트를 주듯 여호와를 두려워함이 지혜의 근본이라고 결론을 내린다. 여기서 두려워한다는 말은 무서워서 떤다는 뜻이 아니라, 사랑의 경외심을 품고, 애정을 다하여 존경하고, 겸손하게 의존하는 것을 일컫는다. 하나님이야말로 우리가 인생의 결말을 맡길 만한 분이다. 하나님이야말로 우리가 어떤 사업에 달란트를 투자할 때 신뢰할 만한 분이다. 하나님이야말로 우리가 남에게 자선을 베풀 때 신뢰할 만한 분이다.

모험의 삶에 대한 다른 길은 죽도록 지루한 삶, 옹색하기 그지없는 삶, 움직이는 송장처럼 사는 삶이다. 폴 투르니에는 "인생은 줄곧 '둘 아니면 제로'를 선택하는 게임이다. 우리는 언제나 현재 가진 것으로 위험을 무릅쓰기보다 그것을 그냥 보존하고픈 유혹을 받는다. 하지만 그것은 곧 모험의 종말을 의미한다"[23]라고 말한다.

트릴리움 회사의 부사장을 지냈던 스티브 브린은 이런 충고를 한다.

매일 아침 물구나무를 서면서 사업계에서 모든 게 거꾸로 뒤집히는 것이 무슨 의미인지 생각해 보라. 큰 거래가 그 나라에서는 큰 거래가 아니다. 요정 이야기를 읽으라. 아울러 모든 제약을 한결같이 벗어던지고 모든 게 가능하다는 것을 알라. 당신의 실패에서 등을 돌리지 말라. 슬퍼하고, 성찰하고, 배우라. 스스로에게 시간을 주라. 사업과 관련하여 당신이 누구인지를 아는 데는 오랜 시간이 걸린다. 특정한 생활양식의 굴레를 깨어 버려라. 모종의 혁명적인 운동에 가담하라. 정말 중요한 것은, 절대 포기하지 말라.[24]

❖ **토론 문제**
1. 과거에 쓰라린 실패를 맛보았다가 하나님을 통해 새롭게 회복된 경우가 있다면?(요한복음 18장과 21장에 나오는 베드로의 경우를 참고하라—옮긴이)
2. 현재 내게 시험거리가 되는 성공이 있다면?
3. 이 장을 읽는 동안 하나님이 내게 도전하신 것이 있다면?
4. 시간, 돈, 성공에 대한 나의 태도는 어떠한가?

❖ 더 읽을 자료

Buechner, Frederick. *Listening to Your Life: Daily Meditations with Frederick Buechner* (San Francisco: HarperSanFrancisco, 1992).

Ellul, Jacques. *Money and Power*, trans. LaVonne Neff (Downers Grove, Ill.: InterVarsity Press, 1984). 『하나님이냐 돈이냐』(대장간).

Foster, Richard. *Money, Sex, and Power: The Challenge of the Disciplined Life* (San Francisco: HarperSanFrancisco, 1985). 『돈, 섹스, 권력』(두란노).

Needleman, Jacob. *Money and the Meaning of Life* (New York: Doubleday, 1991).

Stevens, R. Paul, and Robert Banks. eds. *The Marketplace Ministry Manual* (Vancouver: Regent Publishing, 2004).

11.

거룩함을 추구하라

우리가 입술로 고백하는 주일의 신학(행위가 아니라 믿음을 통한 은혜로 구원받는다는 것)과 월요일의 경험 사이에 놓인 최대의 간극은 행위를 통해 의롭게 되는 것이다.…우리의 실제 행동은, 우리의 정체성과 가치가 우리가 하는 일과 또 그 일을 얼마나 잘하느냐에 전적으로 달려 있다는 믿음을 무심코 드러낸다.
_윌리엄 딜

경건한 상인은…어느 정도 시간을 할애해서 꼭 필요한 신앙 진작을 위해 그 시간을 고상하게 사용할 것이다.…경건의 시간은 그에게 장사하고픈 마음을 불러일으킬 것이고, 장사는 경건의 시간을 환영하게 해 줄 것이다.
_리처드 스틸

사업이나 법, 정치 분야에 몸담은 이들에게는 '직업적 성결'(vocational holiness)이란 말이 어불성설처럼 들릴 것이다. 당신이 거룩한 사람이면서 동시에 돈을 벌고, 새로운 제품을 발명하고, 대중의 시선을 사로잡는 멋진 광고를 고안하는 것이 가능할까? 당신이 거룩한 사람이면서 동시에 고급차를 운전하고 다른 사업가들과 골프를 즐기는 것이 가능할까? 당신이 거룩한 사람이면서 동시에, 아동 소설 『인형의 꿈』(The Velveteen Rabbit, 비룡소)에 나오는 것처럼 마침내 큰 태엽이 망가져 (혹은 배터리가 나가) 그 손잡이를 잃게 되는 그런 전자기기나 장난감을 만드는 게 가능할까?

'거룩하다'는 단어는 어떤 냄새와 종소리, 성직자용 칼라, 성스러운 건물, 엄격한 수도원, 길고 긴 교회 예배, 무법천지 같은 사업계와 아주 동떨어진 사람들을 연상시킨다. 그런데 이 거룩함이란 아주 단순한 개념이다. 거룩하게 된다는 것은 하나님의 인격과 목적을 지향하면서 하나님에게 헌신한다는 뜻이다. 그것은 이 세상에서 벗어난다든가, 종교적이 된다든가, 욥의 친구들처럼 경건한 소리를 나불대는 것을 의미하지 않는다.

이번 장에서는 사업가를 진정 그리스도인답게 만드는 것이 무엇인지 살펴보고자 한다. 어떤 기업의 직원들이 아침마다 기도회를 한다고 그 기업이 '기독교적' 기업이 되는 게 아니듯이, 사업에 몸담은 사람이 책상 위에 성경을 올려놓거나 대화중에 간헐적으로 하나님의 이름을 들먹인다고 거룩하게 되는 게 아니다. 거룩함은 그보다 더 깊고 훨씬 더 멋진 것이다. 직업적 성결은 세 가지 차원을 갖고 있다. 첫째는 일과 관련된 것이고, 둘째와 셋째는 일꾼과 관련된 것이다. 각 차원은 하나님께 대한 헌신과 멋진 열매를 내포한다.

하나님이 보낸 일

"제가 여기에 온 것은 제 소명과 관련하여 마음의 평화를 얻기 위함입니다"라고 리젠트 칼리지에서 개최한 일터 사역 관련 집회에서 한 광고 회사 간부가 말했다. 왜 그랬을까? 그는 자기가 하고 있는 일이 '주님의 일'이고 그것이 주님이 주신 사명임을 알았기 때문이다. 애굽에서 요셉이 한 말처럼, 그 역시 형제와 부모, 교육자와 감독을 비롯하여 그 분야에 종사하기까지 영향을 미친 모든 이들에게 "나를 이리로 보낸 이는 당신들이 아니요 하나님이시라"(창 45:8)고 말할 수 있을 것이다. 요셉은 온갖 종류의 요인과 사건들—그 가운데는 찌는 여름날 죽은 생선처럼 고약한 냄새를 풍기는 것도 많았을 것이다—에 이끌려 애굽에서 가장 영향력 있는 자리에 앉게 되었다. 하지만 그가 과거를 성찰해 보니, 자기가 있는 그 자리가 바로 하나님이 원하는 자리, 곧 '선교'의 일을 하도록 보낸 자리임을 깨닫게 되었다. '보내다'라는 뜻을 가진 라틴어 단어가 'mission'이므로, 요셉은 "나를 여기에 보낸(선교하라고 파송한) 자는 당신들이 아니라 하나님이시라"고 말할 수도 있었을 것이다. 키르케고르가 말한 것처럼, 우리는 앞을 내다보며 살지만 뒤를 돌아볼 때 인생을 이해하게 된다.

앞서 선교에 관한 장에서 사업이란 것이 삼위 하나님—보내는 자, 보냄 받은 자, 보냄 그 자체이신 자—의 삶 속에서 유래한다는 것을 살펴보았다. 하나님은 최초의 인간 피조물을 불러 공동체 건설, 창조세계의 잠재력 개발, 땅에 충만케 되는 일 등 여러 사명을 주셨다. 그리고 자원이 지구에 골고루 분포되어 있지 않으므로, 인간들은 상호 의존관계를 맺도록 창조되었고 또 그런 부르심에는 반드시 무역이 포함되어 있다고 볼 수 있다.

하나님이 아브라함과 그 자손에게 주신 삼중의 약속도 선교와 관련된 축복이었다. 첫째는 가정을 세우라는 것. 유대인과 이방인이 그리스도 안에서 다 함께 하나님의 백성을 이룬 만큼 이 약속은 멋지게 성취되었다고 할 수 있다. 둘째는 땅을 소유하라는 것. 앞서 살펴본 것처럼 이는 경제적·사회적 청지기직과 창조세계의 청지기 직분을 포함하는 것으로서, 대체로 그리스도의 사역으로 성취되었고 궁극적으로는 새 하늘과 새 땅에서 완성될 것이다. 셋째는 열방을 축복하라는 것. 이는 세계적·초인종적·피조물적·우주적 차원의 복음 전도를 통해 이미 성취되고 있는 사명이다. 우리가 이 세상에서 하는 일이 선한 일이라면(죄 및 파괴 세력과 뒤섞여 있지만), 그것은 지구를 인간이 살기 좋은 곳으로 만들고, 피조물의 잠재력을 개발하고, 삶을 향상시키고, 열방을 축복하는 일 같은 하나님의 선교적 의도에 포함되는 것이다. 우리는 바로 이 선교의 사명을 수행하도록 부름 받은 자들이다. 직업 세계에 첫 발을 내디딜 때에는 이런 그림이 분명히 보이지 않을지라도 말이다.

직업 선택의 문제는 평생 계속되는 사안이다. 진로를 정할 때 고려할 요인은 아주 다양하다. 개인적 열정, 동기, 재능과 은사, 환경, 강박 충동과 역기능적 요소, 그리고 때로는 하나님이 주시는 말씀 등. 성경이 '안내'라는 단어를 한 번도 사용하지 않는 것은 의미심장한 사실이다. 그것은 본래 이교적 아이디어다. 성경은 안내자를 계시하고 있지, 신의 뜻을 확정할 수 있는 어떤 시스템을 보여 주지 않는다. 이방 종교의 '점치는 일'이 그런 것으로서, 거기에는 어떤 '징조'를 읽는 것, 제비뽑기와 같은 기계적 수단을 사용하는 것, 새들의 자취를 읽는 것 등이 포함되어 있다.

직업 선택의 과정은 다음과 같이 역삼각형으로 그릴 수 있는데, 이 가운데 가장 큰 부분을 차지하는 것은 하나님이 우리를 만들 때 빚어 놓으신 모습이다. 어떤 이들은 그것을 '핵심 동기'라 부른다.

먼저 '동기유발과 열정'이란 사항부터 고려할 필요가 있는데, 하나님은 주로 우리의 마음을 통해 인도하시기 때문이다. 흔히 "내가 어떤 것을 하고 싶은 마음이 들면 그건 하나님의 뜻이 아닌 게 분명해"

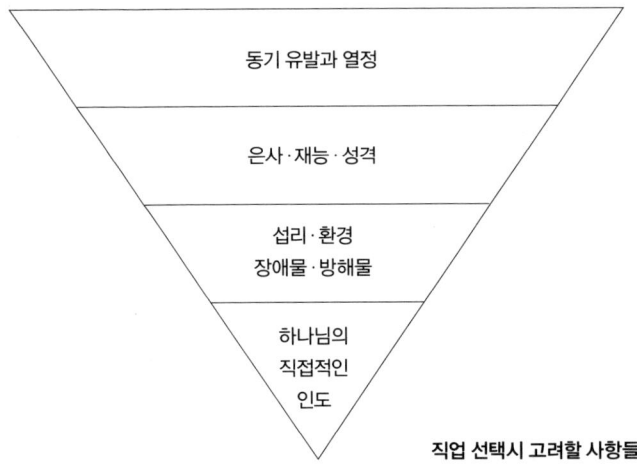

직업 선택시 고려할 사항들

라고들 말하는데, 이는 기독교 신앙을 아주 왜곡하는 태도다. 사실은 그 반대가 옳다. 우리가 그리스도의 마음을 품고 있고, 하나님의 영이 우리 안에 계시고, 우리가 성령에 깊이 잠겨 있다면, 보통 우리가 하고 싶은 것이 오히려 하나님의 뜻일 가능성이 높다. 자신의 동기 유발과 열정에 관해 알고 싶다면, '내가 무슨 활동을 할 때 시간 가는 줄 모르는가?' 하고 물어 보면 된다. 나는 무엇에 대해 백일몽을 꾸는가? 어린 시절부터 내가 즐겨 왔던 일은 무엇이고, 아주 잘한다고 생각하는 일은 무엇인가?

내가 열한 살이었을 때 아버지로부터 전기 모터를 하나 선물 받았다. 나는 그것을 갖고 직접 디자인해서 처음으로 목재용 선반을 만들었다. 열네 살 때는 처음으로 보트를 디자인하고 만들었다. 스물네 살 때는 도시선교 단체를 고안하고 설립했다. 서른다섯 살 때에는 통나무집을 고안하고 건축했다. 쉰 살 때는 케냐에서 교육 프로그램을 고안하고 만들었다. 이제 내 속에서 무슨 일을 하고 싶은 마음이 생기는지 알겠는가? 나는 고안하고 만드는 것을 좋아하는 사람이다. 반면에 물건을 관리하거나 고치는 일은 그리 좋아하지 않는다.

다음으로 우리는 '은사와 재능'을 고려해야 한다. 이 둘은 서로 중첩되기도 하는데, 은사는 어떤 일을 위해 성령이 한시적으로 주시는 능력을 가리키고, 재능은 선천적으로 부여받은 능력을 의미한다. 둘 다 하나님으로부터 오는 것이다. 그런데 로마서 12장은 성령의 은사들이, 창조주가 주신 능력으로 기름 부음을 받은 결과임을 암시하고 있다. 바울은 이런 은사들이 '**가르치는 일**'을 하는 교사의 마음속에서, '**관대한 손길**'로 타인의 필요를 채워 주는 자의 마음속에서, '**부지런하게**' 지도하는 자의 마음속에서, '**기쁘게**' 자선을 베푸는 자의 마음속에서 각각 작동한다고 말한다(롬 12:7-8).[1]

은사 및 재능과 더불어 고려할 사항은 '성격'이다. 야곱이 에서처럼 되기를 원했던 것처럼, 자기가 다른 사람처럼 되었으면 하고 바라는 경우가 상당히 많다. 자신을 잘 아는 것은 내게 무슨 일이 적합한지 그리고 내가 감당할 사명이 무엇인지를 분별하는 데 꼭 필요한 요소다.

'섭리'에 따른 '환경적 요인'도 직업 선택에 영향을 미친다. 출생 배경, 건강, 집안의 내력, 교육의 기회 등. 그리고 우리 내면에 우리의 방향감각을 크게 가로막는 심각한 '장애물'도 있을 수 있다. 가령 우리가 그저 사람을 기쁘게 하는 데 골몰하는, 칭찬에 중독된 사람이라면, 리더십의 역할 가운데 어떤 것은 수행해 낼 수 없을 것이다. 물론 그런 역할을 하나님이 우리를 성화시키는 수단으로 사용하실지라도 말이다.

끝으로, 하나님이 우리에게 '직접적인 말씀'을 주시거나 예언적 메시지를 가진 누군가에게 우리를 인도하는 경우도 있다. 하지만 그런 초자연적 말씀을 접할 때 우리는, 모세가 부름 받았을 때 했던 것처럼(출 3:11; 4:10), 진정한 우리의 모습에 비추어 깊이 숙고할 필요가 있다.

직업 선택에 필요한 분별력을 얻으려면 여러 가지 노력이 필요하다. 우리를 인도하시는 그분과의 교통을 계속하기 위해 기도에 힘써야 한다. 당신 자신과 당신의 열정, 당신의 관심사와 핵심 동기에 관한 정보를 수집하고, 독서와 적성 및 특기 조사, 인터뷰, 묵상, 일기 등을 통해 가능한 직업들을 찾아보아야 한다. 또 당신을 잘 알고 있는 신자들을 만나 조언을 구하는 일도 중요하다. 당신이 소명이라고 느끼는 것—일반 소명과 특별 소명—을 포괄적으로 생각해 보고, '이게 바로 나한테 맞는 일이야'라든가 '이걸 꼭 하고 싶어'라는 심정이 드는 게 있는지 성찰할 필요도 있다. 또한 긍정적인 면과 부정적인 면을 비교해 보고, 당신의 결정으로 영향을 받을 사람들과 제약 요소들(가족에 대한 책임, 재정, 건강) 등을 고려해 보아야 한다. 그리고 결정에 관하여 시간을 두고 생각하라. 만일 당장 결정을 내려야 한다면, 그것은 미봉책에 불과할 것이다. 당신이 기혼자라면, 배우자와 의견이 일치될 때까지 함께 하나님의 인도를 구하고, 의논하고, 기도하는 것이 마땅하다. 하나님이 기대하는 바는 '될수록 문제를 빨리 해치우는 것'이 아니라 하나 됨을 이룩하는 것이다. 나는 『영혼의 친구, 부부』(*Marriage Spirituality*, IVP)에서 "한쪽 배우자가 아무리 하나님의 인도라고 확신하더라도, 그것이 둘 다에 해당되는 것이 아니라면 하나님의 뜻이 아닐 가능성이 높다"고 단언한 바 있다.[2]

직업 선택과 관련하여 또 하나 고려할 차원은 장기적인 측면에 입각해서 보는 것이다. 우리는 평생 동안 계속 조율하며 사는데, 특히 인생의 궤도를 수정하는 중년기가 더더욱 그러하다. 많은 이들이 인생의 전반부에는 성공을 추구한다. 이십 대에 이르면, '어떻게 인생을 꾸려 나가야 하지?' 하고 묻는다. 삼십 대가 되면 생활양식과 경력을 확정한다. 사십 대에 도달하면, '나는 어떤 인물이 되고 싶은가?' 하고 묻는다. 오십 대에 던지는 질문은, '내가 세상에 미치는 영향은 무엇인가?' 하는 것이다. 육십 대가 되면, '내 인생이 남길 유산은 무엇일까?' 하고 묻게 된다. 사람들이 인생의 의미와 사회에의 공헌에 관해 중대한 질문을 던지는 것은 주로 사십 대나 오십 대에 이르러서다.

정신의학자 칼 융은 "모든 중년의 위기는 영적인 위기로서, 인생 전반부의 열매인 옛 자아(에고)에 대해 죽고, 우리 속에 있는 새로운 남성 혹은 여성을 해방시키라는 부름을 받는 것이다"[3]라고 믿었다. 인생의 전반부에는 외부 세계와 관계를 맺고 우리 자신을 거기에 맞추어 간다. 반면 인생의 후반부는 내면세계에 적응하는 기간이다. 중년기의 전환은 일종의 난산과 같다. 융은 그것을 이렇게 표현한다.

전혀 준비되지 않은 상태에서 그들은 인생의 후반부를 시작한다. 일반 대학이 젊은이들에게 세상과 인생에 대한 지식을 소개해 주듯이, 40세를 맞이한 이들에게 남은 인생을 준비하도록 교육시켜 주는 그런 대학이 있을까? 아니, 그런 곳은 전혀 없다. 전혀 준비가 되지 않은 채 우리는 인생의 오후에 진입하는 것이다. 설상가상으로, 우리는 이제까지 쓸모 있었던 그런 진리와 아이디어들이 여전히 유효할 것이라는 그릇된 생각을 품고 발걸음을 내딛는다. 그러나 오전 프로그램에 따라 오후의 삶을 살 수는 없는 노릇이다. 왜냐하면 오전에는 크게 보였던 것이 저녁에는 작아질 것이고, 오전에는 진실이었던 것이 저녁에는 거짓이 될 것이기 때문이다.[4]

인생의 매 단계가 그렇지만 특히 중대한 전환기에 이르면, 우리의 소명을 재발견하고 깊이 있게 살아야겠다는 다짐을 하게 된다.

직업 선택과 관련하여 우리가 갖고 있는 그릇된 관념은, 하나님이 우리 인생을 위해 놀라운 계획을 갖고 있다는 믿음이다. 혹은 한 개의 계획이 아니라 전반부와 후반부에 하나씩 두 가지 계획을 갖고 있다고 믿는 것이다. 그래서 우리는 그 계획을 발견하고 그것을 실행해야 한다고 생각한다. 나는 청소년 시절 주말 수련회에 갔다가 예수님의 사랑에 푹 빠져 그분의 제자가 되었는데, 당시 강사의 메시지 가운데 기억나는 것은 새빨간 거짓말뿐이다. 그 강사는 열여섯 살 때 하나님이 자기를 선교사로 불렀다고 했다. 그는 가지 않겠다고 거부했다고 했다. 그래서 하나님이 절대로 가지 못하게 손을 썼다는 것이다. 그의 말에 따르면, 하나님이 오토바이 사고가 일어나게 해서 자기 왼쪽 다리가 절단 나게 했다는 것이다. 이제 어떤 선교회도 자기를 받아 주려 하지 않아서 자기로서는 '하나님의 차선책'을 선택할 수밖에 없는 '운명에 처했다'고 했다. 그 차선책은 바로 목사가 되는 것이었다! 나는 그 사람의 하나님을 믿기로 회심하지 않은 것을 다행스럽게 생각한다.

하나님은 우리 인생의 전·후반에 대한 놀라운 **계획** 이상의 것을 갖고 계신다. 오히려 그분은 놀라운 **목적**을 갖고 계시며 거기에 동참하라고 우리를 부르셨다. 놀라운 목적이란 사람들을 온전한 인간으로 만드는 일과, 이 세계를 새롭게 완전히 변모시키는 것이다. 많은 사람이 중년의 전환기에 이르기까지 자기 인생에 대해 깊이 숙고하지 않는 것이 사실이다. 그렇다고 그때까지 우리가 굳이 기다릴 필요가 있을까?

계획과 목적 사이에는 미묘하지만 엄청난 차이점이 있다. 계획은, 집의 청사진처럼 조심스럽게 좇아야 하고, 만일 실수하면 처음부터 다시 시작하든가 '차선책'에 해당하는 제2의 계획으로 수습해야 한다. 보통은 되돌아가서 다시 시작할 수 없다. 반면에 하나님의 뜻을 하나의 목적으로 생각하는 것은 흐르는 강물을 따라 어떤 목표점을 향해 카누를 저어 가는 일과 같다(이는 내가 좋아하는 놀이다). 뒤로 젓든 앞으로 젓든 강물을 따라 내려간다. 우리는 계속 움직이는 중이다. 내가 실수하든 다른 사람이 실수하든, 요셉이 발견한 것처럼, 하나님은 그것을 구속할 수 있는 분이다. 우리 인생에 차선의 반쪽이 존재하지 않는 것같이 차선의 목적이라는 것도 없다. 그리고 직업적 성결을 발견하는 문제도 인생의 전반부는 성공의 추구에, 후반부는 거룩함과 의미의 추구에 주력한다고 해결되는 게 아니라, 우리가 지금 처한 곳에서 하나님의 목적을 계속 발견해 나가는 것이 중요하다.

올바른 직업 선택에는 실험 정신과 믿음의 용기가 필요하다. 왜 믿음이 필요할까? 그것은 우리가 행동이나 동기 면에서 많은 실수를 저지르고 거듭해서 다시 시작할 수밖에 없기 때문이다. 우리는 영원한 유치원생이라 할 수 있다. 칼 바르트는 이렇게 말한다.

"그리스도인은 자신의 삶이든 사역이든 언제나 초보자의 범주를 벗어날 수 없다.…그리스도인이 하는 일이 노련하고 조예가 깊은 예술의 모습을 지닌다면 그것은 일종의 자기모순이다. 그들이 여러 분야에서 대가와 거장이 될 수는 있어도, 그리스도인으로서는 하나님의 어린아이 신분을 결코 벗어날 수 없다."[5]

하나님을 지향하는 일꾼

어떤 일을 거룩하게 만드는 것은 그 일의 종교적 성격이 아니다. 그것은 첫째, 그 일 자체의 특성(하나님이 보낸 일)과 둘째, 일꾼의 특질이다. 7장에서 우리는 윤리적 의사 결정에서 덕의 역할을 숙고한 바 있다. 우리의 도덕이 살아 계신 하나님과의 개인적 관계와 그분의 성품을 닮아 가는 과정에 뿌리박고 있음을 살펴보았다. 따라서 신약성경에 나오는 사도들이 믿음, 소망, 사랑으로 일하는 것에 대해 거듭 말하고 있는 만큼 우리도 덕스러운 일에 관해 논할 수 있다. 바울은 데살로니가 교인들에게 쓴 편지에서 '신학적 미덕'이라 불리는 이 세 가지를 모두 언급한다.

"우리가 너희 모두로 말미암아 항상 하나님께 감사하며 기도할 때에 너희를 기억함은 너희의 믿음의 역사와 사랑의 수고와 우리 주 예수 그리스도에 대한 소망의 인내를 우리 하나님 아버지 앞에서 끊임없이 기억함이니"(살전 1:2-3).

또 이 세 가지는 고린도전서 13장에 나오는 유명한 사랑의 노래에도 등장한다.

"그런즉 믿음, 소망, 사랑, 이 세 가지는 항상 있을 것인데 그 중의 제일은 사랑이라"(13절).

사업상 거래를 할 때 사랑으로 할 수 있을까? 혹은 새 호텔을 설계할 때 믿음으로 할 수 있을까? 자동차를 팔 때 소망으로 할 수 있을까? 이에 대해 단연코 긍정적인 응답을 할 수 있다. 바로 이런 것이 우리 일을 거룩하게, 하나님을 지향하도록, 하나님의 인도를 받게 하는 중요한 요소들이다.

마태복음 25장에 나오는 세 가지 비유는 믿음, 소망, 사랑으로 일한다는 것이 무엇인지를 잘 보여 주는 놀라운 예화들이다.

믿음—달란트의 비유(마 25:14-30)

이 비유는 한 사업가가 먼 여행을 떠나면서 자기 재산(달란트)을 여러 직원에게 "각각 그 재능대로"(15절) 맡기는 것에서 시작된다. 한 사람에게는 다섯 달란트('5,000달러'라고 하자)를, 또 한 사람에게는 두 달란트(2,000달러)를, 그다음 사람에게는 한 달란트(1,000달러)를 각각 맡겼다. 이와 병행되는 누가복음의 이야기에서는 사업가가 "내가 돌아올 때까지 [이것으로] 장사하라"(19:13)라고 말한 것으로 되어 있다. 그러니까 그냥 보관하는 게 아니라 투자하는 것이 주인의 의도였다는 말이다.

나중에 주인이 돌아와 보니 다섯 달란트 받은 사람은 다섯을 더 벌었고, 두 달란트 받은 자도 둘을 더 벌었다는 것을 알게 되었다. 이에 대한 그 사업가의 반응이 의미심장하다. 그들은 결국 두 가지 결과를 얻었다. 첫째, 그들은 더 큰 책임을 부여받았다.

"그 주인이 이르되 잘하였도다 착하고 충성된 종아 네가 적은 일에 충성하였으매 내가 많은 것을 네게 맡기리니"(25:21, 23).

둘째, 주인은 그들을 초대해 자기의 기쁨에 동참하게 했다.

"네 주인의 즐거움에 참여할지어다"(25:21, 23).

우리가 살펴본 것처럼, 이는 일의 영성이 지닌 가장 깊은 차원을 표현한 것이다. 하나님의 기쁨에 동참하는 것, 곧 하나님이 자신의 피조물이 개발되고 땅이 살기 좋은 곳으로 변하고 이웃의 필요가 채워지는 모습을 보고 즐거워하시는 그 즐거움을 함께 누리는 것이다. 이는 〈불의 전차〉(Chariots Of Fire)라는 영화에서 올림픽 육상선수 에릭 리델이 했던 유명한 말, "달릴 때마다 하나님의 기쁨을 느낀다"를 상기시킨다.

이제까지 성공적인 일꾼들에 대해 살펴보았다. 그런데 한 달란트를 받은 사람은 어떻게 되었는가? 그에게는 가장 가혹한 평가, 악하고 게으르다는 악평이 내려졌다. 왜 그랬을까? 그 사람은 받은 달란트를 그냥 보관만 하고 있다가 주인에게 돌려주었기 때문이다. 결과는 아주 처참했다. 그는 한 달란트마저 잃었을 뿐 아니라 바깥 어두운 데로 쫓겨나 "슬피 울며 이를 갈"게 되었다(25:30). 그런데 벌이 좀 심해 보인다. 어쨌든 그 돈을 탕진한 것도 갖다 버린 것도 아니고 소중하게 간직하지 않았는가? 주인에게 고스란히 돌려주려고 땅에 파묻었을 뿐인데, 그런 엄청난 책망을 듣다니 말이다. 그렇다면 한 달란트 받은 사람은 무엇을 잘못했는가?

먼저 그는 하나님에 대해 그릇된 개념을 갖고 있었다.

"한 달란트 받았던 자는 와서 이르되 주인이여 당신은 굳은 사람이라 심지 않은 데서 거두고 헤치지 않은 데서 모으는 줄을 내가 알았으므로 두려워하여 나가서 당신의 달란트를 땅에 감추어 두었었나이다 보소서 당신의 것을 가지셨나이다"(25:24-25).

이것이 바로 베버가 주장한 칼뱅의 하나님 개념에 가깝다는 것을 주목하라! 하나님을 가혹하게 거두는 분으로 여겨 무서워하면 위험 감수를 할 수 없게 되고, 창의성과 사랑과 용서가 많은 선한 하나님을 믿으면 위험 감수를 즐겨 하게 된다. 이런 하나님이라면 실패가 일종의 성공이 될 소지가 있다. 고로 하나님의 은혜를 믿는다면 실패와 실수를 두려워하지 않을 수 있다.

나아가 그 사람은 청지기직에 대해서도 그릇된 개념을 갖고 있었다. 그는 자신의 일에 대해, 창조세계를 개발하고 활용하고 창조세계에 가치를 더하는 게 아니라 '있는 그대로 보존하는' 것으로 생각했다.

마지막으로, 그는 하나님 나라에 대해 그릇된 개념을 갖고 있었다. 주기도문의 두 번째 간구 "[하나님의] 나라가 임하옵시며"를 먼훗날 일어날 일로 생각한 나머지, 하나님의 막강한 통치가 임하기를 마냥 기다리면 되는 것으로 여겼다. 치열하고 왕성한 활동을 하면서 현재 그 나라가 뚫고 들어오는 과정에 합류하는 게 아니라, 팔짱을 낀 채 그냥 기다리는 것 말고는 할 일이 없다고 생각했던 것이다. 결국 그 사람의 믿음에 문제가 있었다.

하나님을 믿는 믿음이 있을 때 우리가 위험을 감수하고 실수도 할 수 있는 것은, 그 위대하고 멋진 하나님이 실수를 용서하실 뿐더러 실수를 회복시켜 주시기 때문이다. 나는 페르시아의 카펫이 만들어지는 방식을 좋아한다. 베틀 양쪽에 앉은 일꾼들이 우두머리의 지시에 따라 채색된 털실을 씨줄과 날줄로 엮는데, 앞에서 보는 우두머리만이 카펫의 전체적인 디자인을 볼 수 있다. 베 짜는 사람이 잘못된 색깔을 넣으면 우두머리는 철회하도록 요구하지 않고 그 '실수'를 약간 다른 디자인 속으로 편입한다. 그게 바로 우리 하나님이 하시는 일이다. '믿음으로 일한다는 것'은 하나님을 전심으로 신뢰하고 우리에게 맡겨진 것을 투자하고 그 결과 하나님의 기쁨에 동참하는 것이다.

이에 대해 루터는 다음과 같이 멋진 말로 표현했다.

> 여러분, 말씀해 보십시오. 어떤 아버지가 직접 기저귀를 빨고 아이의 뒤치다꺼리를 합니다. 예를 들어, 그 아버지가 그리스도인의 믿음으로 그 일을 하고 있는데, 다른 사람이 그를 '여자 일이나 하는 바보'라 비웃는다면, 이 두 사람 중에 누가 더 상대방을 조소하고 있는 셈입니까? 하나님은 모든 천사와 피조물과 함께 미소를 머금고 계십니다. 그 아버지가 기저귀를 빨고 있어서가 아니라, 그가 그 일을 믿음으로 하고 있기 때문입니다.[6]

> 당신이 집에서 하는 일은 하늘에서 우리 주 하나님을 위해 하는 일만큼 가치 있습니다.…우리는 우리의 신분과 일을 거룩한 것으로, 또 하나님을 기쁘시게 하는 것으로 생각하는 습관을 길러야 합니다. 그 신분과 일 자체 때문이 아니라, 순종과 일의 근원이 되는 말씀과 믿음 때문입니다.[7]

소망—열 처녀의 비유(마 25:1-13)

앞서 '시간'에 대해 다룰 때, 예수님 당시의 세계를 비롯한 여러 문화에서 시간을 미래 지향적이 아니라 사건 지향적으로 경험한다는 점을 언급했었다. 우리 부부가 몇 년 전 케냐의 어떤 결혼식에서 그런 사실을 체험했다. 결혼식은 멀리 떨어진 동네에서 오전 10시에 올리는 것으로 되어 있었다. 우리는 제시간에 도착하려고 부랴부랴 출발했고 가는 길에 목사 친구를 태웠다. 우리는 이미 '늦은' 상태였는데도, 그 친구가 가는 길에 차를 마시고 가야 한다고 우겨서 그렇게 했다. 가다가 옥수수 밭에서 거름 구덩이에 차가 빠져 열두어 명이 밀어 내는 등 예상치 않은 일로 시간이 지체되어 그곳에 도착하니 벌써 10시 30분이었다. 그런데 신랑과 신부는커녕 거의 사람을 찾아볼 수 없었다. 신부는 11시 30분에, 신랑은 12시에 각각 나타났다. 그런데도 결혼식은 오후 4시가 되기까지 진행되지 않았고 해질 무렵에야 끝났다. 바로 이런 그림을 예수님이 그리고 있다.

처녀들은 신랑이 늦게 올 줄 알고 있었다. '지혜로운' 여자들과 '어리석은' 여자들 모두 등불과 기름을 준비했다. 지체하는 시간이 길어져서 하룻밤 자야 될 줄 알고 양쪽 다 무사히 잠을 잤다. 그런데 신랑이 마침내 다음날 도착하자 오랜 시간을 대비해 기름을 많이 준비한 처녀들은 혼인 잔치에 들어갔다. 이는 하나님의 나라를 비유하는 것이다. 기름을 적게 준비했던 어리석은 신부 들러리들은 나가서 장수들에게 더 사 오라는 말을 들었다. 그들이 돌아오자 이미 문은 닫혔고, 최후의 심판 날 인간이 들을 수 있는 최악의 말—"나는 너희를 알지 못한다"—을 듣게 되었다. 여기서 주목할 사항은, 그 처녀들이 "우리는 당신을 알고 있어요"라고 말한 게 아니라, 신랑이 "나는 너희와 아무 관계가 없다"라고 말했다는 점이다! 이와 똑같은 심판의 말씀이 마태복음 7:23에도 기록되어 있다.

스스로를 그리스도인으로 자처하는 사람들이, 마치 우리가 온 우주를 다스리는 절대적이고도 무한하신 분을 철두철미하게 알 수 있는 것처럼, "하나님을 잘 알고 있다"는 식으로 말하곤 한다. 그러나 "너희가 하나님을 알 뿐 아니라"고 말하기 시작한 바울은 스스로를 바로잡아 "하나님이 아신 바 되었거늘"이라고 말했다(갈 4:9).

지혜로운 처녀들과 어리석은 처녀들의 차이는 무엇인가? 아주 간단하다. 지혜로운 자들은 소망을 갖고 있었다. 그들은 긴 기다림에 필요한 기름을 갖고 있었던 반면에, 어리석은 자들은 금방 주님이 찾아올 것으로만 생각했다. 북미의 많은 복음주의자들이 사용하는 종말의 언어를 빌려 표현하면, 금세 현실에서 벗어날 것으로 생각했던 것이다.

소망이 없이는 지체되는 것을 견딜 수 없다. 곧 다가올 대피를 기다리는 동안, 사실 복음 전파 외에는 보람 있는 일이 없을 것이다. 하지만 우리는 하나님이 인류 역사를 이끌어 뜻 깊은 목표에 이르게 하실 것을 바라보며, 또 이 덧없는 세상에서 우리가 하는 일이 영구히 남을 것이라는 소망을 품고 살아간다. 바울은 "그러므로 내 사랑하는 형제들아 견실하며 흔들리지 말고 항상 주의 일에 더욱 힘쓰는 자들이 되라 이는 너희 수고가 주 안에서 헛되지 않은 줄 앎이라"(고전 15:58)고 했다. 여기에는 복음 사역은 물론이거니와 작은 부품과 식탁, 음식과 거래관계를 만드는 일도 포함된다.

하나님을 지향하는 일꾼이 갖고 있는 세 번째 특징은 사랑이다. 아이러니하게도 이 미덕은 주로 하나님이 아니라 이웃을 지향하는 것처럼 보인다.

사랑—양과 염소의 비유(마 25:31-46)

이 유명한 비유는 오해되는 경우가 많다.

최후 심판 날 예수께서 돌아와서 모든 사람들을 불러 모아 목자가 양과 염소를 가르듯이 그들을 갈라놓고 의인들을 향해, 예수께서 주릴 때에 먹을 것을 주었고 헐벗을 때에 입을 것을 주었고 나그네로 있을 때에 영접해 주었고 감옥에 갇혔을 때에 찾아 주었다고 칭찬하신다. 그러고는 창세 때로부터 그들을 위해 준비된 그 나라를 유업으로 받으라고 말씀하신다. 그것은 모든 피조세계와 피조물이 하나님의 자애로운 통치 아래 들어가는 것을 가리킨다.

다른 한편, 예수께서는 그런 일을 하지 않은 악인들을 영원한 형벌로 들어가게 하신다. 이 비유를 단순하게 읽은 많은 이들이 대대로 가난한 자와 소외된 자를 위해 선행을 하는 데 힘썼다. 그게 바로 예수를 사랑하고 섬기는 길이라고 믿었기 때문이다. 여기서 잠깐 주목할 점은 '예수님이 우리가 하는 일과 행동의 수혜자'라는 굉장한 사실이다. 그날이 되면 그분이, "네가 나의 하수구를 고쳤고, 내 기저귀를 갈았고, 나에게 차를 팔았고, 내 사무실을 설계했고, 나와 거래를 텄고, 내 회사를 경영했다"고 말씀하실 것이다. 이렇게 말하면 우리는 '정말 그럴까?' 하고 의아해 한다. 하지만 나는 이것이 바로 이 비유를 이해하는 열쇠라고 믿는다.

위대한 신학자 토마스 아퀴나스는 이른바 일곱 가지 신체적 구제 행위(우리의 신체 생활과 관련된 것으로서 몸으로 남을 돌보는 일)와 일곱 가지 영적 구제 행위를 열거했다. 이 행위들이 산업과 사업의 어떤 측면을 각각 가리키고 있다는 점에 주목하기 바란다.

- 굶주린 자를 먹이는 일(식품 산업).
- 목마른 자에게 마실 것을 주는 일(음료 산업).
- 헐벗은 자에게 입을 것을 주는 일(의류업, 디자인).
- 묵을 곳이 없는 자에게 숙소를 제공하는 일(숙박업).
- 병든 자를 돌아보는 일(의료, 상담).
- 갇힌 자를 되찾는 일(경찰, 군대).
- 죽은 자를 묻는 일(장례업).

그리고 일곱 가지 영적 구제 행위는 우리가 세상과 교회에서 할 수 있는 사역을 묘사한다.

- 무지한 자를 가르치는 일.
- 회의하는 자를 상담하는 일.
- 슬픈 자를 위로하는 일.
- 죄인을 훈계하는 일.
- 상처받은 것을 용서하는 일.
- 자신을 괴롭히고 못살게 구는 자를 참는 일.
- 모두를 위해 기도하는 일.[8]

'사랑의 행위'란 말을 들으면 흔히 가난한 자, 소외된 자, 피난민, 홀어머니, 장애인 등이 머릿속에 연상된다. "내가 주릴 때에 너희가 먹을 것을 주었고" "헐벗었을 때에 옷을 입혔고"란 대목을 읽을 때는 무슨 생각이 떠오르는가? 식품 산업이나 의류 산업이 연상되는가? 전부는 아니더라도, 대다수의 사업은 직접 혹은 간접적으로 이웃을 사랑하는 하나의 방식이다.

그런데 이 비유의 정점은 여러 선행을 열거하는 데 있지 않다. 의인과 악인 모두 깜짝 놀라는 장면에 있는데, 바로 이것이 두 갈래로 갈라지는 최후 심판을 이해하는 열쇠다. 악인들은 "만일 우리가 먹이는 대상이 주 예수님인 줄 알았더라면 분명히 그렇게 했을 겁니다"라고 말한다. 그리고 의인들도 "주님, 우리가 언제 주님께서 굶주리고, 헐벗고, 나그네 되신 것을 보았습니까?"라고 말한다. 이로 보건대, 그들은 예수의 유익을 위해 또 그분의 칭찬을 받으려고 알면서 그렇게 했던 것이 아니다. 그들은 그저 무상으로 사랑을 베푼 것이었다. 다시 말하면, 단지 이웃이란 이유로 베푼 것이지 어떤 '보상'을 기대한 게 아니라는 뜻이다. 그것은 종교적 유익을 위한 것도 아니었고, 가난한 자와 궁핍한 자의 얼굴 뒤에 예수님이 있는 것을 보았기 때문도 아니다. 사랑은 그저 이웃을 보고 베풀 뿐이다. 바로 이것이 어떤 직업이든 거룩하게 만드는 요소다.

하나님을 닮은 성품

직업적 성결은 동기와 관련이 있다. 믿음, 소망, 사랑이 그 동기가 되어야 한다. 그것은 또한 그리스도의 모습을 닮아 가는 성품과도 관계가 있다. 그렇게 변모되는 것을 동방 정교에서는 '신격화'(deification)라고 부른다. 교부들은 하나님이 인간이 된 것은 우리를 작은 신들로 만들기 위함이었다고 한다.[9] 이레나이우스가 대표하는 이 전통을 토마스

스피들릭은 이렇게 요약한다.

"하나님의 말씀이 사람이 되고 하나님의 아들이 사람의 아들(인자)이 된 것은, 바로 이런 목적 곧 사람이 그 말씀 속으로 영입되어 하나님의 아들이 되게 하기 위함이었다."[10]

서방 교회는 (종종 인간이 이룩하는 것으로서의) 성화와 성결을 강조한 반면, 동방 교회는 베드로가 말한 것처럼 "신성한 성품에 참여하는 자"가 되는 것(벧후 1:4)을 강조했다. 그것이 진정한 경건인 것이다. 하나님이 우리 안에 역사하셔서 우리가 더욱 '자기 아들 예수'의 형상을 닮아 가게 하시는 것이다(고후 3:18). 이제 거룩함이 지닌 이와 같은 측면을 살펴보고자 한다.

바울은 갈라디아에 보낸 편지에서 육체의 행실들과 성령의 열매(단수명사)를 대조한다. 사업의 영역에서도 육체의 행실들이 우리 주위에 그리고 우리 안에 엄연히 현존하고 있다(갈 5:19-21). 우리는 타락한 인간들과 제도적 조직 가운데 복잡하게 얽힌 관계 속에서 기능하고 있다.

- 음행, 더러움, 호색: 성적인 착취, 희롱, 차별.
- 우상숭배: 일에 쫓김, 일중독, 탐욕, 물질주의.
- 마술(술수): 권력 및 영향력을 조종함.
- 원수 맺음, 다툼, 시기, 분냄: 잔인한 경쟁, 질투, 욕심을 부추기는 것.
- 술 취함, 방탕: 술을 이용해 사람을 조종하거나 감각을 마비시키는 것, 성을 이용해서 물건을 팔거나 고객을 유치하는 것.

원죄야말로 전 세계 보편적으로 문헌에 의해 입증되고 과학적으로 설명되는 거의 유일한 교리가 아닐까 생각된다. 영국의 감옥 담당 의사인 데오도르 달림플은 본성적으로 아무 양심도 없이 악을 자행하는 사람은 극소수에 불과하다는 것—그는 그런 자를 몇 명 목격했다—을 인정했다. 그 밖의 사람들은 법과 문명의 제지가 없을 때 실제로 그들의 이웃을 해하는 것을 즐긴다고 한다.

인간에 대한 내 비전이 어두워진 것은, 문화적으로나 정치적으로 뭔가 생경하고 먼 나라 이야기 같은 나치 독일과 소비에트 러시아에 관한 글을 읽은 이후가 아니라, 현대를 사는 보통 영국인들의 삶을 조사하기 시작하면서부터였다. 내가 도달한 결론은, 사람의 마음에 악한 성향이 뿌리박혀 있다는 것과, 모두는 아니더라도 다수가, 아니 대다수가 처벌을 면할 수만 있다면 악을 자행하리라는 것이다.[11]

사업의 영역에서, 정당한 경쟁 관계를 파괴하고 승진을 위해 남의 얼굴을 짓밟고 판매나 거래를 성사시키기 위해 거짓말하고 훔치는 일이 너무나 비일비재하다. 「하퍼스」(Hapers)는 1989년, 뉴욕의 여러 광고 회사에 일곱 가지 치명적인 죄를 '광고해 달라'고 정식으로 의뢰했다. 정말 탁월한 광고였다.

정욕에 대한 광고에는 "그게 없다면 우리가 어디에 있을까?"라는 제목을 붙였다. 이어서 뜨겁게 포옹하고 있는 남녀 한 쌍을 보여 주면서 "과거 수세기 동안 전쟁·죽음·전염병·기근에서 (인류가) 살아남을 수 있게 해 준 죄라면, 그 어떤 것도 치명적이라 불릴 수 없다"고 했다. 그리고 **게으름**에 관한 광고는 낙원에 있는 아담과 하와의 모습을 보여 주면서 "만일 원죄가 게으름이었더라면, 우리는 여전히 낙원에서 살고 있을 것이다"라는 자막을 붙였다.

이런 치명적인 죄들과 육체의 행실들과는 반대로 성령의 열매는 다음과 같은 것을 포함한다(갈 5:22-23).

- 사랑(Love)
- 희락(Joy)
- 화평(Peace)
- 오래 참음(Patience)
- 자비(Kindness)
- 양선(Goodness)
- 충성(Faithfulness)
- 온유(Gentleness)
- 절제(Self-Control)

바울은 여기서 우리에게 고상한 본성과 저급한 본성이 있는데, 전자는 영적인 것이고 후자는 신체적인 것이라고 말하지 않는다. 너무 뻔한 말이지만, '육체의 행실들' 가운데 대다수가 신체적인 것이 아니다. 그것들은 그리스도 없이 스스로에게 몰입하는 내향적 본성들이다. 그런데 그리스도와 성령이 오심으로 우리는 새로운 시대에 진입했다. 바울의 관심은 인간학—인간의 구성요소—이 아니라, 성령의 부으심으로 시작된 이 종말의 시대를 우리가 어떻게 살아야 하는지를 말하는 종말론에 있다.

우리가 그리스도 밖에 있는 삶(육체 혹은 육신)에 등을 돌리고 성령과 동행할 때, 하나님은 우리 속에 그리스도와 비슷한 성품—사랑, 희락, 화평, 오래 참음, 자비, 양선, 충성, 온유, 절제—을 조성하신다. 열매라는 것은 사과나무를 때린다고 열리는 게 아니라 거기에 영양분을 공급하고 거름을 주어야 열리는 법이다. 성령의 열매도 영적인 자학이나 자기 증오로 맺어지는 게 아니다. 후자는 사실상 자만심이 거꾸로 뒤집힌 결과 생기는 것이다. 그 열매는 오히려 순간순간 하나님에게서 영양분을 공급받아야 자랄 수 있다.

그러므로 직업적 성결은 하나님이 보낸 일, 하나님을 지향하는 일꾼, 하나님을 닮은 성품으로부터 온다. 여기서 하나의 아이러니는, 우리가 거룩하다면 혹은 점점 더 거룩해지고 있다면, 정작 우리는 그걸 모를 것이라는 사실이다! 설사 그것을 안다 해도 적어도 자랑하지는 않을 것이다.

❖ 토론 문제

이제까지 살펴본 직업적 성결에 비추어 아래에 나온 자크 엘룰의 "무용지물에 관한 묵상"을 읽고 서로 논의해 보라.

> 인간을 본래의 설계대로 빚어내기 위한 하나님의 인간에 대한 존중과 사랑에도 불구하고, 또 하나님이 지극히 낮아져서 인간의 계획 속으로 들어왔음에도, 긴 안목으로 볼 때 인간 행위는 정

말 무용지물이고 헛된 것이란 생각에서 벗어날 길이 없다.…우리가 단번에 배우는 바는 예수 그리스도 안에서 구원받게 되었다는 것, 우리가 어떤 일을 하기도 전에 하나님이 우리를 사랑하셨다는 것, 모든 것이 은혜—자비로운 선물, 거저 주는 선물—라는 것이다. 생명과 구원, 부활과 믿음 그 자체, 영광과 덕 등 그 모든 게 은혜이고, 모든 게 이미 달성되었으며, 모든 게 이미 완성되었고, 심지어는 굉장한 공을 들여 이룩하려는 선행마저도 우리가 그렇게 하도록 미리 준비되었던 것이다. 그 모든 게 이미 끝났다. 우리에게는 이룩할 것도 쟁취할 것도 마련할 것도 없다.…그러면 선행은 어떻게 되는가? 죽을 운명인 율법의 행위가 아니라…믿음의 행위들…성령의 열매들, 그 모든 선행이 무슨 소용이 있을까?…우리가 하나님의 전지(全知)하심을 묵상하고 그분의 온전한 사랑에 깊이 침잠할 때, 다시금 그 모든 게 무용지물이고 헛된 것이란 생각에 직면하게 된다. 그럼에도 선행을 베풀라는 요구를 받는다. 그것이 하나님의 명령이긴 하지만 무용지물과 같은 것이다.…

유용성과 효력에 의해 좌우되는 것은 현실 세계가 정해 놓은 가장 엄격한 틀에 순응하는 것이다.…우리가 정말 무가치한 혹은 쓸모없는(동시에 바쁘게 열심히 일하는) 종이 될 마음자세를 갖고 있다면, 우리의 일이 우리를 먼저 사랑하신 그분의 영광을 진정 드높일 수 있다. 하나님이 우리를 사랑하신 것은 그분이 사랑이시기 때문이지 어떤 결과를 얻기 위해서가 아니었다.…아무 보상이 없는 행위, 비효과적인 행위, 쓸모없는 행위를 하는 것이 우리의 자유를 표현하는 첫 번째 표시이고, 어쩌면 마지막 표시일 수도 있다.…만일 우리가 기도하지 않는다면, 만일 믿음의 행위를 하지 않는다면, 만일 지혜를 구하지 않는다면, 만일 복음을 전하지 않는다면, 역사상 아무것도 크게 달라 보이지 않을 것이고, 교회도 그렇게 될 확률이 높다. 세상은 제 길로 갈 것이고 하나님의 나라는 마침내 심판의 일환으로 도래할 것이다. 하지만 거기에는 뭔가 부족한 것이 있을 터인데, 그것은 비교와 대체가 불가능한 그 무엇, 제도나 형이상학, 생산물이나 결과로 잴 수 없는 그 무엇, 모든 것을 질적으로 바꾸되 양적으론 바꾸지 않는 그 무엇, 인생에 유일한 의미를 주는 그 무엇이다.…이것은 바로 자유다. 하나님의 자유 안에 있는 인간의 자유, 하나님의 자유를 반영하는 인간의 자유, 오직 그리스도 안에서만 받을 수 있는 인간의 자유, 하나님에게 자유로이 순종하는 그 자유, 열왕기하의 비극적인 정치 행위와 종교 행위 가운데 등장하는 어린이 같은 행동과 기도와 증언으로 특유하게 표현되는 그 자유다.[12]

❖ 더 읽을 자료

Diehl, William E., *The Monday Connection: On Being an Authentic Christian in a Weekday World* (San Francisco: HarperSanFrancisco, 1991).

Palmer, Parker, *The Active Life: Wisdom for Work, Creativity, and*

Caring (San Francisco: HarperSanFrancisco, 1990). 『일과 창조의 영성』 (아바서원).

에필로그

성찰하는 지도자

지도자의 일차적 책임은 현실을 규정짓는 것이다. 그리고 마지막은 감사하다고 말하는 것이다. 그 사이에는 종과 빚진 자가 되어야 한다. 이것이 노련한 지도자의 진보를 한마디로 규정한 것이다.
_맥스 드프리

과거에는 전혀 있을 수 없는 일이었지만, 그는 이제야 '인생을 잘못 살아오지 않았나' 하는 생각이 떠올랐다.…전문가로서의 책임과 자기 인생과 가정의 전반적인 모양, 그리고 모든 사회적·공식적 이해관계가 전부 잘못되었을 수도 있었다.
"그런데 그게 사실이고 내가 나에게 주어진 모든 것을 잃었고 그것을 바로잡는 게 불가능하다는 것을 의식하며 이생을 마감한다면, 도대체 어떻게 되는 걸까?"
_톨스토이, 『이반 일리치의 죽음』에서

성찰하는 지도자는 평범한 사업가의 옷을 입은 성도다. 그들은 후광으로 둘러싸인 석고로 만든 성도가 아니다. 그들은 온갖 거래와 협상, 반쪽 진리로 만연한 이 현실 세계에서 일하는 것이 얼마나 복잡한지를 알고 있다. 타협에 대해 잘 알지만 하나님과의 접촉을 멀리하지 않는다. 그들은 은혜로 살기 때문에, 하나님이 자기를 비워 값없이 베푸신 그 은혜에 힘입어 오 리를 가자 하면 십 리를 가고, 아주 과분한 서비스를 베풀며, 경쟁자가 아무리 치사하고 비뚤어진 인간이라도 그를 하나님의 형상으로 존중해 주는 그런 사람들이다. 동시에 자신의 정체성을 최고의 협상 성사, 최단 기간의 승진 혹은 남다른 재산 증식 등에서 찾지 않는다. 그들은 마음속 깊이 하나님이 자기를 용납하신다는 것을 알고 있다. 자기가 하나님의 자녀라는 것, 또 제사장이요 예언자요 통치자라는 데서 자신의 정체성을 발견한다. 그들이 일이나 행위로 말미암아 하나님의 용납을 받는 게 아니다. 그들에게는 루터가 말한 복음적 확신(gospel confidence)이 있다. 그러므로 작은 일—청구서 발급이나 정산표 작성 따위—을 하든, 큰 일—수백만 달러짜리 협상 성사—을 하든 별 상관이 없다. 이는 잉글랜드의 종교개혁가 윌리엄 틴들이 한 말과 같다.

"하나님을 기쁘게 하는 면에서 더 나은 일이란 없다. 물을 긷든, 설거지를 하든, 구두를 수선하든, 사도로 일하든 모두가 마찬가지다. 설거지를 하는 것과 복음을 전하는 것은 하나님을 기쁘게 하는 행위라는 면에서 하등 다를 바가 없다."[1]

성찰하는 지도자는 하나님이 일터에도 현존하고 계심을 안다. 하나님은 사업가와 그 동역자가 맺는 상호관계를 통해 일하신다. 또한 그들이 (하나님이 주신) 굉장한 아이디어로 인해 기뻐할 때나 절박한 상황에서 하나님을 찾는 특별한 순간에도 임재하신다. 그들은 하나님이 지속적으로 행하시는 일들, 곧 창조하기, 지탱하기, 공급하기, 가르치기, 계시하기, 정의 세우기, 언약 만들기, 공동체 건설하기, 구속하기 등을 보게 된다. 그들은 자신이 하나님의 일을 하고 있음을 안다. 성찰하는 지도자는 일터라는 선교지에서 하나님이 사람들을 자기에게 붙여 주시는 것을 안다. 그들은 기도한다. 모든 것을 하나님께 올려 드린다. 회의, 타인과의 만남, 의사 결정, 회사나 단체 등. 성찰하는 지도자는 영적인 전쟁에 참여한다.

그들은 성공회 기도서가 '세상, 육신, 사탄'으로 잘 정리한 다차원적 저항에 직면한다. **세상**에 대해서는, 이 세상을 본받지 않는 동시에(롬

12:1-2) 세상 사람들을 사랑함으로 대처한다. 타락한 구조들을 다룰 때는 바꿀 수만 있다면 직접 참여하고, 그렇지 않을 때는 고난에 대한 비폭력적 감내함으로 대처한다. **육신**에 대해서는, 육신(몸이 아니라 하나님 없이 자아 지향적으로 타락한 삶)을 십자가에 못 박고 성령 안에서 살아감으로(갈 5:24-25) 대처한다. **사탄**에 대해서는 말씀과 기도로 대적한다.

성찰하는 지도자는 섬기는 종이다. 흔히 말하는 '섬기는 리더십'은 보통 서로 공존할 수 없는 두 개념을 하나로 묶어 준다. 마태복음 20:25-28의 예수님 말씀에 기초를 둔 섬기는 리더십은 이사야의 환상에 나오는, 세상에서 주님을 섬기는 그 종을 상기시킨다. 그 종은 그 백성, 그 남은 자들, 그 메시아를, 그리고 이제는 하나님의 온 백성을 가리키는 말이다.

그러나 성찰하는 지도자는, 섬기는 지도자가 된다는 의미가 남이 시키는 일을 모두 하는 것이 아님을 알고 있다. 그들은 주어진 임무를 완수할 뿐 아니라 올바른 일을 하고 싶어 한다. 그들은 어디까지나 주님의 종이다. 어떤 '필요'와 하나님의 '부르심'을 동일시할 수 없다는 것을 안다. 주님의 종이 된다는 것은 그저 수동적으로 안일하게 앉아 있는 것을 의미하지 않는다. 그들은 야망이 있고, 창의성이 넘치며, 기업가 정신을 지니고 있다. 하나님의 뜻에 어긋나는 야망은 우리가 이룩한 업적으로 우리 자신을 규정지으려는 태도인 반면에, 그분의 뜻에 부합하는 야망은 타인과 창조세계와 하나님의 나라를 위해 최선의 것을 추구하는 태도임을 안다. 하나님이 세계를 창조하실 때 그것을 개발할 기회를 함께 창조하셨으므로, 야망의 여지를 만드셨다고 볼 수 있다. 하나님은 하나님의 도시(the City of God)를 인류의 최종 목적지로 늘 마음에 품고 계셨는데, 성찰하는 지도자는 그런 하나님의 비전을 생각하며 날마다 영감을 받는다. 성찰하는 지도자는 은유와 비전으로 사는 사람이다. 그들은 많은 이들이 삶의 의미를 찾지 못해 익사하고 있음을 알고 있다. 그래서 파도 속에서 허우적거리는 그들에게 시(詩)와 비전과 은유를 던져 준다. 그들은 현실에 바탕을 둔 천국 지향적 의식을 지녔다.

성찰하는 지도자는 마리아와 마르다의 특질을 모두 갖고 있다. 따라서 들어감과 물러남의 리듬을 타는 혼합된 삶을 영위한다. 그러나 일과 안식의 리듬이 속된 것과 거룩한 것의 교체는 아니다. 가족과의 시간, 친구와의 시간, 휴식, 잠, 예배 등 삶의 모든 부문이 거룩하다. 성찰하는 지도자는 예배를 종교 의식에 국한시키지 않는다. 그들은 하루 종일 하나님의 임재를 의식하며 하나님을 송축한다. 하나님이 일터에도 계시고, 그분이 궁극적으로 자기의 일을 받으실 분이며, 마지막 날에는 "네가 나를 **위해서뿐** 아니라 나에게 그 일을 한 것이다"라고 말씀하실 것을 믿는다. 믿음과 소망과 사랑은 성찰하는 지도자의 마음과 일 가운데 깊이 스며들어 있다.

성찰하는 지도자는 전임 사역을 하는 사람이다. 그들은 목사와 선교사가 교회에서 하나님의 목적을 위해 일하는 것처럼, 자신들도 일의 세계에서 하나님과 그분의 목적을 섬기고 있음을 안다. 그들 각자는 제사장, 예언자, 통치자의 직분을 어느 정도씩 갖고 있다. 보통은 의식하지 못하지만 하나님의 손길이 그들 위에 머물러 있다. 그들은 하나님에게 다가가 사람들과 그 장소를 위한 중보의 역할을 감당한다. 또 하나님을 위해, 사람들과 장소에 다가가 아름다운 향기와 멋을 가져다준다. 그들은 자기 위치에 따라 크고 작은 영향력을 미친다. 큰 기관의 대표일 경우에는 다수의 주주들에게, 그보다 낮은 매니저일 경우에는 그 위치에서 영향을 미친다. 그리고 죄를 지으면 용서의 기도를 올린다. 어쩌면 하루에도 여러 번 그럴 수 있다.

성찰하는 지도자는 지루한 줄을 모른다. 그들은 어떤 사명에 부름받은 자들이다. 그들은 하나님이 매일의 고된 일과를 통해 자신의 성품을 개발하고 인내심을 길러 주는 등 성화의 작업을 하고 계심을 안다. 그들은 장차 궁극적인 상급을 받게 될 날을 암시하는 징표를 지금 여기에 갖고 있다. 그들의 '참 주인 되신 분의 기쁨과 즐거움'에 동참할 그날 말이다.

❖ 더 읽을 자료

Griffin, Emilie. *The Reflective Executive: A Spirituality of Business and Enterprise* (New York: Crossroad, 1993).

DePree, Max. *Leadership Is an Art* (New York: Dell, 1989). 『리더십은 예술이다』(한세).

Stevens, R. Paul. *Down-to-Earth Spirituality* (Downers Grove, Ill.: InterVarsity Press, 2003). 『내 이름은 야곱입니다』(죠이출판사).

Wright, Walter C. *Relational Leadership: A Biblical Model for Leadership Service* (Carlisle, Cumbria: Paternoster, 2000). 『관계를 통한 리더십』(예수전도단).

참고문헌

Adeney, Bernard. *Strange Virtues: Ethics in a Multicultural World* (Downers Grove, Ill.: InterVarsity Press, 1995).

Almen, Louis T. "Vocation in a Post-Vocational Age". *Word and World 4*, no. 2(Spring 1984), pp. 131-140.

Alter, K. S. *Managing the Double Bottom Line* (Washington, D. C.: Pact Publications, 2000).

Anderson, Ray S. *Minding God's Business* (Grand Rapids: Eerdmans, 1986).

Aquinas, Thomas. "Treatise on Faith, Hope, and Charity", In *Summa Theologica* (Westminster, Md.: Christian Classics, 1948).

Arias, Mortimer. *Announcing the Kingdom: Evangelization and the Subversive Memory of Jesus* (Lima, Ohio: Academic Renewal Press, 1984/2001).

Augustine. *Confessions*. Translated by R. S. Pine-Coffin (Harmondsworth, U.K: Penguin Books, 1961). 『고백록』(대한기독교서회).

Baechler, Mary. "Death of a Marriage", *INC*(April 1994).

Bang, Sunki. "Tensions in Witness", *Vocatio* 1, no. 2 (July 1998).

Banks, Robert. "Work Ethic, Protestant", in *The Complete Book of Everyday Christianity*, ed. Robert Banks and R. Paul Stevens (Downers Grove, Ill.: InterVarsity Press, 1997), pp. 1129-1132

_____. ed. *Faith Goes to Work* (Washington, D.C.: Alban Institute, 1993).

Banks, Robert, and Bernice Ledbetter. *Reviewing Leadership: A Christian Evaluation of Current Approaches* (Grand Rapids: Baker, 2004). 『신앙의 눈으로 본 리더십』(살림).

Banks, Robert, and Kimberly Powell. eds. *Faith in Leadership: How Leaders Live Out Their Faith in Their Work and Why It Matters* (San Francisco: Jossey-Bass, 2000).

Banks, Robert, and R. Paul Stevens. eds. *The Complete Book of Everyday Christianity* (Downers Grove, Ill.: InterVarsity Press, 1997).

Barth, Karl. "Vocation", in *Church Dogmatics*, trans. A. T. Mackay, T. H. L. Parker, H. Knight, H. A. Kennedy, and J. Marks, III/4(Edinburgh :T&T Clark, 1961).

Barton, Bruce. *The Man Nobody Knows: A Discovery of the Real Jesus* (New York: Triangle Books, 1924). 『예수의 인간경영과 마케팅 전략』(해누리).

Beardslee, W. A. *Human Achievement and Divine Vocation in the Message of Paul* (London: SCM Press, 1961).

Berger, Peter L. *The Capitalist Spirit: Toward a Religious Ethic of Wealth Creation* (San Francisco: Institute for Contemporary Studies, 1990).

_____. *The Sacred Canopy: Elements of a Sociological Theory of Religion* (Garden City, NY.: Doubleday, 1967). 『종교와 사회』(종로서적).

Berkhof, H. *Christ and the Powers, translated* by J. H. (Yoder. Scottdale, Pa.: Herald, 1962). 『그리스도와 권세들』(대장간).

Bochmuehl, Klaus. "Recovering Vocation Today", *Crux* 24, no. 3(September 1988), pp. 25-35.

Bolman, L., and T. Deal. *Leading with the Soul: An Uncommon Journey of Spirit* (San Francisco: Jossey-Bass, 1995).

Bonhoeffer, Dietrich. *Ethics* (London: SCM Press, 1976). 『기독교 윤리』(대한기독교서회).

_____. *Life Together* (San Francisco: Harper & Row, 1954). 『신도의 공동생활』(대한기독교서회).

Bosch, David J. *Believing in the Future: Toward a Missiology of Western Culture* (Leominster Herefordshire, England: Gracewing, 1995).

_____. *Transforming Mission: Paradigm Sgifts in Theology of Mission* (Maryknoll, N.Y.: Orbis Books, 1991). 『변화하는 선교』(CLC).

Breton, Denis, and Christopher Largent. *The Soul of Economics: Spiritual Evolution Goes to the Marketplace* (Wilmington, Del.: Idea House Publishing Co., 1991).

Brinn, Steve. "Tough Business: in Deep, Swift Waters", *Vocatio* 2, no. 2(July 1999), pp. 3-6.

Buechner, Frederick. *Listening to Your Life: Daily Meditations with Frederick Buechner* (San Francisco: HarperSanFrancisco, 1992).

Bussard, Allan. Marek Marcus, and Daniela Olejarova, *Code of Ethilcs and Social Audit Manual* (Bratislava, Solvckia: The Integra Foundation, n,d).

Byrne, Edmund F. *Work, Inc.: A Philosophical Inquiry* (Philadelphia: Temple University Press, 1990).

Byron, William, S. J. "Business: A Vocation to Justice and Love", In *The Professions in Ethical Context*, edited by Francis A. Eigo, O.S.A. (Villanova, Pa.: Villanova University Press, 1986).

Calvin, John. *Commentary on a Harmony of the Evangelists, Matthew, Mark, and Luke.* Translated by William Pringled (Grand Rapids: Eerdmans, 1956).

_____. *The First Epistle of Paul the Apostle to the Corinthians.* Translasted by John W. Fraser. Edited by David W. Torrance and Thomas F. Torrance (Edinburgh: Oliver & Boyd, 1960).

_____. *Institutes of the Christian Religion.* Translated Ford Lewis Battles (Philadelphia: Westminster Press, 1960). 『기독교 강요』(CH북스).

Cantillon, Richard, Robert F., Hebert, and Albert N. Link. *The Entrepreneur: Mainstream Views and Radical Critiques* (New York: Praeger Publishers, 1982).

Capon, Robert. *An Offering of Uncles: The Priesthood of Adam and the*

Shape of the World (New York: Crossroad, 1982).

Carey, William. *An Enquiry into the Obligations of Christians to Use Means for the Conversion of the Heathens* (Leicester, U.K., 1792).

Carroll, Vincent, and David Shiflett. *Christianity on Trial: Arguments Against Anti-Religious Bigotry* (San Francisco: Encounter Books, 2002).

Carter, Edward C. II, Robert Foster, and Joseph Moody. eds. *Enterprise and Entereneurs in Nineteenth-Century France* (Baltimore: Johns Hopkins University Press, 1976).

Chewning, Richard C. ed. *Biblical Principles and Economics: The Foundations.* Christians in the Marketplace, vol. 1 (Colorado Springs: NavPress, 1989).

_____. *Biblical Principles and Economics: The Practice*, vol. 3 (Colorado Springs: NavPress, 1990).

_____. ed. *Biblical Principles and Economics: The Foundations. Christians in the Marketplace*, vol. 2 (Colorado Springs: NavPress, 1989).

_____. *Biblical Principles and Economics: The Practice*, vol. 4 (Colorado Springs: NavPress, 1991).

Chewning, Richard C., John W. Eby, and Shirley Roels. *Business through the Eyes of Faith* (San Francisco: HarperSanFrancisco, 1990). 『신앙의 눈으로 본 경영』(IVP).

Ciulla, Joamme B. *The Working Life: The Promise and Betrayal of Modern Work* (New York: Three Rivers Press, 2000).

Collins, Philip, and R. Paul Stevens. *The Equipping Pastor: A Systems Approach to Empowering the People of God* (Washington, D.C.: Alban Institute, 1993). 『평신도를 세우는 목회자』(미션월드).

Conger, J. ed al. *Spirit at Work: Discovering the Spirituality in Leadership* (San Francisco: Jossey-Bass, 1994).

Covey, Stephen. *The Seven Habits of Highly Effective People* (New York:

Simon & Schuster, 1989). 『성공하는 사람들의 일곱 가지 습관』(김영사).

Cranfield, Jack, and Jacqueline Miller. *Heart at Work: Stories and Strategies for Building Self-Esteem and Reawakening the Soul at Work* (New York: McGraw Hill, 1996).

Davis, John Jefferson. "'Teaching Them to Observe All That I Have Commanded You': The History of the Interpretation of the Interpretation of the 'Great Commission' and Implications for Marketplace Ministries", Paper (Gordon-Conwell Theological Seminary, 1998).

DePree, Max. *Leadership Is an Art* (New York: Dell, 1989). 『리더십은 예술이다』(한세).

Diehl, William E. *Christianity and Real Life* (Philadelphia: Fortress Press, 1976).

_____. *The Monday Connection: A Spirituality of Competence, Affirmation, and Support in the Workplace* (Upper Saddle River, N.J.: Prentic Hall, 1996).

Dreyer, Elizabeth A. *Earth Crammed with Heaven: A Spirituality of Everyday Life* (New York: Paulist Press, 1994).

Droel, William L. *Business People: The Spirituality of Work* (Chicago: ACTA Publications, 1990).

Drucker, Peter F. *Innovation and Entrepreneurship: Practice and Principles* (New York: Haper&Row, 1985). 『미래사회를 이끌어 가는 기업가 정신』(한국경제신문).

Daumbrell, William. "Creation, Covenant and Work", *Crux* 24, no. 3 (September 1988), pp. 14-24.

Ellul, Jacques. "Meditation on Inutility", *In The Politics of God and the Politics of Man*, Translated by Geoffrey W. Bromiley (Grand Rapids: Eerdmans, 1972). 『하나님의 정치 인간의 정치』(대장간).

_____. *Money and Power*, trans. LaVonne Neff (Downers Grove, Ill.: InterVarsity Press, 1984). 『하나님이냐 돈이냐』(대장간).

_____. *The Presence of the Kingdom*, Translated by Olive Wyon (New York: Seabury Press, 1948). 『세상 속의 그리스도인』(대장간).

_____. *Reason for Being: A Meditation on Ecclesiastes*. Translated by Joyce Main Hanks (Grand Rapids: Eerdmans, 1972). 『존재의 이유』(대장간).

Rairholm, Gibert. *Capturing the Heart of Leadership: Spirituality and Community in the New American Workplace* (Westport, Comm.: Praeger, 1997).

Falk, David John. "A New Testment Theology of Calling with Reference to the 'Call to the Ministray'", MCS thesis, Regent College (Vancouver, B.C., 1990).

Fee, Gordon D. *The First Epistle to the Corinthians* (Grand Rapids: Eerdmans, 1987).

Fee, Gordon D., and R. Paul Stevens. "Spiritual Gifts", In *The Complete Book of Everyday Christianity*, ed. Robert Banks and R. Paul Stevens (Downers Grove, Ill.: InterVarsity Press, 1997), pp. 943-949.

Flow, Don. "Profit", In *The Complete Book of Everyday Christianity*, ed. Robert Banks and R. Paul Stevens (Downers Grove, Ill.: InterVarsity Press, 1997), pp. 809-813.

Foster, Richard. *Money, Sex, and Power: The Challenge of the Disciplined Life* (San Francisco: HarperSanFrancisco, 1985). 『돈, 섹스, 권력』(두란노).

Friedman, Edwin H. *Generation to Generation: Family Process in Church and Synagogue* (New York: Gilford, 1985). 『렉서스와 올리브 나무』(창해).

Friedman, Thomas L. *The Lexus and the Olive Tree* (New York: Farrar, Straus and Giroux, 1999).

Garfield, Charles, and Associates, with Michael Toms. *The Soul of Business* (Carlsbad, Calif.: Hay House Inc., 1997).

Gay, Grig. *With Liberty and Justice for Whom? The Recent Evangelical Debate over Capitalism* (Grand Rapids: Eerdans, 1991).

Archimandrite George, Abbot of the Holy Monastery of St. G, regorios, Mt.

Athos. "Deiflcation: the Purpose of Life" (unpublished)

Gibbs, Mark, and T. R. Morton. *God's Frozen People* (Philadelphia: Westminster Press, 1965). 『오늘의 평신도와 교회』(대한기독교서회).

Gibson, D. *Avoiding the Tentmaker Trap* (Hamilton, Ont.: WEF International, 1997).

Gill, David W. *Doing Right: Practicing Ethical Principles* (Downers Grove, Ill.: InterVarsity Press, 2004).

Girard, Robert. "Failure", In *The Complete Book of Everyday Christianity*, ed. Robert Banks and R. Paul Stevens (Downers Grove, Ill.: InterVarsity Press, 1997), pp. 363-366.

Girard, Robert. "Failure", In *The Complete Book of Everyday Christianity*. ed. Robert Banks and R. Paul Stevens (Downers Grove, Ill.: InterVarsity Press, 1997), pp. 363-366.

Goldberg, Michael. ed. *Against the Granin: New Approaches to Professional Ethics* (Valley Forge, Pa.: Trinity Press, 1993).

Goodell, E. ed. *Social Venture Network Standards of Corporate Social Responsibility* (San Francisco: Social Venture Network, 1999).

Gordon, B. *The Economic Problem in Biblical and Patristic Thought* (Leiden: E. J. Brill, 1989).

Goudzwaard, Bob. *Capitalism and Progress: A Diagnosis of Western Society*, Translated by Josina Ban Nuis Zylstra (Grand Rapids: Eerdmans, 1979). 『자본주의와 진보사상』(IVP).

Green, Michael, and R. Paul Stevens. *Living the Story: Biblical Spirituality for Everyday Christians* (Grand Rapids: Eerdmans, 2003). 『그분의 말씀 우리의 삶이 되어』(복 있는 사람).

Green, Thomas H. *Darkness in the Marketplece: The Christian at Prayer in the World* (Notre Dame, Ind.: Ave Maria Press, 1981).

Greenleaf, R. *Servant Leadership* (New York: Paulist Press, 1877).

Grenz, Stanley. "Community as Theology Motif for the Western Church in an Era of Globalization", *Crux* 28, no. 3(September 1992), pp. 10-19.

Griffin, Emilie. *The Reflective Executive: A Spirituality of Business and Enterprise* (New York: Crossroad, 1993).

Griffiths, Brian. *The Creation of Wealth* (London: Hodder and Stoughton, 1984).

Guiness, Os. *The Call: Finding and Fulfilling the Central Purpose of Your Life* (Nashville: Word, 1998). 『소명』(IVP).

_____. *Winning Back the Soul of American Business* (Washington, D.C.: Hourgless Publishers, 1990).

Gunther, Marc. "God and Business: The Surprising Quest for Spiritual Renewal in The American Workplace", *Fortune* (16 July 2001), pp. 58-80.

Handy, Charles. *The Hungry Spirit: Beyond Capitalism—A Quest for Purpose in the Modern World* (London: Hutchinson, 1997).

Hardy, Lee. *The Fabric of This World: Inquiries into Calling, Career Choice, and the Design of Human Work* (Grand Rapids: Eerdmans, 1990).

Hauerwas, Stanley. *Vision and Virtue: Essays in Christian Ethical Reflection* (Notre Dame, Ind.: University of Notre Dame Press, 1974).

Haughey, John. *Converting Nine to Five: A Spirituality of Daily Work* (New York: Cross, 1989).

Hebert, Robert F., and Albert N. Link. *The Entrepreneur: Mainstream Views and Radical Critiques* (New York: Praeger Publishers, 1982).

Heiges, Donald R. *The Christian's Calling* (Philadelphia: United Lutheran Church in America, 1958).

Helgesen, S. *The Female Advantage: Women's Ways of Leadership* (NewYork: Doubleday, 1990).

Helm, Paul. *The Callings: The Gospel in the World* (Edinburgh: Banner of Truth Trust, 1987).

Higginson, Richard. *Called to Account: Adding Value in Gods World—Integrating Christianity and Business Effectively* (Guildford, Surrey: Eagle, 1993).

_____. *Questions of Business Life: Exploring Workplace Issues From a Christian Perspective* (Carlisle, Cumbria: Authentic Media, 2002).

Hill, Alexander. *Just Business: Christian Ethics for the Marketplace* (Downers Grove, Ill.: InterVarsity Press, 1997).

Hilton, Walter. *Toward a Perfect Love,* Translated by David Jeffrey (Port land: Multnomah Press, 1985).

Hock, Dee. "The Trillion-Dollar Vision of Dee Hock", *Fast Company* (October/November 1996), pp.75-86.

Hock, R. F. *The Social Context of Paul's Ministry: Tentmaking and Apostleship* (Philadelphia: Fortress Press, 1980).

Hogben, Rowland. *Vocation* (London: InterVarsity Press, 1940).

Holl, Karl. "The History of the Word 'Vocation'", *Review and Expositor* 55 (1958).

Holland, Joe. *Creative Communion: Toward a Spirituality of Work* (Mahwah, N.J.: Paulist Press, 1989).

Humphreys, Kent. *Lasting Investments: A Pastors's Guide for Equipping Workplace Leaders to Leave a Spiritual Legacy* (Colorado Springs: NavPress, 2004).

John Paul II. *Laborem Exercens: On Human Work* (Washington, D.C.: Office of Publishing and Promotion Services, United States Catholic Conference, 1981).

Johnson, C. Neal. "Toward a Marketplace Missiology", *Missiology: An International Review* 31. no. 1 (January 2003), pp. 87-97.

Kanter, Rosabeth Moss. *The Cange Masters: Innovation and Entrepreneursghip in the American Corporation* (New York: Simon and Schuster, 1983).

Kantzer, Kenneth C. "God Intends His Precepts to Transform Society", In *Biblical Principles and Business: The Foundations*, ed. Richard C. Chewning, vol. 1(Colorado Springs: NavPress, 1989), pp. 22-34.

Kaplan, R. D. "The Coming Anarchy", *Atlantic Monthly* (February 1994), pp.

44-76.

Kee, Howard C., and Montgomery J. Shroyer. *The Bible and God's Call: A Study of the Biblical Foundation of Vocation* (New York: Cokesbury—The Methodist Church, 1962).

Kidd, Sue Monk. *When the Heart Waits: Spiritual Direction for Life's Sacred Questions* (San Francisco: HarperSanFrancisco, 1990). 『기다림』(복 있는 사람).

Kidner, Derek. *The Message of Ecclesiastes: A Time to Mourn and a Time to Dance* (Downers Grove, Ill.: InterVarsity Press, 1976). (IVP 역간 예정)

Koden, Marc. "Luther on Vocation", *Word and World* 3, no. 4, pp. 382-390.

Kouzes, James M., and Barry Z. Posner. *Credibility: How Leaders Gain and Lose It, Why People Demand It* (San Frncisco: Jossey-Bass, 1993).

Kraemer, Hendrik. *A Theology of the Laity* (Philadelphia: Westminster Press, 1958). 『평신도 신학』(아바서원).

Laing, R. D. *The Politics of Experience and the Bird of Paradise* (Harmondsworth, U.K.: Penguin Books, 1967).

Lambert, Lake, III. "Called to Business: Corporate Management as a Profession of Faith", Ph.D. dissertation, Princeton Theological Seminary, 1997, available through UMI Services.

Leech, Kenneth. *True Prayer: An Invitation to Christian Spirituality* (San Francisco: Harper&Row, 1980). 『마음으로 드리는 기도』(은성).

Levoy, Gregg. *Callings: Finding and Following the Authentic Life* (New York: Three Rivers Press, 1997).

Lewis, C. S. *George MacDonald: An Anthology* (London: Geoffrey Bles/The Centenary Press, 1946).

Long, Edward L. *Conscience and Compromise* (Philadelphia: Westminster Press, 1954).

Longenecker, Richard. *New Testament Social Ethics for Today* (Grand Rapids: Eerdmans, 1984).

Luther, Martin. "The Estate of Marriage", In *Luther's Works*, vol. 44.

Translated by W. A. Lambert. Edited by James Atkinson (Philadelphia: Fortress Press, 1966).

_____. "That a Christian Assembly or Congregation Has the Right and Power to Judge All Teaching and to Call, Appoint, and Dismiss Teachers, Established and Proven by Scripture", In *Luther's Works*, vol. 39, pp. 310-311. Translated by W. A. Lambert. Edited by James Atkinson (Philadelphia: Fortress Press, 1966).

_____. "Treatise on Christian Liberty", In *Luther's Works*, vol. 2, Translated by W. A. Lambert. Edited by James Atkinson (Philadelphia: Fortress Press, 1966).

_____. "Treatise on Good Works", In *Luther's Works, vol.* 44, Translated by W. A. Lambert. Edited by James Atkinson (Philadelphia: Fortress Press, 1966).

MacIntyre, Alasdair. *After Virtue* (Notre Dame, Ind.: University of Notre Dame Press, 1981/1984). 『덕의 상실』(문예출판사).

Marshall, Paul. *A Kind of Life Imposed on Man: Vocation and Social Order from Tyndale to Locke* (Toronto: University of Toronto Press, 1996).

_____. *Thine Is The Kingdom* (Grand Rapids: Eerdmans, 1986). 『정의로운 정치』(IVP).

Marshall, Paul, and Lela Gibert. *Heaven Is Not My Home: Learning to Live in God's Creation* (Nashville: Word Publishing, 1998). 『천국만이 내 집은 아닙니다』(IVP).

McConnell, William T. *The Gift of Time* (Downers Grove, Ill.: InterVarsity Press, 1983). 『시간과 하나님의 나라』(IVP).

McGurn, William. "Globalization Gospel Reaches the Eternal City", *Financial Post* (23 December 2000), p. D11.

McLoughlin, Michael C. R. "Back to the Future of Missions", *Vocatio* 4, no. 2 (December 2000).

Meilaender, Gilbert. "Professing Business: John Paul meets John Wesley", *Christian Century* (4 December 1996), pp. 1200-1204.

_____. ed. *Working: Its Meaning and Its Limits* (Notre Dame, Ind.: University of Notre Dame Press, 2000).

Mihindukulasuriya, Prabo. "Business as a Calling: Work and the Examined Life" (review), *Crux* 34, no. 2(June 1998), pp. 46-48.

Minear, Paul S. To *Die and to Live: Christ's Resurrection and Christian Vocation* (New York: Seabury Press, 1977).

Moltmann, Jürgen. *Coming of God: Christian Eschatology*, Translated by Margaret Kohl (Minneapolis: Fortress Press, 1996). 『오시는 하나님』(대한기독교서회).

_____. *The Trinity and the Kingdom*, Translated by Margaret Kohl (San Francisco: Harper and row, 1991). 『삼위일체와 하나님 나라』(대한기독교서회).

Morrow John. "the Global Economy and Global Free Market Capitalism: Towards a Christian Perspective", unpublished paper for Marketplace Ministry Seminar, Regent College, 2000.

Myers, Bryant. *Walking with the Poor: Principles and Practices of Transformational Development* (Maryknoll, N.Y.: Orbis, 1999). 『가난한 자와 함께하는 선교』(CLC).

Nash, Laura. *Believers in Business: Resolving the Tensions Between Christian Faith, Business Ethics and Our Definitions of Success* (Nashville: Thomas Nelson, 1995).

Nash, Laura, and Scotty McLennan. *Church on Sunday, Work on Monday* (San Francisco: Jossey-Bass, 2001).

Neuhaus, Richard John. *Doing Well and Doing Good: The Callenge of the Christian Capitalist* (New York: Douleday, 1992).

Newbigin, Lesslie. *Foolishness to the Greeks: the Gospel and Western Culture* (Grnad Rapids: Eerdmans, 1986). 『헬라인에게는 미련한 것이요』(IVP).

_____. *The Gospel in a Pluralistic Society* (Grand Rapids: Eerdmans, 1989). 『다원주의 사회에서의 복음』(IVP).

_____. *Honest Religion for Secular Man* (Philadelphia: Westminster

Press, 1966).

_____. *Unfinished Agenda: An Updated Autobiography* (Edinburgh: St. Andrew Press, 1993).

Nicholls, Bruce. *Contextualization: A Theology of Gospel and Culture* (Downers Grove, Ill.: InterVarsity Press, 1979).

Nouwen, Henri. *Reaching Out: The Three Movements of the Spiritual Life* (New York: Doubleday, 1975). 『영적 발돋움』(두란노).

Novak, Michael. *Business as a Calling: Work and the Examined Life* (New York: The Free Press, 1996). 『소명으로서의 기업』(한국경제신문사).

_____. *The Catholic Ethic and the Spirit of Catholicism* (New York: The Free Press, 1993).

_____. *The Fire of Invention: Civil Society and The Future of the Corporation* (Lanham, Md.: Rowman & Littlefield Publishers, 1997).

_____. "Human Dignity, Personal Liberty: Themes from Abraham Kuyper and Leo XIII", *Journal of Markets & Morality* 5, no. 1(Spring 2002), pp.59-126.

_____. *Toward a Theology of the Corporation* (Washington, D.C.: American Enterprise Institute for Public Policy Research, 1981).

Oden, Thomas. *Two Worlds: Notes on the Death of Modernity in America and Russia* (Downers Grove, Ill.: InterVarsity Press, 1992).

Oliver, E. H. *The Social Achievements of the Christian Church* (United Church of Canada, 1930; reprinted Vancouver: Regent Publishing, 2004).

Packer, J. I. "The Christian's Purpose in Business", In *Biblical Principles and Business: The Practice,* vol. 3, ed. Richard C. Chewning (Colorado Springs: NavPress, 1990).

Padialla, C. René. "The Mission of the Church in the Light of the Kingdom of God", *Transformation* 1, no. 2(April-June 1984), pp. 16-20.

Parker, Palmer. *Let Your Life Speak: Listening for the Voice of Vocation* (SanFrancisco: Jossey-Bass, 2000). 『삶이 내게 말을 걸어올 때』(한문화).

_____. "On Minding Your Call—When No One Is Calling", *Weavings* (September-October 1996), pp. 15-22.

Pattison, Mansell E. *Pastor and People—A Systems Approach* (Philadelphia: Fortress Press, 1977).

Percy, Ian. *Going Deep* (Toronto: Macmillan, 1998).

Perkins, William. "A Treatise of the Vocations or Callings of Men", In *The Work of William Perkins*, edited and with an introduction by Ian Breward (Appleford, U.K.: Courtenay Press, 1970).

Poggi, Gianfranco. *Calvinism and the Capitalist Spirit: Max Weber's Protestant Ethic* (London: Macmillan, 1983).

Preece, Gordon. "Business as a Calling and Profession: Towards a Protestant Entrepreneurial Ethic", Unpublished manuscript delivered at the International Marketplace Theology Consultation, Sydney (June 2001).

_____. *Changing Work Values: A Christian Response* (Melbourne: Acorn Press, 1995).

Rae, Scott, and Kenman Wong. *Beyond Integrity: A Judeo-Christian Approach to Business Ethics* (Grand Rapids: Zondervan, 1996).

Ramsey, Paul. *Basic Christian Ethics* (Chicago: University of Chicago Press, 1977).

Reid, D. G. "Principalities and Powers", In *Dictionary of Paul and His Letters*, ed. F. F. Hawthorne, R. Martin, and D. G. Reid (Downers Grove Ill.: InterVarsity Press, 1993).

Renesch, John. ed. *New Traditions in Business: Spirit and Leadership in the Twenty-First Century* (San Francisco: Berrett-Koehler Publishers, 1992).

Richards, Robert. *God and Business: Christianity's Case for Capitalism* (Fairfax, Va.: Xulon Press, 2002).

Richardson, John E. "Whistle-Blowing", In *The Complete Book of Everyday Christianity*, ed. Robert Banks and R. Paul Stevens, (Downers

Grove, Ill.: InterVarsity Press, 1997), pp. 1114-1116

Rifkin, Jeremy. *The End of Work: The Decline of The Global Work-Force and the Dawn of the Post-Market Era* (London: Penguin, 2000). 『노동의 종말』(민음사).

Rundle, Steve, and Tom Steffan. *Great Commission Companies: The Emerging Role of Business in Missions* (Downers Grove, Ill.: InterVarsity Press, 2003).

Ryken, Leland. *Redeeming the Time: A Christian Approach to Work and Leisure* (Grand Rapids: Baker, 1995). 『일과 여가』(생명의 말씀사).

Samuel, Vinay. "Evangelical Response to Globalisation: An Asian Perspective", *Transformation* (January 1999).

Satir, Virginia. *Conjoint Family Therapy*. Revised edition. Palo Alto (Calif.: Science and Behavior Books, 1983).

The Sayings of the Desert Fathers: The Alphabetical Collection. Translated by Benedicta Ward, S. L. G. (London: Cistercian Publications, 1974/1985).

Schein, Edgar H. *Organizational Culture and Leadership: A Dynamic View* (San Fancisco: Jossey-Bass, 1991).

Schleir, H. *Principalities and Powers in the New Testament* (New York: Herder & Herder, 1964).

Schmemann, Alexander. *For the Life of the World* (Crestwood, N.Y.: St. Vladimirs's Seminary Press, 1988). 『세상에 생명을 주는 예배』(복 있는 사람).

Schumacher, Christian. *God in Work* (Oxford: Lion Publishing, 1998).

Schuurman, Douglas J. *Vocation: Discerning Our Callings in Life*(Grand Rapids: Eerdmans, 2004).

Seerveld, Calvin. "Christian Workers, Unite", In *In the Fields of the Lord: A Calvin Seerveld Reader*, ed. Craig Bartholomew (Toronto: Toronto Tuppence Press, 2000).

Sellers, Jeff. "New Age or Kingdom Come? Description and Critique of the 'New Business Spirituality' in Light of a Biblical Spirituality of Work", MCS Thesis, Regent College, Vancouver (April 2000).

Senge, Peter M. *The Fifth Discipline: The Art and Practice of the Learning Organization* (New York: Doubleday, 1990).

Silvoso, Ed. *Anointed for Business: How Christians Can Use Their In Fluence in the Marketplace to Change the World* (Ventura, Calif.: Regal, 2002). 『사업을 위한 기름부으심』(순전한 나드).

Smedes, Lewis B. *Mere Morality: What God Expects from Ordinary People* (Grand Papids: Eerdmans, 1983).

Smigel, Erwin O. ed. *Work and Leisure: A Contemporary Social Problem* (New Haven, Comm.: College and University Press, 1963).

Špidlik, Tomáš. *The Spirituality of the Christian East: A Systematic Handbook* (Kalamazoo: Cisterciam Publications, 1986).

Stackhouse, Max L. "Is God in Globalization?" Unpublished paper (Regent College, 1999).

Stackhouse, Max L. Dennis P. McCann, Shirley J. Roels, and Preston N. Williams, eds. On Moral Business: *Classical and Contemporary Resources for Ethics in Economic Life* (Grand Rapids: Eerdmans, 1995).

Stackhouse, Max L. Tim Dearborn, and Scott Paeth, eds., *The Local Church in a Global Era: Reflections for a New Century* (Grand Rapids, 2000).

Stark, Rodney. *For the Glory of God: How Monotheism Led to Reformations, Science, Witch-Hunts, and the End of Slavery* (Princeton: Princeton University Press, 2003).

Steele, Richard. *Religious Tradesman or Plain and Serious Hints of Advice for the Tradesman's Prudent and Pious Conduct; from His Entrance into Business, to His Leaving It Off* (1747; reprint Harrisonburg, Va.: Sprinkle Publications, 1989).

Steen, Todd, and Steve VanderVeen. "Will There Be Marketing in Heaven?" *Perspectives* (November 2003), pp. 6-11.

Stevens, R. Paul. *Down-to-Earth Spirituality* (Downers Grove, Ill.: InterVarsity Press, 2003). 『내 이름은 야곱입니다』(죠이).

_____. *The Equippers' Guide to Every Member Ministry* (Vancouver: Regent College Publishing, 2000). 『평신도가 사라진 교회?』(IVP, 절판).

_____. "The Marketplace: Mission Field or Mission?", *Crux* 37, no. 3 (September 2001), pp. 7-16.

_____. *Marriage Spirituality: Ten Disciplines for People Who Love God* (Downers Grove, Ill.: InterVarsity Press, 1989). 『폴 스티븐슨의 결혼 이야기』(복 있는 사람).

_____. *The Other Six Days: Vocation, Work, and Ministry in Biblical Perspective* (Grand Rapids: Eerdmans, 2000; Vancouver: Regent Publishing, 1999). 『21세기를 위한 평신도 신학』(IVP).

_____. *Seven Days of Faith* (Colorado Springs: NavPress, 2001). 『현대인을 위한 생활영성』(IVP).

_____. "The Spiritual and Religious Sources of Entrepreneurship: From Max Weber to the New Business Spirituality", *Crux* 36, no. 2(June 2000), pp. 22-33; reprinted in Stimulus: *The New Zealand Journal of Christian Thought and Practice* 9, no. 1 (February 2001), pp. 2-11.

_____. "Vocational Conversion: An Imaginary Puritan-Baby Boomer Dialogue", *Crux* 37, no. 4 (December 2001), pp. 2-8.

_____. "Wealth", In *The Complete Book of Everyday Christianity*, ed. Robert Banks and R. Paul Stevens (Downers Grove, Ill.: InterVarsity Press, 1997), pp. 1102-1106

Sullivan, William M. *Work and Integrity: the Cristis and Promise of Professionalism in America* (New York: Harper, 1995).

Tournier, Paul. *The Adventure of Living.* Translated by Edwin Hudson (New York: Harper&Row, 1965). 『모험으로 사는 인생』(IVP).

Troeltsch, Ernst. *The Social Teachings of the Christian Churches.* Translated by Olive Wyon (Louisville: Westminster/John Knox Press, 1992).

Tropman, John E., and Gersh Morningstar. *Entrepreneurial Systems for the*

1990s: Their Creation, Structure and Management (New York: Quorum Books, 1989).

Trueblood, Elton. *Your Other Vocation* (New York: Harper & Brothers, 1952).

Tyndale, William. "A Parable of the Wicked Mammon", In *Treatises and Portions of Holy Scripture* (1527; reprint, Cambridge: Parker Society, 1848).

Vicedom, George F. *The Mission of God: An Introduction to a Theology of Mission*. Translated by Gilbert A Thiele and Dennis Hilgendorf (St. Louis: Concordia, 1965).

Volf, Miroslav. "Human Work, Divine Spirit, and the New Greation: Toward a Pneumatological Understanding of Work", *Pneuma: The Journal of the Society for Pentecostal Studies* (Fall 1987), pp. 173-193.

_____. *Work in the Spirit: Toward a Theology of Work* (New York: Oxford University Press, 1991). (IVP 역간 예정)

Wauzzinski, Robert A. *Between God and Gold: Protestant Evangelicalism and the Industrial Revolution 1820-1914* (Rutherford, N. J.: Fairleigh Dickinson University Press, 1993).

Weber, Max. *The Protestant Ethic and the Spirit of Capitalism*, Translated by Talcott Parsons (New York: Charles Scribner's Sons, 1958). 『프로테스탄티즘의 윤리와 자본주의 정신』(문예출판사).

Wesley, John. "The Use of Money", In *On Moral Business: Classical and Contemporary Resources for Ethics in Economic Life*, ed. Max L. Stackhouse, Dennis P. MeCann, Shirley J. Roels, and Preston N. Williams (Grand Rapids: Eerdmans, 1995), p. 197.

White, Lynn, Jr. "The Historical Roots of Our Ecological Crisis", *Science* 155, no. 3767 (10 March 1967), pp. 1203-1207.

Wilkinson, Loren. "One Earth, One World, One Church", *Crux* 28, no. 1 (March 1992), pp. 28-36.

Willard, Dallas. *The Divine Conspiracy: Rediscovering Our Hidden Life in*

God (San Francisco: HarperSanFranscisco, 1998). 『하나님의 모략』(복있는 사람).

Williams, Paul S. "Hermeneutics for Economists: The Relevance of the Bible to Economics", MCS Thesis (Regent College, Vancouver, 1995).

Wink, Walter. *Naming the Powers: The Language of Power in the New Testament* (Philadelphia: Fortress Press, 1984).

Wogaman, Philip J. "Christian Faith and Personal Holiness", In *Biblical Principles and Business: The Foundations,* ed. Richard C. Chewning, vol. 1 (Colorado Springs: NavPress, 1989), pp. 37-50.

Wong, Siew Li. "A Defence of the Intrinsic Value of 'Secular Work' in Tentmaking Ministry in the Light of the Theology Doctrines of Creation, Redemption and Eschatology", MCS Thesis (Regent College, Vancouver, April 2000).

Wright, Christopher J. H. *Living as the People of God: The Relevance of Old Testament Ethics* (Leicester: InterVarsity Press, 1998). 『현대인을 위한 구약윤리』(IVP).

Wright, Clive. *The Business of Virtue* (London: SPCK, 2004).

Wright, Walter C. Jr. *Relational Leadership: A Biblical Model for Influence and Service* (Carlisle: Paternoster, 2000). 『관계를 통한 리더십』(예수전도단).

Wyszynski, Stefan Cardinal. *All You Who Labor: Work and the Sanctification of Daily Life* (Manchester, N.H.: Sophia Press, 1995).

Yamamori, Tetsunao, and Kenneth A. Eldred. eds. *On Kingdom Business: Trans forming Missions Through Entrepreneurial Strategies* (Wheaton, Ill.: Crossway, 2003). 『킹덤 비즈니스』(예수전도단).

Yoder, John Howard. *The Politics of Jesus* (Grand Rapids: Eerdmans, 1972). 『예수의 정치학』(IVP).

Zizoulas, John D. *Being in Communion* (Crestwood, N.Y.: St. Vladmir's Seminary Press, 1993). 『친교로서의 존재』(삼원서원).

주

1. 하나님은 무슨 사업을 하고 계시는가?

1 Marc Gunther, "God and Business: The Surprising Quest for Spiritual Renewal in the American Workplace", *Fortune* (16 July 2001), pp. 58-80.
2 성경 전체를 읽어 보면 하나님이 다음과 같은 일들을 하고 계심을 알 수 있다. 설계하기, 아름답게 만들기, 양육하기, 상상하기, 멋지게 꾸미기, 인도하기, 정교하게 만들기, 가르치기, 안내하기, 형성하기, 징계하기, 지도하기, 빚어내기, 경고하기, 통일하기, 지탱하기, 결과를 보여 주기, 구원하기, 조직하기, 파괴하기, 중개하기, 분리하기, 도와주기, 구출하기, 말하기, 치료하기, 고치기, 의사소통하기, 먹이기, 듣기, 완성하기, 극복하기, 재판하기, 교훈하기, 안식을 주기, 위로하기 등.
3 Karl Barth, *Church Dogmatics*, III/4, pp. 528-563, Gordon Preece 요약, *Changing Work Values: A Christian Response* (Melbourne, Australia: Acorn Press, 1995), pp. 178-180.
4 John Haughey, *Converting Nine to Five: A Spirituality of Daily Work* (New York: Crossroad, 1989), p. 106.
5 Wayne Grudem, "How Business in Itself Can Glorify God", in Tetsunao Yamamori and Kennth A. Eldred, eds., *On Kingdom Business: Transforming Missions Through Entrepreneurial Strategies* (Wheaton: Crossway Books, 2003), pp. 127-151.
6 Grudem, "How Business in Itself Can Glorify God", pp. 134-135.

7 Grudem, "How Business in Itself Can Glorify God", p. 139.
8 "A Golden Chain" (1592), in *The Works of William Perkins*, ed. I. Breward, The Courtenay Library of Reformation Classics, 3 (Appleford, UK: The Sutton Courtenay Press, 1970), p. 177.
9 Tomáš Špidlik, *The Spirituality of the Christian East: A Systemic Handbook* (Kalamazoo, Mich.: Cistercian Publications, 1986), p. 168.
10 Špidlik, *The Spirituality of the Christian East*, p. 213.
11 "당신이 신체 노동자라면 성경이 당신의 작업실, 당신의 손아귀, 당신의 가슴속에 놓여 있음을 알 수 있다. 성경은 당신에게 이웃을 어떻게 대해야 할지를 가르치고 설교한다.…당신의 도구들…바늘과 골무, 맥주 통, 물건, 저울, 줄자, 도량형기를 보라.…그러면 그 속에 새겨져 있는 이 글을 읽을 수 있을 것이다. 당신이 어디를 보든지, 그것이 당신을 응시하고 있다.…당신은 당신이 가진 업무, 물건, 도구 등 당신의 집에 있는 장비만큼 많은 선생을 갖고 있는 셈이다", Martin Luther, *Works*, vol. 21 (St. Louis: Concordia, 1956), p. 237, Paul Marshall, *Thine Is the Kingdom* (Grand Rapids: Eerdmans, 1986), p. 25에서 인용.

2. 사업도 소명인가?

1 Calvin Seerveld, "Christian Workers, Unite", in *In the Fields of the Lord: A Calvin Seerveld Reader*, ed. Craig Bartholomew (Toronto: Toronto Tuppence Press, 2000), p. 242에서 허가받아 인용.
2 Michael Novak, *Business as a Calling: Work and the Examined Life* (New York: The Free Press, 1996), pp. 37-39. 노박은 소명이 세속화될 수 있다고 주장한다. 사람들은 스스로를 아는 것, 무엇을 해야 할지를 발견하는 것, 자기의 존재 목적이라고 느끼는 그 일을 하는 것에 관해 거론하는데, 비록 종교적인 언어를 기피할지라도 그들은 이로써 소명에 대해 증언하고 있는 셈이라고 노박은 말한다. 『소명으로서의 기업』(한국경제신문사).
3 Hendrik Kraemer, *A Theology of the Laity* (Philadelphia: Westminster Press, 1958), p. 160. 『평신도 신학』(아바서원).
4 Kenneth C. Kantzer, "God Intends His Precepts to Transform Society", in *Biblical Principles and Business: The Foundations*, Christians in the

Marketplace, vol. 1, ed. Richard C. Chewing (Colorado Springs: NavPress, 1989), p. 29.

5 풀러 신학교 교수인 Ray Anderson은 *Minding God's Business* (Grand Rapids: Eerdmans, 1986)에서 창조 교리를 다음 네 가지 논제로 요약한다.

"논제 1: 현존하는 우주는 본래 창조주요 주님이신 하나님이 설계하신 세계 질서다. 이 질서는 세계 질서뿐 아니라 인간들의 존재(사회질서)를 결정짓는 것이다.…하나님이 창조하셨고 세계 질서의 일부가 되게 하신, 인간 사회의 현 질서는 '선한' 것이다. 창조 질서 자체는 본래 악이 내재되어 있지 않으며, 주목할 필요가 없을 정도로 무가치한 것도 아니다. 그리스도인은 때때로 이 점을 망각하고, 마치 세상의 '사업'이 기본적으로 악한 것이어서 '하나님에게서 난' 것이 아닌 것처럼 잘못 생각한다. 이 우주는 인간 사회가 하나님의 백성이 되는 데 필요한 시공간의 역할을 하도록 창조된 것이다."

"논제 2: 현존하는 우주는 근본적인 혼란 상태에 빠졌고, 이는 자연 세계 자체로는 회복될 수 없는 것이다. 이 혼란 상태는 세계의 사회적 및 우주적 구조들을 본래의 질서와 운명에서 멀어지게 한다. 그 상태가 얼마나 형편없는지는, 바람직한 상태가 얼마나 훌륭한지를 알아야 알 수 있다",

"논제 3: 하나님이 자신의 말씀(Word)을 주시되 먼저 새로운 인류 질서로서의 이스라엘에게 그리고 끝으로 새로운 인간이신 예수 그리스도를 통하여 주심으로써, 인간 사회와 우주 모두 창조 명령 아래로 되돌아오게 했다",

"논제 4: 현재의 세계 질서와 사회질서는, 예수 그리스도로 말미암아 이룩된 새로운 창조 질서의 세력 아래 있음에도 불구하고, 새 질서와 옛 질서 사이의 긴장에 계속 시달리고 있다. 지금도 계속되는 이 예수 그리스도의 사역은, 하나님 나라의 표지로 잠정적으로 존재하는 교회와 그 기관들을 통해 이루어지고 있다" (pp. 22-24).

6 Michael Novak, "The Lay Task of Co-Creation", in *Toward the Future: Catholic Social Thought and the U.S. Economy, A Lay Letter* (North Tarrytowm, N.Y.: Lay Commission on Catholic Social Teaching and the U.S. Economy, 1984), pp. 25-45, Max L. Stackhouse, Dennis P. McCann, Shirley J. Roels, and Preston N. Williams, eds., *On Moral Business: Classical and Contemporary Resources for Ethics in Economic Life* (Grand Rapids: Eerdmans, 1995), pp. 905-906에서 인용.

7   Philip J. Wogaman, "Christian Faith and Personal Holiness", in Chewning, ed. *Biblical Principles and Business: The Foundations*, p. 50.
8   Christopher J. H. Wright, *Living as the People of God: The Relevance of Old Testament Ethics* (Leicester, England: InterVarsity Press, 1998), p. 89.
9   David J. Bosch, *Transforming Mission: Paradigm Shifts in Theology of Mission* (Maryknoll, N.Y.: Orbis Books, 1991), p. 405.
10 Richard Higginson, *Called to Account: Adding Value in God's World–integrating Christianity and Business Effectively* (Guildford, Surrey: Eagle, 1993), pp. 139-141.
11 Lesslie Newbigin, *The Gospel in a Pluralistic Society* (Grand Rapids: Eerdmans, 1989), p. 230. 『다원주의 사회에서의 복음』(IVP).
12 Bill Droel, Initiatives, 123 (May 2002), 1. 또 "worker solidarity" in Pope John Paul II's *Laborem Exercens: On Human Work* (Washington D.C.: Office of Publishing and Promotion Services, United States Catholic Conference, 1981), pp. 17-19.
13 Kantzer, "God Intends His Precepts", p. 24.
14 Novak, *Business as a calling*, pp. 46-47.
15 Michael Novak, *The Fire of Invention: Civil Society and the future of the Corporation* (Lanham, Md.: Rowman & Littlefield Publishers, 1997), p. 28.
16 Gilbert Meilaender는, 상업이 사람들을 하나로 묶어 줄 뿐 아니라 그 상업이란 그들이 서로 사이가 좋을 때 하는 일이라는 노박의 주장을 비판하면서 이렇게 말한다. "인간의 유대 관계를 증거하고 그것을 고무시키는 바로 그 사업이 부(富)의 획득 수단이 되어 우리로 하여금 타인으로부터 상당한 독립성을 유지하게 해 준다(혹은 해 줄 수 있다)", Gilbert Meilaender, "Professing Business: John Paul meets John Wesley", *The Christian Century* (4 December 1996), p. 1201.
17 Novak, *Business as a Calling*, p. 37.
18 Novak의 책에 대한 비평에서 Prabo Mihindukulasuriya는 1800년대와 1900년대 초에 북미로 건너온 초기 이민자들은 자본주의 제도의 우월성을 보여 주는 반면에, 개발도상국에서 온 오늘날의 경제 이민은 기술 노동자와 엘리트가 압도적으로 많아서 사실상 본국의 건강한 경제 발전을 저해하고 있다고 말한다. "따

라서 제3세계의 발전에 해답을 제공하는 것이 자본주의 **자체**는 아닐 것이다", Pravo Mihindukulasuriya, "Business as a Calling: Work and the Examined Life" (review), *Crux* 34, no. 2 (June 1998), pp. 46.

19 Steven Rundle과 Tom Steffan은 그 근거 자료를 세계은행의 2003년 보고서에서 가져온다. *Great Commission Companies: The Emerging Role of Business in Missions* (Downers Grove, Ill.: InterVarsity Press, 2003), p. 47.

20 내가 가르친 학생의 다음 논문을 보라. John A. C. Morrow, "The Global Economy and Global Free Market Capitalism: Towards a Christian Perspective" (Regent College, November 200).

21 Novak, *Business as a Calling*, p. 60.

22 Clive Wright, *The Business of Virtue* (London: SPCK, 2004), P. 79. 특히 Wright의 "Wealth"와 "A Theology of Wealth Creation"을 다루는 장을 보라.

23 Jürgen Moltmann, *The Coming of God: Christian Eschatology*, trans, Margaret Kohl (Minneapolis: Fortress Press, 1996), p. 57.

24 "그리스도의 부활은 우리의 삶과 일 전체를 무의미함에서 구출한다. 이생에서 하는 우리의 모든 일이 궁극적으로 그 정당성을 입증받고, 우리의 모든 수고와 몸부림과 고난이 영구적인 가치를 갖고 있다고 확신할 수 있는 것은 바로 그리스도의 부활 때문이다", Alan Richardson, *The Biblical Doctrine of Work* (London: SCM Press, 1952), p. 58.

25 Miroslav Volf, "Human Work, Divine Spirit, and the New Creation: Toward a Pneumatological Understanding of Work", Pneuma: *The Jounal of the Society for Pentecostal Studies* 175 (Fall 1987), pp. 173-193. Miroslav Volf는 일에 대한 두 가지 견해, 곧 **계속되는** 창조 활동에 하나님과 협력하는 것으로 보는 견해(개혁주의 신학의 주류)와 **세계 변혁**에 하나님과 협력하는 것으로 보는 견해를 서로 대조한다.

26 Todd Steen and Steve VanderVeen, "Will There be Marketing in Haven?", *Perspectives* (November 2003), pp. 6-11.

27 Volf, "Human Work", pp. 175-179.

28 Miroslav Volf, *Work in the Spirit: Toward a Theology of Work* (New York: Oxford University Press, 1991), p. 92.

29 Lesslie Newbigin, *Foolishness to the Greeks: The Gospel and Western*

Culture (Grand Rapids: Eerdmans, 1986), p. 136. 『헬라인에게는 미련한 것이요』(IVP).

30 신약학자 Gordon Fee는 이런 뚜렷한 구별은 원어에서 근거를 찾을 수 없다고 주장한다. 그는 17절을 "각 사람은 하나님이 부르신 그대로"로, 20절을 "각 사람은 부르심을 받은 그 처지에 그대로 머물러 있으라"고 번역한다. Gordon D. Fee, *The First Epistle to the Corinthians* (Grand Rapids: Eerdmans, 1987), p. 307.

31 Luther는 그리스어 *Klesei*를 독일어 *Ruf*로, *eklethe*를 *berufen ist*로 각각 번역했다.

32 Donald Gustaf Wingren은 비그리스도인의 경우 어떤 지위(*Stand*)와 직책(*Amt* 또는 *Stelle*)은 갖고 있지만, 부르심(*Beruf* 또는 *vocatio*)을 갖고 있는 경우는 그리스도인에게 국한된다고 말한다. "*Beruf*는 그리스도인의 지상적 혹은 영적인 일이다", Gustaf Wingren, *Luther on Vocation*, trans. Carl C. Rasmussen (Philadelphia: Muhlenberg Press, 1957), p. 2, Heiges, *The Christian's Calling*, p. 49에서 인용.

33 Fee, *The First Epistle to the Corinthians*, p. 307. Fee는 "그(바울)는 한 사람이 부르심을 받을 때 몸담고 있던 그 처지를 '소명'으로 보는 견해에 아주 가깝기는 하지만 절대로 그렇게 비약하지는 않는다"(p. 309)고 언급한다.

34 이 점에 대해 Paul Marshall은 이렇게 말한다. "부르심을 '외적인 조건'으로 해석하는 것은 바울이 *Klesis*를 신약성경 **어디에서도** 사용된 적이 없는 그런 의미로 사용하고 있다고 주장하는 셈이다. 그뿐 아니라 당시의 그리스 문헌에서도 전혀 찾을 수 없는 용법이다. 그러니까 그가 새로운 용어를 창안하고 있다고 보는 견해다.…이것이 의미하는 바는, 성경에는 개혁주의 신학이 사용하는 그런 의미의 소명 혹은 부르심의 개념이 하나도 없다는 말이다", Paul Marshall, *A Kind of Life Imposed on Man: Vocation and Social Order from Tyndale to Locke* (Toronto: University of Toronto Press, 1996), p. 14.

35 W. A. Beardslee는 바울의 저술에 나타난 인간의 업적과 소명에 관한 연구에서, 신의 부르심이 어떤 업적을 향한 인간의 노력을 사용할 수 있고 또 그 목표가 이루어지게 할 수 있지만, 그런 노력이 하나님의 부르심에 대한 반응이 아닐 경우 좌절될 수밖에 없다는 점을 잘 보여 준다. W. A. Beardslee, *Human Achievement and Divine Vocation in the Message of Paul* (London: SCM Press, 1961), pp. 19-20.

36 Martin Luther, "그리스도인의 집회 혹은 회중은 성경에 의해 확립되고 입증된 사실에 입각하여 모든 가르침을 판단하고 교사들을 부르고 임명하고 해고할 수 있는 권리와 권한을 갖고 있다는 점에 관하여", *Luther's Works*, vol. 39, (Philadelphia: Fortress Press, 1966), pp. 310-311.

3. 사역의 사업적 측면

1 엔론은 미국의 다국적 에너지 기업으로서 1990년대에 세계 7대 회사에 포함될 만큼 각광을 받았으나 분식회계 등 부패 관행으로 인해 일순간에 파산한 사례로 주로 언급된다-옮긴이. Richard Higginshon, *Questions of Business Life* (Carlisle, Cumbria: Authentic Media, 2002), pp. 25-26.
2 Clive Wright, *The Business of Virtue* (London: SPCK, 2004), p. 70.
3 Lee Hardy, *The Fabric of This World* (Grand Rapids: Eerdmans, 1990)를 보라.
4 다음 책에서 인용. Max Stackhouse 외., On Moral Business: *Classical and Contemporary Resources for Ethics in Economic Life* (Grand Rapids: Eerdmans, 1995), p. 39.
5 다음 책에서 인용. Gordon Preece, "Business as Calling and Profession: Towards a Protestant Entrepreneurial Ethic" (paper presented at the international Marketplace Theology Consultation, Sydney, June 2001), p. 14.
6 B. Gordon, *The Economic Problem in Biblical and Patristic Thought* (Leiden E. J. Brill, 1989), p. 87, Preece, "Business as a Calling", p. 15에서 인용.
7 다음 책에서 인용. W. R. Forrester, *Christian Vocation* (New York: Scribner's, 1953), p. 43, 강조는 나의 것임.
8 Karl Barth, "Vocation", in Church Dogmatics, trans. A. T. Mackay, T. H. L. Parker, H. Knight, H. A. Kennedy, and J. Marks, III/4 (Edinburgh :T&T Clark, 1961), p. 601, Paul Marshall, *A Kind of Life Imposed on Man: Vocation and Social Order from Tyndale to Locke* (Toronto: University of Toronto Press, 1996), p. 22에서 인용.
9 그러나 중세 후기의 독일 신비주의는 "내적인 음성"이나 "하나님의 임재의식"에 대한 수도원의 독점현상에 도전을 가했으며, Max Weber마저 Johannes Tauler

가 영적인 소명과 세상적인 소명을 동등한 것으로 주장했다고 말했다. Max Weber, *The Protestant Ethic and the Spirit of Capitalism*, trans. Talcott Parsons (New York: Charles Scribner's Sons, 1958), p. 212.

10 Klaus Bochmuehl, "Recovering Vocation Today", *Crux* 24, no. 3 (September 1988), pp. 30-31.

11 Howard C. Kee and Montgomery J. Shroyer, *The Bible and God's Call: A Study of the Biblical Foundation of Vocation* (New York: Cokesbury-The Methodist Church, 1962), p. 11.

12 이 인용문은 빅토리아 시대의 찬송가 작사자인 C. F. Alexander 여사의 곡 "All things bright and beautiful"에서 따온 것이다. 독일어 단어 Beruf가 일반적으로 어떤 사람의 사회적 지위나 직업을 묘사하는 말로 사용되어 왔지만, 루터가 라틴어 단어 *vocatio*를 이런 식으로 사용한 최초의 사람임이 거의 틀림없다. Lake Lambert III, "Called to Business: Corporate Management as a Profession of Faith" (Ph.D. diss., Princeton Theological Seminary; Ann Arbor: University Microfilms, 1997), p. 18를 보라.

13 Martin Luther, "An Open Letter to the Nobility", Donald R. Heiges, *The Christian's Calling* (Philadelphia: United Lutheran Church in America, 1958), p. 53에서 인용.

14 Heiges, *The Christians's Calling*, pp. 50-51.

15 *Luther's Table Talk*, trans. William Hazlitt (Philadelphia: Lutheran Publication Society, 1873), p. 447, Heiges, The Christian's Calling, p. 58에서 인용함.

16 Martin Luther, "Church Postils", in *The Precious and Sacred Writings of Martin Luther*, vol. 10 (Minneapolis: Lutherans in All Lands Company, 1905), p. 27, Heiges, The Christian's Calling, p. 53에서 인용.

17 Heiges, *The Christian's Calling*, p. 54.

18 고리대금업에 관한 스콜라주의의 논의를 다룬 책들은 다음과 같다. Odd Langholm, *Aristotelian Analysis of Usury* (New York: Columbia University Press, 1984), Thomas Wilson, A Discourse Upon Usury (London: G. Bell and Sons, 1572/1925). 그리고 John. Noonan, *Scholastic Analysis of Usury* (Cambridge, Mass.: Harvard University Press, 1957). 성경에 나타난 고리

대금업과 현대의 관행을 다룬 좋은 책으로는 Richard Higginson, *Called to Account: Adding Value in God's World—Integrating Christianity and Business Effectively* (Gulidford, Surrey: Eagle, 1993), p. 107.

19 Lake Lambert III, "Called to Business: Corporate Management as a Profession of Faith", Ph. D. dissertation, Princeton Theological Seminary. (1997), pp. 79-80.

20 Martin Luther, "Trade and Usury", *Luther's Works*, Jaroslav Pelikan, gen. ed. vol. 45 (Philadelphia: Fortress Press and St. Louis: Concordia Press, 1955), p. 272.

21 Heiges, *The Christian's Calling*, p. 61.

22 John Calvin, *Institutes of the Christian Religion*, trans. Ford Lewis Battles (Philadelphia: Westminster Press, 1960), 3.11.6, p. 724. 『기독교 강요』(CH북스).

23 Heiges, *The Christian's Calling*, p. 63.

24 W. F. Graham, *The Constructive Revolutionary: John Calvin and His Socio-Economic Impact* (East Lansing: Michigan State University Press, 1987), p. 124, Preece, "Business as a Calling", p 13에서 인용.

25 R. Paul Stevens, "The Spiritual and Religious Sources of Entrepreneurship: From Max Weber to the New Business Spirituality", Crux 36, no. 2 (June 2000), pp. 22-33; reprinted in Stimulus: *The New Zealand Journal of Christian Thought and Practice* 9, no. 1 (February 2001), pp. 2-11.

26 Joseph Hall, *Holy Observations* (London, 1607), Kee and Shroyer, *The Bible and God's Call*, p. 11에서 인용.

27 특히 칼뱅의 가르침을 따르면, '일반적인' 소명은 말씀 전파를 통해 모든 사람에게 주시는 하나님의 초청인데 비해, '특별 소명'은 신자에게만 주시는 것으로 그 전파된 말씀이 그들의 가슴 속에 머물게 하는 성령의 내적 조명이다. *Institutes* 3.20.8, p. 974.

28 R. Paul Stevens, "Vocational Conversion: An Imaginary Puritan-Baby Boomer Dialogue", Crux 37, no. 4 (December 2001), pp.2-8.

29 William Perkins, *Collected Works*(London, 162-13), Kee and Shroyer, *The Bible and God's Call*, p. 13에서 인용.

30 Marshall, *A Kind of Life Imposed on Man*, pp. 48-53.

31 Gordon Preece는 이런 세속화 경향을 용감하게 저항한 인물로 *The Religious Tradesman*을 쓴 청교도 Richard Steele(1629-1692)을 들고 있다. 프리스는 이렇게 평한다. "스틸은 '신앙적 헌신이 사업을 하고 싶어 하게 하고, 또 그 사업이 신앙적 헌신을 환영한다면' 그리스도인에게 사업도 하나의 소명일 수 있다고 인정한다. 스틸의 경우 종교개혁적 의미의 소명관이 뚜렷하지 않고 소명의 선정 기준(합법성, 적절성, 영혼의 유익)이 좀 단순하긴 하지만, '많은 그리스도인이 부르심을 느끼고 몸담게 된 그 사업으로의 소명'을 잘 설명한 인물이다", Preece, "Business as a Calling", p. 15. 또 Lambert, "Called to Business", pp. 82-83를 보라.

32 Richard Higginson, *Questions of Business Life*, pp. 313-315.

33 Lambert, "Called to Business", p. 38.

34 Michael Novak, *Business as a Calling: Work and the Examined Life* (New York The Free Press, 1996), pp. 37-39. 노박은 소명이 세속화될 수 있다고 주장한다. 사람들은 스스로를 아는 것, 무엇을 해야 할지를 발견하는 것, 자기의 존재 목적이라고 느끼는 그 일을 하는 것에 관해 거론하는데, 비록 종교적인 언어를 기피할지라도 그들은 이로써 소명에 대해 증언하고 있는 셈이라고 Novak은 말한다.

35 Paul S. Minear, *To Die and to Live: Christ's Resurrection and Christian Vocation* (New York: Seabury Press, 1977), p. 136.

36 Robert Banks and Bernice Ledbetter, *Reviewing Leadership: A Christian Evaluation of Current Approaches* (Grand Rapids: Baker, 2004), p. 70.

37 2004년 9월 리젠트 칼리지이 개설한 '사역과 영성' 과목에 사용한 Darrell Johnson의 강의록에서 인용함. 존슨은 이어서 하나님의 사역이 어떻게 삼위일체에서 나오는지를 보여 준다. 그리스도의 사역은 세상을 위해 하나님께 드리는 것이다["나는 아버지께서 내게 하라고 맡기신 일을 완성하여 땅에서 아버지께 영광을 돌렸습니다"(요 17:4)]. 더 나아가, 사역으로의 부르심은 세상에서 그리고 세상을 위해 계속 진행되는 예수의 사역에 동참하라는 부르심이다(행 1:1). 여기에는 예언자적 사역, 말씀 선포의 사역, 복음 전도의 사역, 제사장적 사역, 목자로서의 사역, 왕적 사역, 봉사적 사역 등이 모두 포함된다. 아버지가 삼위의 삶의 근원이지만, 세 지체 모두 하나의 통일되고 조화로운 방식으로 행동한다.

38 이 이야기는 루마니아에서 현지 그리스도인들과 함께 여러 인도주의적 사업

과 사역적 성격을 지닌 기업을 운영하고 있는 미국의 Affairs-Missio Link International의 대표 Alec Woodhull에게서 들은 것이다.

39 Dan Jessen, "Ministry Dimensions of Daily Work", 미출간 원고 (September 1993, Charlotte, North Carolina).
40 Henri Nouwen, *Reaching Out: The Three Movements of the Spiritual Life* (New York: Doubleday, 1975), p. 71. 『영적 발돋움』(두란노).
41 이에 관해서는 Robert Capon의 생각에서 도움을 받았다. Robert Capon, *An Offering of Uncles: The Priesthood of Adam and the Shape of the World* (New York: Crossroad, 1982), pp. 18-23.
42 Sandra Herron, "Reflecting Christ in the Banking Industry", in Robert Banks, ed., *Faith Goes to Work* (Washington, D.C.: Alban Institute, 1993), p. 86.
43 Wright, *The Business of Virtue*, p. 155.
44 Wright는 삼십 년이 지난 후 그런 기준이 낮아지게 된 경위도 이야기한다 (Wright, *The Business of Virtue*, p. 155).
45 *Luther's Table Talk*, p. 447, Heiges, The Christian's Calling, p. 58에서 인용.

4. 찬양할 만한 공동체

1 Max L. Stackhouse, Dennis P. McCann, Shirley J. Roels, and Preston N. Williams, *On Moral Business: Classical and Contemporary Resources for Ethics in Economic Life* (Grand Rapids: Eerdmans, 1995), p. 113.
2 Jürgen Moltmann, *Theology of Hope: On the Grounds and Implications of a Christian Eschatology*, trans. J. W. Leitch (New York: Harper & Row, 1967), p. 31. 『희망의 신학』(대한기독교서회).
3 Michael Novak, *Business as a Calling: Work and the Examined Life* (New York: The Free Press, 1996), p. 125.
4 Novak, *Business as a Calling*, p. 125.
5 다음에 소개되는 분석은 다음 글에서 일부 발췌한 것이다. R. Paul Stevens, "Organizational Culture and Change", in Robert Banks and R. Paul Stevens, eds., *The Complete Book of Everyday Christianity* (Downers Grove, Ill.:

InterVarsity Press, 1997), pp. 713-718.
6   Walter C. Wright Jr., *Relational Leadership: A Biblical Model for Influence and Service* (Carlisle: Paternoster, 2000), p. 119.
7   Edgar H. Schein, *Organizational Culture and Leadership: A Dynamic View* (San Francisco: Jossey-Bass, 1991), p. xi.
8   Schein, *Organizational Culture*, p. 6.
9   James C. Collins and Jerry I. Porras, *Built to Last: Successful Habits of Visionary Companies* (New York: HarperBusiness, 1994). 『성공하는 기업들의 8가지 습관』(김영사).
10 Wright, *Relational Leadership*, p. 120.
11 Schein, *Organizationl Culture*, pp. 191, 241.
12 Schein, *Organizationl Culture*, p. 270.
13 Schein, *Organizationl Culture*, pp. 300-301.
14 Schein, *Organizationl Culture*, pp. 297-327.
15 Mansell E. Pattison, *Pastor and People—A Systems Approach* (Philadelphia: Fortress Press, 1977)를 보라. 또 Philip Collins and R. Paul Stevens, *The Equipping Pastor: A Systems Approach to Empowering the People of God* (Washington, D.C.: Alban Institute, 1993)를 보라.
16 Edwin H. Friedman, *Generation to Generation: Family Process in Church and Synagogue* (New York: Gilford, 1985), p. 22.
17 Virginia Satir, *Conjoint Family Therapy*, rev. ed. (Palo Alto: Science and Behavior Books, 1983), pp. 251-252.

5. 일터 선교

1   William E. Diehl, *Christianity and Real Life* (Philadelphia: Fortress Press, 1976), pp. v-vi.
2   See C. Neal Johnson, "Toward a Marketplace Missiology", *Missiology: An International Review* 31, no. 1 (January 2003), pp. 87-97.
3   이와 관련하여 John Jefferson Davis에게 빚진 바가 크다. 그는 초기 교회에서 현재에 이르기까지 마태복음 28:18-20에 대한 해석사를 추적하면서, 이 본문의

완전한 의미가 William Carey에 의해 처음 지적된 그 선교학적 함의를 둘러싼 교회의 논쟁에 의해 모호해져 버린 경위를 잘 보여 준다. David는 "이 중요한 본문이 지닌, 일터와 관련된 함의는 이제야 주목을 받기 시작했다"(p. 1)고 말한다 (South Hamilton, Mass.: Gordon-Conwell Theological Seminary, 1998).

4 Brian Griffiths, *The Creation of Wealth*(London: Hodder and Stoughton, 1984), pp. 9-11에서 인용.
5 방선기 목사는 마지막 입장은 복음 전도를 최소화할 수 있는 위험을 안고 있다고 덧붙인다. Sunki Bang, "Tensions in Witness", *Vocatio* 1, no. 2 (July 1998), pp. 17-18.
6 C. Neal Johnson은 "Toward a Marketplace Missiology"란 글에서 일터 선교학이라는 새로운 분야의 여러 구성 요소를 개관한다. 특히 학구적인 성경 연구를 요하는 오늘날의 일터 관련 이슈들을 열거한 각주 3은 아주 귀중한 자료이다. 하지만 안타깝게도 일터 활동 자체가 하나님의 선교의 일부인가 하는 문제는 다루지 않고 있다.
7 이러한 사실은 Vicedom이 아주 완벽하게 전개해 왔다. 그는 "Augustinus가 삼위 하나님 안에서의 선교 혹은 보냄에 대해 말한 이래로, 가톨릭 교리는 한 위격의 보냄이 다른 위격의 존전에서 이루어진다"라고 말한다. George F. Vicedom, *The Mission of God: an Introduction to a Theology of Mission*, trans. Gilbert A. Thiele and Dennis Hilgendorf (St. Louis: Concordia, 1965), p. 7.
8 다음 책에서 인용. Jürgen Moltmann, *Trinity and the Kingdom*, trans. Margaret Kohl (San Francisco: Harper and Row, 1991), p. 32.
9 René Padilla는 이렇게 논평한다. "인간의 필요가 무엇이든 그것은…하나님의 영에 의해 하나님의 왕적 권세를 밝히 드러내는 발판으로 사용될 수 있다. 그렇기 때문에 실제 상황에서는 복음 전도나 사회 참여 중 어느 것이 먼저인가 하는 문제는 부적절한 질문이다. 구체적인 상황에 접어들면 필요 자체가 우선순위를 정하는 데 요긴한 지침을 제공할 것이다. 복음 전도와 사회적 책임 둘 다 선교의 필수 요소로 간주되는 한, 어느 것이 먼저이고 언제 그러한지를 알려 주는 일반 원리는 우리에게 필요 없다", C. René Padilla, "The Mission of the Church in the Light of the Kingdom of God", *Transformation* 1, no. 2 (April-June 1984), p. 19.
10 David Bosch, *Believing in the Future: Toward a Missiology of Western*

Culture (Leominster Herefordshire, England: Gracewing, 1995).

11 Ps. 1, Dan. 4, and Ezek. 31을 보라.

12 Richard Higginson, *Called to Account: Adding Value in God's World—Intergrating Christianity and Business Effectively* (Guildford, Surrey: Eagle, 1993), pp. 70-95.

13 Mortimer Arias, *Announcing the Kingdom: Evangelization and the Subversive Memory of Jesus* (Lima, Ohio: Academic Renewal Press, 1984/2001), pp. 66-67.

14 누가복음 7:36; 11:37; 14:1; 15:2 그리고 19:5을 보라.

15 Arias, *Announcing the Kingdom*, pp. 24, 80.

16 Arias, *Announcing the Kingdom*, pp. 46-47.

17 Arias, *Announcing the Kingdom*, pp. 17.

18 David J. Bosch, *Transforming Mission: Paradigm Shifts in Theology of Mission* (Maryknoll, N.Y.: Orbis Books, 1991), p. 148.

19 K. S. Alter, *Managing the Double Bottom Line* (Washington, D.C.: Pact Publications, 2000); 또 E. Goodell, ed., *Social Venture Network Standards of Corporate Social Responsibility* (San Francisco: Social Venture Network, 1999)를 보라.

20 Padilla, "The Mission of the Church", p. 19.

21 마찬가지로 영어권에서 출판된 거의 대부분의 신학 도서는 사역을 "사역자(목사)가 하는 것"으로 정의하면서 시작한다. 말씀의 선포와 성례의 집행이 그것이다. R. Paul Stevens, *The Other Six Days: Vocation, Work, and Ministry in Biblical Perspective* (Grand Rapids: Eerdmans/Regent Publishing, 1999), p. 132.

22 Davis, "'Teaching Them to Observe.'"

23 Arias, *Announcing the Kingdom*, p. 32.

24 R. Paul Stevens, *The Equippers' Guide to Every Member Ministry* (Vancouver: Regent College Publishing, 2000), pp. 91-111.

25 R. F. Hock, *The Social Context of Paul's Ministry: Tentmaking and Apostleship* (Philadelphia: Fortress Press, 1980), p. 166.

26 *The Marketplace: MEDA's Magazine for Christians in Business* (January February 2001), p. 2.

27 George M. Lamsa and William Chauncey Emhardt, *The Oldest Christian People* (New York: Macmillan, 1926), p. 64, Tetsunao Yamamori and Kenneth A. Eldred, *On Kingdom Business: Transforming Missions through Entrepreneurial Strategies* (Wheaton, Ill: Crossway, 2003), p. 184에서 인용함.

28 William Carey, *An Enquiry into the Obligations of Christians to Use Means for the Conversion of the Heathens* (Leicester, 1792), p. 68. Carey는 "이것이 함축하는 의미는, 훗날 교회의 영광스런 부흥기가 도래할 때 상업이 복음 전파의 보조 수단이 될 것이라는 말이다",

29 "우리와의 거리 문제로 인해, 항해사의 나침반이 발명되기 이전에는 온갖 반대가 있었을지언정 현 시대에는 그런 반대가 전혀 타당성을 지닐 수 없다. 인간은 이제 지중해나 작은 바다를 항해할 수 있는 만큼이나 거대한 남해를 확실히 가로지를 수 있다. 그렇다. 섭리가 어떤 면에서는 우리를 모험으로 초대하는 것 같다. 우리가 알기로 무역회사들이 이런 야만인들이 살고 있는 곳곳에서 상업 활동을 하고 있으니 말이다", Carey, "An Enquiry", p. 67.

30 Michael C. R. McLoughlin, "Back to the Future of Missions", *Vocatio* 4, no.2 (December 2000), pp. 1-6.

31 Steve Rundle and Tom Steffan, *Great Commission Companies: The Emerging Role of Business in Missions* (Downers Grove, III.: InterVarsity Press, 2003), p. 25.

32 Rundle and Steffan, *Great Commission Companies*, p. 41.

33 Rundle and Steffan, *Great Commission Companies*, p. 47

34 "나는 은밀한 소명을 넘겨주는 바인데, 이는 각 성직자가 하나님 앞에서 의식하는 것이되 교회를 증인으로 삼지 않는 것이다. 그러나 그 직분은 야망이나 욕심, 여타 이기적인 욕망이 아니라 하나님에 대한 진정한 두려움과 교회를 세우고자 하는 열망으로 받는 것임을 우리의 마음이 증거한다. 이것이 바로 우리 사역이 하나님의 승인을 받기 위해서 (내가 말한 것처럼) 우리 각자에게 꼭 필요한 요소다"(*Institutes* 4.3.11, p. 1063). Calvin의 관심사는 "소란하고 골치 아픈 남자들이 무모하게 남을 가르치거나 다스리는 자리를 차지하는 것"을 막는 데 있었다 (*Institutes* 4.3.10, p. 1062).

35 2000년 4월 리젠트 칼리지 석사 논문으로 제출된 Siew Li Wong의 논문을 보라.…이 논문을 위해 연구 조사하는 과정에서 북미에 본부를 둔 대다수의 자

비량 선교단체의 간부들을 인터뷰했는데, 자비량 선교사들이 하는 일이 본유적 가치를 갖고 있다고 시사한 사람이 단 한 명뿐이었다고 한다. 대다수는 그것을 수단에 불과하다고 생각했다("A Defense of the Intrinsic Value of 'Secular Work' in Tentmaking Ministry in the Light of the Theological Doctrines of Creation, Redemption, and Eschatology", master's thesis, Regent College, Vancouver, April 2000; pp. 6-11).

36 Allan Bussard, Marek Marcus, and Daniela Olejarova, *Code of Ethilcs and Social Audit Manual* (Bratislava, Slovakia: The Integra Foundation), p. 19에 언급됨.

37 www.jnj.com/home.html.

38 Marc Gunther, "Jeff Immelt Wants to Instill Values in Everything the Company Does-Without Compromising the Profit Principle", *Time* (15 November 2004), p. 2. 또 Wilfried Luetkenhorst, "Corporate Social Responsibility and the Development Agenda", *Intereconomics* 39, no. 3 (May/June 2004), pp. 157-66를 보라

39 이와 같은 생각은 2004년 5월 불가리아의 소피아에서 열린 인테그라 간사 수련회에서 Peter Morgan이 발제한 "Community: Where Can I Find It?"에 빚진 바가 크다.

40 주 39의 수련회에서 Peter Mogan이 인용한 내용임.

41 Bussard, Marcus, and Olejarova, *Code of Ethics*, p. 5.

42 Mennonite Economic Development Associates의 사명 선언문은 다음과 같다. "사업에 몸담은 그리스도인으로서 우리가 가진 사명은, 사업계와 경제계에서 하나님의 통치를 우리의 모든 활동에까지 확장함으로써 그분을 영화롭게 하는 것이다. 우리의 과업은 예수님을 일터의 주인으로 모시면서 사랑하고, 섬기고, 전하고, 치유하는 일이다. 우리는 불공평을 바로잡기 위해 우리의 믿음·기술·자원을 활용하고, 경제 정의를 위해 정진하고, 의를 추구하고, 소망이 없는 곳에 소망을 가져오고, 모든 것을 새롭게 만든다", Bang, "Tensions in Witness", p. 17에서 인용.

43 Steve Brinn, "Tough Business: in Deep, Swift Waters", *Vocatio* 2, no. 2 (July 1999), pp. 3-6.

6. 세계화는 선한가?

1   그리스도인 가운데 근본적으로 이 견해를 취하는 인물은 Ron Sider, Jim Wallis, Samuel Escobar, Andrew Kirk, 그 외에 대다수의 해방신학자들이다.
2   이 견해를 취하는 그리스도인 사상가는 Michael Novak과 Brian Griffiths다. 이 견해가 발전된 과정을 보려면 다음 책을 참고하라. Craig Gay, *With Liberty and Justice for Whom? The Recent Evangelical Debate over Capitalism* (Grand Rapids: Eerdmans, 1991), p. 162.
3   이것은 Abraham Kuyper와 Bob Goudzwaard 같은 신칼뱅주의자들의 견해다. Michael Novak, "Human Dignity, Personal Liberty: Themes from Abraham Kuyper and Leo XIII", in *Journal of Markets & Morality* 5, no.1 (Spring 2002), pp. 59-126. Craig Gay's critique of Novak in *Journal of Markets & Morality* 5, no.1 (Spring 2002), pp. 127-134를 보라.
4   다른 자료들을 소개하면 다음과 같다. Thomas L. Friedman, *The Lexus and the Olive Tree* (New York: Farrar, Straus and Giroux, 1999). 『렉서스와 올리브 나무』(창해); "Globalization and Christian Ethics", *Center for applied Ethics* 8, no. 1 (Winter 2001)-the Ron Sinder/Michael Novak debate; Stanley Grenz, "Community as Theology Motif for the Western Church in an Era of Globalization", Crux 28, no. 3 (September 1992), pp. 10-19; Bruce Nicholls, *Contextualization: A Theology of Gospel and Culture* (Downers Grove, Ill.: InterVarsity Press, 1979); Vinay Samuel, "Evangelical Response to Globalisation: an Asian Perspective,: *Transformation* (January 1999); Loren Wilkinson, "One Earth, One World, One Church", *Crux* 28, no. 1 (March 1992), pp. 28-36.
5   Robert D. Kaplan, "The Coming Anarchy", *Atlantic Monthly* (February 1994), pp. 44-76.
6   Don Lewis, public lecture, Regent College, 2000.
7   Paul Williams, lecture in "Marketplace Ministry" course, Regent College (February 2004).
8   World Bank, *Global Economic Prospects and the Developing Countries* (Washington, D.C.: The World Bank, 2003).

9 Jeremy Rifkin, *The End of Work: The Decline of the Global Work-Force and the Dawn of the Post-Market Era* (London: Penguin, 2000), pp. xvii-xviii.
10 James H. Ottley, "The Debt Crisis in Theological Perspective, in Max Stackhouse, Tim Dearborn, and Scott Paeth, eds., *The Local Church in a Global Era: Reflections for a New Century* (Grand Rapids: Eerdmans, 2000), pp. 39-47를 보라.
11 *New York Times*, 27 September (1998), p. 16.
12 John Morrow, "The Global Economy and Global Free Market Capitalism: Towards a Christian Perspective", paper for Marketplace Ministry Seminar, Regent College (2000).
13 William McGurn, "Globalization Gospel Reaches the Eternal City", *Financial post*, 23 December (2000), p. D11.
14 Os Guinness, *The Call: Finding and Fulfilling the Central Purpose of Your Life* (Nashville: Word, 1998), p. 135. 『소명』(IVP).
15 Guinness, *The Call*, pp. 134-135.
16 Clive Wright's development of the Judaic and early Christian perspectives on wealth creation, *The Business of Virtue* (London: SPCK, 2004), pp. 4-12를 보라.
17 R. H. Tawney, *Religion and the Rise of Capitalism*, rev. ed. (London: Penguin, 1990), p. 280. Wright, *The Business of Virtue*, p. 23에서 인용.
18 Wright, The Business of Virtue, p. 14. Wright는 유대교와 기독교 시대 양쪽에서 경제적 사고의 역사에 관한 뛰어난 요약을 제공한다.
19 Wright, *The Business of Virtue*, p. 47.
20 Wright, *The Business of Virtue*, p. 48.
21 필요와 욕구에 관한 Wright의 사려 깊은 논의를 보라. *The Business of Virtue*, p. 49.
22 Wright, *The Business of Virtue*, p. 74에서 인용.
23 Wright, *The Business of Virtue*, p. 81.
24 Wright, *The Business of Virtue*, p. 46-83.
25 Wright, *The Business of Virtue*, p. 206
26 Dallas Willard, *The Divine Conspiracy: Rediscovering Our Hidden Life in*

God (San Francisco: HarperSanFrancisco, 1998), p. 246. 『하나님의 모략』(복있는 사람).

27 Michael Novak, *Business as a Calling: Work and the Examined Life* (New York: The Free Press, 1996), pp. 46-47.

28 Robert Richards, *God and Business: Christianity's Case for Capitalism* (Fairfax, Va.: Xulon Press, 2002), pp. 378-379

29 Paul S. Williams, "hermeneutics for Economists: The Relevance of the Bible to Economics" (master's thesis, Regent College, 1995), p. iv.

30 Christopher J. H. Wright, *Living as the People of God: The Relevance of Old Testament Ethics* (Leicester: Inter-Varsity Press, 1998), p. 89. 더 나아가, 유형론적(typological) 해석을 개발해서 땅은 신자로서 그리스도 안에서 누리는 교제와 삶을 유형화한다고 말한다. 희년의 사회경제적 차원은 신자들에게 기대되어 왔던 공동체적 나눔으로 표현되었다(행 2:44-45; 딤전 6:18; 롬 15:26-27). 하지만 희년은 근본적으로 그리스도의 사역 전체를 예표하는 것으로서(눅 4:18-19), 속박에서의 해방과 하나님 및 타인과의 관계 회복(엡 2:11-12)을 상징한다. **종말론적**으로 해석하면 새로운 창조(New Creation)를 가리킨다고 할 수 있다(미 4:4; 슥 3:10; 요 14:2-3).

31 이사야 10:1-4; 예레미야 2:34; 5:1; 5:26-29; 7:1-11; 아모스 2:6-8; 4:1-3; 5:7-13; 8:4-7.

32 레위기 25장은 네 부분으로 되어 있다. (1) 1-7절: 안식년, (2) 8-13절: 희년, (3) 14-34절: 땅의 소유권, (4) 35-55절: 고용된 노동력. 한 사람이 다른 사람을 위해 일해야 할 경우, 그는 노예가 아니라 고용된 일꾼의 대우를 받도록 되어 있다. 희년이 되면 그는 자유롭게 집안이 소유한 땅으로 돌아간다.

33 Williams, "Hermeneutics for Economists", p. 143.

34 Williams, "Hermeneutics for Economists", p. 143.

35 Williams, "Hermeneutics for Economists", p. 147.

36 Williams, "Hermeneutics for Economists", p. 150.

37 Clive Wright는 부에 대한 유대인의 관점을 다루고 나서 이렇게 결론짓는다. "번영은 하나님의 축복의 표시다. 그러나 우리가 창출하는 부에는 그것을 공동체 전체의 유익을 위해 사용해야 할 책임도 따라온다", Wright, *The Business of Virtue*, p. 6.

38 Williams, "Hermeneutics for Economists", p. 138. 또 Graig Gay's critique of Novak on responsibility rather than rights. *Markets and Morality* 5, no. 1, pp. 127-134를 보라.

39 Williams, "Hermeneutics for Economists", pp. 151-152.

40 Williams, "Hermeneutics for Economists", p. 154.

41 Williams, "Hermeneutics for Economists", p. 155.

42 권세들에 관해 더 자세히 연구하려면 다음 자료들을 참고하라. R. Paul Stevens, "Principalities and Powers", in Robert Banks and R. Paul Stevens, eds., *The Complete Book of Everyday Christianity* (Downers Grove, Ill.: InterVarsity Press, 1997), pp. 795-801. 이 외에도 Peter L. Berger, *The Sacred Canopy: Elements of a Sociological Theory of Religion* (Garden City, NY.: Doubleday, 1967); H. Berkhof, *Christ and the Powers*, trans. John Howard Yoder (Scottdale, Penn.: Herald, 1962); D. G. Reid, "Principalities and Powers", in *Dictionary of Paul and His Letters*, ed. F. F. Hawthorne, R. Martin, and D. G. Reid(Downers Grove, Ill.: InterVarsity, 1993); H. Schleir, *Principalities and Powers in the New Testament* (New York: Herder & Herder, 1964); Walter Wink, *Naming the Powers: The Language of Power in the New Testament* (Philadelphia: Fortress Press, 1984); John Howard Yoder, *The Politics of Jesus* (Grand Rapids: Eerdmans, 1972).『예수의 정치학』(IVP) 등의 자료가 있다.

43 Max L. Stackhouse, "Is God in Globalization?", paper presented at Regent College, 1999.

44 Stackhouse, "Is God in Globalization?", p 16.

45 Stackhouse, "Is God in Globalization?", p. 19.

46 Robert Richards는 *God and Business*(pp. 420-421)에서 '성직자에게 주는 함의'를 아주 실제적으로 다루고 있다.

47 교회가 사회의 근본적 변혁에 기여한 기록을 살펴보면 참으로 눈부시다. 다음 책은 1세기부터 20세기에 이르는 교회의 사회적 공헌을 기록하고 있다. Edmund H. Oliver in *The Social Achievements of the Christian Church* (Vancouver: Regent College Publishing, 2004).

7. 깊은 데로 가라

1 Derek Kidner, *The Message of Ecclesiastes: A Time to Mourn and a Time to Dance* (Downers Grove. Ill.: InterVarsity Press, 1976), p. 47.
2 Mary Baechler, "Death of a Marriage", *INC*, April (1994), p. 76.
3 Eugene Peterson, Lecture at Regent College, Vancouver, B.C., (1990).
4 Thomas F. Torrance, *Trinitarian Perspective: Toward Doctrinal Agreement* (Edinburgh: T&T Clark, 1994), p. 1.
5 2000년 벤쿠버 소재 리젠트 칼리지에서 개최된 '교수 논문 발표회'에서 Edwin Hui가 영성 신학에 관해 발제한 내용임.
6 이런 주제를 다루고 있는 저자들은 다음과 같다. L. Bolman and T. Deal, *Leading with the Soul: An Uncommon Journey of Spirit* (San Francisco: Jossey-Bass, 1995); Denis Breton and Christopher Largent, *The Soul of Economics: Spiritual Evolution Goes to the Marketplace* (Wilmington, Del.: Idea House Publishing Co., 1991), Denis는 율법·팔복·주기도문을 경제를 재고하는 데 필요한 신화적 구조로 재해석한다. Jack Canfield and Jacqueline Miller, eds., *Heart at Work: Stories and Strategies for Building Self-Esteem and Reawakening the Soul at Work* (New York: McGraw Hill, 1996); Gilbert Fairholm, *Capturing the Heart of Leadership: Spirituality and Community in the New American Workplace* (Westport, Conn.: Praeger, 1997); Carles Garfield et al. with Michael Toms, *The Reflective Executive: A Spirituality of Business and Enterprise* (New York: Crossroad, 1993); Os Guiness, *Winning Back the Soul of American Business* (Washington, D.C.: Hourglass Publishers, 1990); Ian Percy, *Going Deep* (Toronto: Macmillan Publishing Co., 1998); 그리고 John Renesch, ed., *New Traditions in Business: Spirit and Leadership in the Twenty-First Century* (San Francisco: Berrett-Koehler Publishers. 1992).
7 Jeff Sellers, "New Age of Kingdom Come? Description and Critique of the 'New Business Spirituality' in Light of a Biblical Spirituality of Work", (Master's thesis, Regent College, Vancouver, B.C., April 2000), pp. 18-103.
8 Willis Harmen in Renesch, ed., *New Traditions*, p. 16.

9 Charles Handy, *The Hungry Spirit: Beyond Capitalism—A Quest for Purpose in the Modern World* (London: Hutchinson, 1997), p. 78.
10 Hermen in Renesch, ed., *New Traditions*, p. 15.
11 여기서 첫 번째 쟁점은 그 전제에 해당하는 인간학, 곧 인간에 대한 암시적 견해이다. 새 사업적 영성은 '개인의 무한한 잠재력'과 '우리의 중심부에 있는 신성(神性)'을 거론하는 등 사람을 신격화하는 측면이 많다(William Miller in Renesch, ed., *New Traditions*, p. 71). 사업적 영성을 논하는 저자들은 '초월성'을 불교에서 말하는 '공즉시색'(空卽是色), 즉 모든 차별성을 초월하는 체험을 일컫는 것으로 사용한다(Herman B. Maynard in Renesch, ed., *New Traditions*, p. 42). 두 번째 쟁점은 구원론 혹은 구속에 대한 견해다. 새 사업적 영성은 인간의 깨진 상태 혹은 무질서(죄)에 대해 다루지 않고 인간의 본유적 선(善)에 호소한다. X이론과 Y이론은 이 같은 인간의 이중적 특징을 붙들고 씨름한다[Lee Hardy, *The Fabric of This World: Inquiries into Calling, Career Choice, and the Design of Human Work* (Grand Rapids: Eerdmans, 1990)]. 인간이 구속의 과정에서 하나님과 협력하는 건 사실이지만, 궁극적으로 인류는 스스로를 구원할 능력이 없다. 세 번째 쟁점은 인식론과 존재론이다. 인식론의 주관적 원리―우리 자신이 곧 우리가 아는 내용을 창출한다. 우리가 믿는 그것이 곧 실상이다―를 수용하면 [단일한 우주(universe)가 아니라] 다수의 우주(multiverse)를 초래하게 된다.
12 R. D. Laing, *The Politics of Experience and the bird of Paradise* (Harmondsworth, England: Penguin Books, 1967), p. 118.
13 Quoted in Elizabeth A. Dreyer, *Earth Crammed with Heaven: A Spirituality of Everyday Life* (New York: Paulist Press, 1994), p. 89.
14 Walter Hilton, *Toward a Perfect Love*, trans. David Jeffrey (Portland, Ore.: Multnomah Press, 1985), pp. 8-9.
15 아래에 소개하는 몇 가지 제안 사항은 내 동료 Bruce Hindmarsh의 글 "혼합된 삶인가, 혼란스런 삶인가?"(2004년 테네시 주 녹스빌에서 개최된 리젠트 칼리지의 일터 사역 집회에서 발제된 논문)에 빚진 바가 크다.
16 *McCheyne's Calender for Daily Readings* (Carlisle, Pa.: Banner of Truth Trust).
17 St. Augustine, *Confessions*(trans. Pine-Coffin), 1.6.
18 St. Augustine, Kenneth Leech, *True Prayer: An Invitation to Christian*

Spirituality (San Francisco: Harper & Row, 1980), p. 123에서 인용.
19 Dietrich Bonhoeffer, *Life Together* (San Francisco: Harper & Row, 1954), p. 110. 『신도의 공동생활』(대한기독교서회).
20 성경에서 안식법은 마땅히 지켜야 할 율법으로 제시되고 있으며, 예수는 이를 폐지한 게 아니라 성취하신 것으로 나와 있다(출 20:8-11; 막 2:28). 그것은 우리가 창조(출 20:8-11)와 구속(신 5:12-15)을 기뻐하면서 지키는 하나의 축복이요 선물이다. 또한 하나의 소명이자 부르심이기도 하다. 하나님도 안식하시는 분이다(창 2:2). 아울러 하나의 성례요 우리와 하나님의 관계를 보여 주는 징표이다(출 31:12-13, 17). 그것은 구원의 은유(히 4:9; 마 1:18)이고, 장차 새 하늘과 새 땅에서 하나님과 피조물과 인간 사이에 삼중적 조화가 이루어질 그 영원한 안식을 가리키는 예언이자 맛보기다.
21 Jacques Ellul, *The Presence of the Kingdom*, trans. Olive Wyon (New York: Seabury Press, 1948), p. 7.
22 Ellul, *The Presence of the Kingdom*, p. 17, 강조체는 엘룰의 표기.

8. 진실성을 배양하라

1 Clive Wright, *The Business of Virtue* (London: SPCK, 2004), p. 119.
2 See Bernard Adeney, *Strange Virtues: Ethics in a Multicultural World* (Downers Grove, Ill.: InterVarsity Press, 1995).
3 Albert Z. Carr, "Is Business Bluffing Ethical?"(1967), in *Beyond Integrity: A Judeo-Christian Approach to Business Ethics*, ed. Scott Rae and Kenman Wong (Grand Rapids: Zondervan, 1996), p.55.
4 명령(command), 결과(consequences), 성품(character) 중심의 접근 등 동일한 알파벳(c)을 사용해 분류하게 된 것은 호주 시드니에 있는 맥콰리 기독교학 연구소의 Gordon Preece 박사 덕분이다.
5 의무론적(명령) 접근을 보여 주는 성경구절은 레위기 10:1-2, 민수기 15:32-36, 사무엘하 6:6-7, 고린도전서 6:9, 15이하, 20절이다. 목적론적(결과) 접근을 보여 주는 구절은 신명기 24:5, 출애굽기 1:19; 20:12, 잠언 6:17, 사무엘상 16장, 열왕기하 6장, 마가복음 2:23-26; 3:4 고린도전서 10:23이다. 성품(덕) 중심의 접근은 팔복(마 5:3-10)에 나타나 있다.

6　Wright, *The Business of Virtue*, pp. 113, 129.
7　Wright, *The Business of Virtue*, p. 103.
8　최근에 나온 한 책은 십계명이 그리스도인과 유대인뿐 아니라 일반 사회를 위해서도 토대 역할을 한다고 주장한다. David W. Gill, *Doing Right: Practicing Ethical Principles* (Downers Grove, Ill.: InterVarsity Press, 2004)
9　Lewis B. Smedes, *Mere Morality: What God Expects from Ordinary People* (Grand Rapids: Eerdmans, 1983), p. 15, Gill, *Doing Right*, p. 55에서 인용함.
10　John Lach, "Dogmatism in Disguise", *The Christian Century* (16 November 1966), p. 1402.
11　이 구절은 당신 자신을 사랑하라는 명령이 아니고, 본능적으로 우리가 자기 유익을 구하는 것처럼 이웃의 유익을 겨냥함으로써 자기 사랑을 반전시키라는 명령이다! 이는 자신에 대해 갖고 있는 혹은 마땅히 가져야 할 그 사랑을 그저 이웃에게 적용하라는 데 그치지 않는다. 루터는 "하나님의 명령은 우리로 하여금 이웃에게 다가가도록 재촉한다.···믿음은 스스로에게 몰입한 우리 자신을 잡아채 우리 바깥에다 둔다"고 말했다. Martin Luther, "Treatise on Christian Liberty", in *Luther's Works*, vol. 2, trans. W. A. Lambert, ed. James Atkinson (Philadelphia: Fortress Press, 1966), p. 342.
12　신약성경 여기저기에 다른 정언명령들도 흩어져 있다. 그러나 신약에서 윤리적 지침을 찾는 사람들이 이런 식으로만 해석한 것은 아니다. Richard Longenecker, *New Testament Social Ethics for Today* (Grand Rapids: Eerdmans, 1984), pp. 2-8, 15.
13　"모든 상황에서 사랑스런 행동을 하는 것은 대단히 칭찬할 만하다. 어떤 행위가 참으로 윤리적이 되려면 사랑이 언제나 그 동기와 조건을 형성해야 하지만, 사랑만을 윤리적 의사 결정의 유일한 평가 기준으로 삼는 것은 상당히 의심스런 입장이다.···도덕적 기준으로서의 사랑은 쉽게 조정될 수 있는 규범이다", Longenecker, *New Testament Social Ethics*, p. 8. Longenecker는 사랑의 상황화가 어떻게 인간의 이기주의, 어리석음, 잔인성을 등한시하는지 조셉 플레처의 『상황 윤리』(*Situation Ethics*)를 그 본보기로 든다. 하나님과 이웃에 대한 사랑은 의와 관심, 이웃의 복리에 영향을 주는 모든 세력과 구조를 포괄한다.
14　"사랑은 실질적인 필요에 적실한 것이면 그것이 무엇이든 그 전술을 바꾸는데 비

해, 적실하지 못한 것에 대해선 확고히 대항한다. 동료애와 자연스런 애정이 바닥날 때, 이웃이 사랑할 만한 가치가 없다고 생각될 때, 이웃이 적반하장의 반응을 보일 때…도무지 사랑할 만한 근거나 정당성을 찾을 수 없을 때, 그리스도인은 믿음으로 사랑을 계속한다", Paul Ramsey, *Basic Christian Ethics* (Chicago: University of Chicago Press, 1977), p. 90.

15 그리스도 안에서, 정의는 윤리적이고(하나님의 뜻에 부합하는 것이 무엇인지를 일러준다), 구속적이고(사물을 바로잡는 것으로서, 십자가의 예수 안에 나타난 하나님의 정의가 탁월한 본보기다), 귀속적인 성격(신자가 그리스도 안에 있을 때 얻게 되는 생경한 의로움)을 모두 지닌다.

16 Smedes, *Mere Morality*, p. 240.

17 Ramsey, *Basic Christian Ethics*, p. 12.

18 사랑하라는 '명령'은 원칙과 율법의 차원이 아니라 하나님 그 자체를 의지하게 만드는 것이다. 이는 복음이지 율법이 아니다. "하나님과 이웃을 사랑하는 그 사랑은 다름 아닌 하나님의 사랑이다. 그 밖에 다른 사랑은 존재하지 않기에 하나님의 사랑에서 벗어난 혹은 그와 동떨어진 사랑은 없다고 할 수 있다.…하나님을 사랑한다는 것은 하나님에게 사랑받는 것의 다른 측면이다. 하나님에게 사랑받는 것은 하나님에 대한 사랑을 함축한다. 이 둘은 따로 분리할 수 없다", Dietrich Bonhoeffer, Ethics (London: SCM Press, 1976), p. 176. 『기독교 윤리』(대한기독교서회).

19 야곱의 이야기를 다룬 책으로는 내가 쓴 『내 이름은 야곱입니다』(*Down to Earth Spiritualty*, 죠이선교회)를 참고하라.

20 2001년 7월 호주 시드니에서 열린 일터 신학 협의회에서 Peter Chao (Eagle Communication 대표)가 발표한 내용임.

21 Wright, *The Business of Virtue*, p. 131.

22 Al Bussard, "The Classical Virtues and Their Application to Integra", a paper given at the Integra staff conference, Sofia, Bulgaria (May 2004).

23 Wright, *The Business of Virtue*, p. 116.

24 Wright, *The Business of Virtue*, p. 140. Wright는 이어서 '정의로운 사업'의 특징들을 개관한다. 섬김, 합법성, 균형성, 신뢰성, 상호성 등(pp. 142-146).

25 Wright, *The Business of Virtue*, p. 139.

26 Wright, *The Business of Virtue*, p. 140.

27 Wright, *The Business of Virtue*, p. 141.
28 John E. Richardson, "Whistle-Blowing", in Robert Banks and R. Paul Stevens, eds., *The Complete Book of Everyday Christianity* (Downers Grove, Ill.: InterVarsity Press, 1997), pp. 1114-1116.
29 Wright, *The Business of Virtue*, pp. 141-142.
30 Bussard, "The Classical Virtues"에서 개발됨.
31 의미심장한 사실은 베드로후서 1:5-7을 제외하면 성경에서 '덕'이란 단어가 거의 사용되지 않는다는 점이다. "이러므로 너희가 더욱 힘써 너희 믿음에 덕을, 덕에 지식을, 지식에 절제를, 절제에 인내를, 인내에 경건을, 경건에 형제 우애를, 형제 우애에 사랑을 공급하라", 빌립보서 4:8에 나오는 '목록'은 특별한 목적을 위한 것이다.
32 Alexander Hill, "Business Ethics", in Banks and Stevens, eds., *Everyday Christianity*, pp. 90-96를 보라.
33 Alfred North Whitehead, Edward L. Long, *Conscience and Compromis* (Philadelphia: Westminster Press, 1954), p. 18에서 인용함. Paul Ramsey도 그와 비슷한 말을 한다. "팔복은 완전히 종말론적이다(마 5:3-12; 눅 6:20-23). 예수는 온유한 자가 그 온유함의 힘으로 조만간에 땅을 기업으로 받을 것으로 생각할 만큼 순진한 분이 아니었다. 현 시대에 승리를 구가하는 세력에 대해 현실적으로 말하자면, 온유한 자가 언제든 땅을 기업으로 받는다 해도 온유하지 않은 자가 금방 빼앗아 갈 것이라고 할 수 있다. 온유함과 땅을 기업으로 받는 것은 전혀 별개의 문제다. 오직 다가오는 그 나라만이 그 둘을 연결지을 수 있다", Ramsey, *Basic Christian Ethics*, p. 26.
34 Hill, *Just Business*, p. 11.
35 Wright, *The Business of Virtue*, p. 109.
36 Iain Benson, "Virtues", in Banks and Stevens, eds., *Everyday Christianity*, pp. 1069-1072를 보라.
37 Longenecker, *New Testament Social Ethics*, p. ix.
38 John Calvin, *Institutes of the Christian Religion* (Grand Rapids: Eerdmans, 1966), 2·5·9, p. 280. "꼭 한마디하고 싶은 말은, 율법에 순종하라는 명령을 우리가 받았다고 해서 율법을 성취할 힘이 우리에게 있다고 생각하면 잘못이라는 것이다. 하나님의 계명을 지키려면, 그 법을 주신 자의 은혜가 필요하고 또 그 은

혜가 우리에게 약속된 만큼, 적어도 우리가 감당할 수 있는 것보다 더 많은 것을 요구하고 있다는 것만은 분명하다."

39 Robert Banks, "Compromise", in Banks and Stevens, eds., *Everyday Christianity*, pp. 195-199.
40 Emilie Griffin, *The Reflective Executive* (New York: Crossroad, 1993), pp. 166-167.
41 루터는 우리의 세속적 직업 속에 '십자가'가 있다고 주장한다. 옛 자아를 죽이는 십자가, 이웃에 대한 희생적 사랑에 국한되지 않는 십자가가 있다는 것이다. "우리의 직업은 육신을 죽이는 것, 곧 죄 된 자아를 죽이는 하나님의 성화 작업이 이루어지는 처소이기도 하다.…이 모든 것의 목적은 마지막 날에 그리스도 안에 있는 의로운 자아만이 살게 하려 함이다", Marc Kolden, "Luther on Vocation", *Word and World* 3, no. 4, p. 388.
42 Michael Goldberg, ed., *Against the Grain: New Approaches to Professional Ethics* (Valley Forge, Pa.: Trinity Press, 1993), pp. 193-194에서 가져옴.

9. 창조적이 되라

1 이 이야기는 Vocatio에 실릴 Goldon Smith의 "The Soul of the Entrepreneur"에서 따온 것이다.
2 Jeremy Rifkin, *The End of Work: The Decline of the Global Work-Force and the Dawn of the Post-Market Era* (London: Penguin, 2000). 『노동의 종말』(민음사).
3 John E. Tropman and Gersh Morningstar, *Entrepreneurial Systems for the 1990s: Their Creation, Structure, and Management* (New York: Quorum Books, 1989), p. 7.
4 Peter F. Drucker, *Innovation and Entrepreneurship: Practice and Principles* (New York: Harper & Row, 1985). 『미래사회를 이끌어 가는 기업가 정신』(한국경제신문).
5 이보다 앞선 *entreprendeur*라는 단어의 용례는 14세기까지 거슬러 올라갈 수 있다. 이 단어는 16세기와 17세기에 정부의 도급 계약자들에게 사용되었다. 그런데 18세기에 이르면 Richard Cantillon 같은 사업가의 저술에서 그 단

어에 '엄밀한 경제적 내용'이 주입된다. Robert F. Hebert and Albert N. Link, *The Entrepreneur: Mainstream Views and Radical Critiques* (New York: Praeger Publishers, 1982), pp. 12-13.

6 Hebert and Link, *The Entrepreneur*, p. 114.
7 Max Weber, *The Protestant Ethic and the Spirit of Capitalism*, trans. Ralcott Parsons (New York: Charles Scribner's Sons, 1958), p. 42. 『프로테스탄티즘의 윤리와 자본주의 정신』(문예출판사).
8 Erwin O. Smigel, ed., *Work and Leisure: A Contemporary Social Problem* (New Haven, Conn.: College and University Press, 1963), 서론.
9 Robert Banks, "Work Ethic, Protestant", in Robert Banks and R. Paul Stevens, eds., *The Complete Book of Everyday Christianity* (Downers Grove, Ill.: InterVarsity Press, 1997), pp. 1129-1132.
10 Gianfranco Poggi, *Calvinism and the Capitalist Spirit: Max Weber's Protestant Ethic* (London: Macmillan, 1983), pp. 41, 60-61. Weber는 어떤 형태든 Luther의 고리대금업이나 이자에 대한 반대 진술들을 증거로 삼아 Luther가 더 전통적인 접근—사람은 천성적으로 돈을 더 많이 벌고 싶어 하는 게 아니라고—을 했다고 주장한다(Weber, *The Protestant Ethic*, p. 60, 82). Weber는 성경, 특히 구약성경이 사실상 이런 전통주의적 견해를 선호한다고 주장하면서, "우리에게 일용할 양식을 주옵시고"라고 말했던 예수님에게서도 그 점을 볼 수 있다고 했다(p. 83).
11 Poggi, *Calvinism and the Capitalist Spirit*, p. 61.
12 Michael Novak, *The Catholic Ethic and the Spirit of Catholicism* (New York: The Free Press, 1993), p. 9.
13 Poggi, *Calvinism and the Capitalist Spirit*, pp. 65, 70.
14 Weber, *The Protestant Ethic*, p. 12.
15 Poggi, *Calvinism and the Capitalist Spirit*, p. 66.
16 Weber, *The Protestant Ethic*, p. 172.
17 Poggi, *Calvinism and the Capitalist Spirit*, pp. 56-57.
18 Weber, *The Protestant Ethic*, p. 172.
19 John Wesley, "The Use of Money", in Max L. Stackhouse, Dennis McCann, and Shirley Roels, eds., *On Moral Business: Classical and Contemporary*

Resources for Ethics in Economic Life (Grand Rapids: Eerdmans, 1995), p. 197.

20　Poggi, *Calvinism and the Capitalist Spirit*, p. 79, 강조는 나의 것임.

21　Brian Griffiths, *The Creation of Wealth* (London: Hodder and Stoughton, 1984), p. 31.

22　David Landes, "Religion and Enterprise: The Case of the French Textile Industry", in Edward C. Carter II, Robert Foster, and Joseph Moody, eds., *Enterprise and Entrepreneurs in Nineteenth-Century France* (Baltimore: Johns Hopkins University Press, 1976). Landes는 잉글랜드에 비해 프랑스의 산업이 더 더디게 발달한 이유를, 가톨릭 때문이라기보다 안전과 연속성과 개인을 중시하는 가족 중심의 회사들 때문이라고 설명한다. 그런데 그런 것조차도 가톨릭 문화의 소산이라고 반론을 제기할 수 있다.

23　Weber, *The Protestant Ethic*, pp. 50, 53, 180. Weber는 개신교도들이 "자본의 증대 자체를 개인의 의무라고 생각했다"는 견해를 지지하면서 Flanklin을 인용한다. "5실링을 잃는 자는 그만큼의 돈을 잃을 뿐 아니라 그것을 갖고 거래했을 때 얻을 수 있는 모든 소득을 잃는 셈인데, 그것이 한 젊은이가 늙은이가 될 즈음에는 상당히 많은 돈으로 변해 있을 것이다",(Weber, *The Protestant Ethic*, pp. 50-51). 나중에 Weber는, 왜 돈을 벌어야 하느냐는 질문에 Flanklin이 잠언 22:29—"네가 자기의 일에 능숙한 사람(자기 사업에 근실한 사람)을 보았느냐 이러한 사람은 왕 앞에 설 것이요 천한 자 앞에 서지 아니하리라"—을 인용한다고 주장하면서, 그 말씀은 Flanklin이 칼뱅주의자 아버지로부터 귀가 아프도록 들은 것이라고 말한다(Weber, *The Protestant Ethic*, p. 53).

24　Robert Banks, "Work Ethic, Protestant", in Banks and Stevens, eds., *Everyday Christianity*, p. 1129.

25　Weber, *The Protestant Ethic*, p. 115.

26　Weber, *The Protestant Ethic*, p. 128.

27　John Calvin, *Institutes of the Christian Religion* (Grand Rapids: Eerdmans, 1966), 2.12.7.

28　Martin Luther, "Treatise on Good Works", in *Luther's Works*, trans. W. A. Lambert, ed. James Atkinson, vol. 44 (Philadelphia: Fortress Press, 1966), pp. 26-27.

29 Quoted in Charles Handy, The Hungry Spirit: *Beyond Capitalism—A Quest for Purpose in the Modern World* (London: Hutchinson, 1997), p. 31.
30 Quoted in Handy, *The Hungry Spirit*, p. 157.
31 Thomas Oden, *Two worlds: Notes on the Death of Modernity in America and Russia* (Downers Grove, Ill.: InterVarsity Press, 1992), p. 45.
32 Lynn White Jr., "The Historical Roots of Our Ecological Crisis", *Science* 155, no. 3767 (10 March 1967), pp. 1203-1207.
33 Alexander Schmemann, *For the Life of the World* (Crestwood, N.Y.: St. Vladimir's Seminary Press, 1988), pp. 11, 18.
34 Michael Novak, *Business as a Calling: Work and the Examined Life* (New York: The Free Press, 1996), p. 37.
35 Ed Silvoso는 구약성경에서 다윗이 골리앗의 도발에 직면하여 "저 블레셋 사람을 죽이고 이스라엘이 받는 치욕을 씻어 내는 사람에게는 어떻게 해 준다구요?" 하고 물었던 점을 주목한다(삼상 17:26). Ed Silvoso, *Anointed for Business: How Christians Can Use Their Influence in the Marketplace to Change the World* (ventura, Calif.: Regal, 2002), p. 62.
36 Don Flow, "Profit", in Banks and Stevens, eds., *Everyday Christianity*, pp. 809-813.
37 Handy, The *Hungry Spirit*, p. 86.
38 Alan Cole은 "만일 율법이 하나님의 거룩함을 드러내는 언어적 표현이었다면, 성막은 그 가시적 비유였으며, 이스라엘 민족은 살아 있는 실례가 되도록 의도된 것이었다"고 말한다. 그리고 "성막 건설의 전반적인 목적은 하나님의 현존이 이스라엘의 삶 한복판에서 경험되게 하려는 것"이라고 한다. Alan Cole, *Exodus: A Commentary* (Downers Grove, Ill.: InterVarsity Press, 1973), pp. 23, 39.
39 Frederick Buechner, *Listening to Your Life: Daily Meditations with Frederick Buechner* (San Francisco: HarperSanFrancisco, 1992), pp. 185-186.
40 Bruce Barton, *The Man Nobody Knows: A Discovery of the Real Jesus* (New York: Triangle Books, 1924), p. 89.
41 Barton, *The Man Nobody Knows*, p. 177. 이와 대조되는 다음 글을 보라. Edmund F. Byrne, *Work, Inc.: A Philosophical Inquiry* (Philadelphia:

Temple University Press, 1990), p. 66.
42 Silvoso는 이 주제를 발전시킨다. *Anointed for Business*, p. 40.
43 Poggi, *Calvinism and the Capitalist Spirit*, p. 83.

10. 삶이 말하게 하라

1 William T. McConnell, *The Gift of Time* (Downers Grove, Ill.: InterVarsity Press, 1983), p. 61. 『시간과 하나님의 나라』(IVP, 절판).
2 McConnell, *The Gift of Time*, p. 96.
3 Jacques Ellul, *Reason for Being: A Meditation on Ecclesiastes*, trans. Joyce Main Hanks (Grand Rapids: Eerdmans, 1972), pp. 242-243. 『존재의 이유』(규장).
4 Derek Kidner, *The Message of Ecclesiastes: A Time to Mourn and a Time to Dance* (Downers Grove, Ill.: InterVarsity Press, 1976), p. 39.
5 Ellul, *Reason for Being*, pp. 237-238.
6 McConnell, *The Gift of Time*, p. 105.
7 McConnell, *The Gift of Time*, p. 16.
8 McConnell, *The Gift of Time*, p. 91.
9 Ellul, *Reason for Being*, p. 46.
10 Jacob Needleman, *Money and the Meaning of Life* (New York: Doubleday, 1991), p. 112.
11 Needleman, *Money and the Meaning of Life*, p. xvii.
12 Kidner, *Message of Ecclesiastes*, p. 56.
13 Needleman, *Money and the Meaning of Life*, p. 61.
14 Needleman, *Money and the Meaning of Life*, p. 51.
15 Jacques Ellul, *Money and Power*, trans. LaVonne Neff (Downers Grove, Ill.: InterVarsity Press, 1984). 『하나님이냐 돈이냐』(대장간).
16 William E. Diehl, *Thank God It's Monday* (Philadelphia: Fortress Press, 1982), p. 132. 『월요일을 기다리는 사람들』(IVP).
17 이런 생각은 부분적으로 1999년 리젠트 칼리지의 "Doing God's Business" 강좌에서 강연한 시애틀의 변호사 Skip Li에게서 얻은 것이다.

18 Stephen Cobey, *The Seven Habits of Highly Successful People* (New York: Simon & Schuster, 1989), p. 18. 『성공하는 사람들의 일곱 가지 습관』(김영사).
19 Jacques Ellul, "Meditation on Inutility", in *The Politics of God and the Politics of Man*, trans, Geoffrey W. Bromiley (Grand Rapids: Eerdmans, 1972), pp. 190-199.
20 Robert Girard, "Failure", in Robert Banks and R. Paul Stevens, eds., *The Complete Book of Everyday Christianity* (Downers Grove, Ill.: InterVarsity Press, 1997), p. 363.
21 Girard, "Failure", p. 365.
22 Girard, "Failure", pp. 365-366.
23 Paul Tournier, *The Adventure of Living*, trans. Edwin Hudson (New York: Harper and Row, 1965). p. 117. 『모험으로 사는 인생』(IVP).
24 Steve Brinn, "Tough Business: In Deep, Swift Waters", *Vocatio* 2, no. 2 (July 1999), pp. 3-6.

11. 거룩함을 추구하라

1 Gordon Ree and R. Paul Stevens, "Spiritual Gifts", in Robert Banks and R. Paul Stevens, eds., *The Complete Book of Everyday Christianity* (Downers Grove, Ill.: InterVarsity Press, 1997), pp. 943-949.
2 Paul Stevens, *Marriage Spirituality: Ten Disciplines for People Who Love God* (Downers Grove, Ill.: InterVarsity Press, 1989), p. 120. 『영혼의 친구, 부부』(IVP).
3 Carl Jung, 다음 책에서 재인용. Sue Monk Kidd, *When the Heart Waits: Spiritual Direction for Life's Sacred Questions* (San Francisco: Harper SanFrancisco, 1990), p. 9. 『기다림』(복 있는 사람).
4 Jung, 다음 책에서 재인용함. Kidd, *When the Heart Waits*, p. 9.
5 Karl Barth, *The Christian Life, Dogmatics IV, 4: Lecture Fragments* (Edinburgh T. & T. Clark, 1974), p. 79. 『교회교의학 IV/4』(대한기독교서회).
6 Martin Luther, "The Estate of Marriage", in *Luther's Works*, trans. W. A. Lambert, ed. James Atkinson, vol. 45 (Philadelphia: Fortress Press, 1966), p. 40.

7 다음 책에서 재인용. W. R. Forrester, *Christian Vocation: Studies in Faith and Work* (London: Lutterworth Press, 1951), pp. 147-148.
8 Thomas Aquinas, "Treatise on Faith, Hope, and Charity", *Summa Theologica* (Westminster, Md.: Christian Classics, 1948), Part II of second part, Q 32, art 2.
9 Archimandrite George, Abbot of the Holy Monastery of St. Gregorios, Mt. Athos, "Deification: The Purpose of Life" (미출간), p. 8.
10 Tomáš Špidlik, *The Spirituality of the Christian East: A Systematic Handbook* (Kalamazoo, Mich.: Cistercian Publications, 1986), p. 355.
11 Theodore Dalrymple, "Nick Berg's Executioners All Too Clearly Enjoyed Beheading Him", *The Daily Telegraph*, Sydney (Thursday, 13 May 2004), p. 24.
12 Jacques Ellul, "Meditation on Inutility", *The Politics of God and the Politics of Man*, trans. Geoffrey W. Bromiley (Grand Rapids: Eerdmans, 1972), pp. 190-199.

에필로그

1 William Tyndale, "A Parable of the Wicked Mammon", in *Treatises and Portions of Holy Scripture* (1527; reprint, Cambridge: Parker Society, 1848), pp. 98, 104.

옮긴이 **홍병룡**은 연세대학교 정치외교학과와 동 대학원을 졸업했으며, IVP 대표 간사로 일하던 중 캐나다로 유학 가서 리젠트 칼리지(MCS)와 기독교학문연구소(Institute for Christian Studies)에서 공부하였다. 현재 아바서원 대표로 있으며 전문 번역가로 일하고 있다. 지금까지 『여성, 그대의 사명은』 『소명』 『정의와 평화가 입맞출 때까지』 『다원주의 사회에서의 복음』 『그리스도와 문화』 『헬라인에게는 미련한 것이요』 『코끼리 이름 짓기』(이상 IVP), 『완전한 진리』(복 있는 사람), 『서로서로 세우자』(생명의말씀사) 등 다수의 책을 번역했다.

일터신학

초판 발행_ 2009년 2월 17일
개정판 발행_ 2018년 11월 5일
개정판 2쇄_ 2023년 7월 25일

지은이_ 폴 스티븐슨
옮긴이_ 홍병룡
펴낸이_ 정모세

펴낸곳_ 한국기독학생회출판부
등록번호_ 제2001-000198호(1978.6.1)
주소_ 04031 서울시 마포구 동교로 156-10
대표 전화_ (02)337-2257 팩스_ (02)337-2258
영업 전화_ (02)338-2282 팩스_ 080-915-1515
홈페이지_ http://www.ivp.co.kr 이메일_ ivp@ivp.co.kr
ISBN 978-89-328-1652-4

ⓒ 한국기독학생회출판부 2018

책값은 뒤표지에 있습니다.
무단 전재와 복제를 금합니다.